清华西方哲学研究

第四卷 第二期（二零一八年冬季卷）

Tsinghua Studies in Western Philosophy
Vol. 4, No. 2 (Winter 2018)

中国社会科学出版社

图书在版编目（CIP）数据

清华西方哲学研究．第四卷．第二期：2018 年．冬季卷 / 黄裕生主编． —北京：中国社会科学出版社，2019.8
ISBN 978-7-5203-4807-2

Ⅰ.①清… Ⅱ.①黄… Ⅲ.①西方哲学—文集 Ⅳ.①B5-53

中国版本图书馆 CIP 数据核字（2019）第 165903 号

出 版 人	赵剑英
责任编辑	冯春凤　刘亚楠
责任校对	张爱华
责任印制	郝美娜
出　　版	中国社会科学出版社
社　　址	北京鼓楼西大街甲 158 号
邮　　编	100720
网　　址	http://www.csspw.cn
发 行 部	010-84083685
门 市 部	010-84029450
经　　销	新华书店及其他书店
印刷装订	北京君升印刷有限公司
版　　次	2019 年 8 月第 1 版
印　　次	2019 年 8 月第 1 次印刷
开　　本	710×1000　1/16
印　　张	18.5
插　　页	2
字　　数	292 千字
定　　价	108.00 元

凡购买中国社会科学出版社图书，如有质量问题请与本社营销中心联系调换
电话：010-84083683
版权所有　侵权必究

Academic Advisory Board（学术咨询委员会）

Co-chairpersons（主席）

XIE Weihe（谢维和）　*Tsinghua University, China*
WAN Junren（万俊人）　*Tsinghua University, China*
Otfried Höffe（奥特弗里德·赫费）　*University of Tübingen, Germany*

Members（委员）

Anton F. Koch　*Heidelberg University, Germany*
Birgit Sandkaulen　*University of Bochum, Germany*
DENG Xiaomang（邓晓芒）　*Huazhong University of Science & Technology, China*
Don Garrett　*New York University, USA*
Greg Restall　*University of Melbourne, Australia*
Günter Zöller　*Ludwig Maximilian University of Munich, Germany*
HUANG Yong（黄勇）　*Chinese University of Hong Kong, China*
Jean-François Kervegan　*University of Paris I, France*
JIN Xiping（靳希平）　*Peking University, China*
Johan van Benthem　*University of Amsterdam, Netherlands*
John M. Cooper　*Princeton University, USA*
Larry Temkin　*Rutgers University, USA*
LI Qiuling（李秋零）　*Renmin University of China, China*
Malcolm Schofield　*University of Cambridge, UK*
Markus Gabriel　*University of Bonn, Germany*
Martin Stokhof　*University of Amsterdam, Netherlands*
NI Liangkang（倪梁康）　*Sun Yat-sen University, China*
Robert Stern　*University of Sheffield, UK*
SUN Zhouxing（孙周兴）　*Tongji University, China*
Thomas M. Scanlon　*Harvard University, USA*
Thomas Schmidt　*Humboldt University of Berlin, Germany*

Thomas Sheehan   *Stanford University, USA*
TONG Shijun(童世骏)   *East China Normal University, China*
WANG Lu(王路)   *Tsinghua University, China*
WANG Qingjie(王庆节)   *Chinese University of Hong Kong, China*
WANG Shuren(王树人)   *Chinese Academy of Social Sciences, China*
William E. Carroll   *University of Oxford, UK*
Wolfgang Carl   *University of Göttingen, Germany*
Wolfgang Freitag   *University of Freiburg, Germany*
YAO Dazhi(姚大志)   *Jilin University, China*
YAO Jiehou(姚介厚)   *Chinese Academy of Social Sciences, China*
ZHANG Rulun(张汝伦)   *Fudan University, China*
ZHANG Xianglong(张祥龙)   *Peking University/Shandong University, China*
ZHANG Zhiwei(张志伟)   *Renmin University of China, China*
ZHAO Dunhua(赵敦华)   *Peking University, China*

Editorial Board（编辑委员会）

Editor-in-Chief（主编）
Asher Jiang(蒋运鹏)   *Tsinghua University, China*

Associate Editor-in-Chief（副主编）
ZHANG Weite(张伟特)   *Tsinghua University, China*
FAN Dahan(范大邯)   *Tsinghua University, China*

Members（委员）
CHEN Dezhong(陈德中)   *Chinese Academy of Social Sciences, China*
CHEN Jiaming(陈嘉明)   *Xiamen University, China*
CHEN Yajun(陈亚军)   *Nanjing University, China*
CUI Weihang(崔唯航)   *Chinese Academy of Social Sciences, China*
DENG Anqing(邓安庆)   *Fudan University, China*
FANG Xianghong(方向红)   *Sun Yat-sen University, China*
FU Youde(傅有德)   *Shandong University, China*

FU Yongjun(傅永军)　　*Shandong University, China*
GUO Dawei(郭大为)　　*Party School of the Central Committee of C.P.C, China*
HAN Lixin(韩立新)　　*Tsinghua University, China*
HAN Shuifa(韩水法)　　*Peking University, China*
HAN Donghui(韩东晖)　　*Renmin University of China, China*
HUANG Yusheng（黄裕生）　　*Tsinghua University,China*
JIANG Yi(江怡)　　*Beijing Normal University, China*
LI Daqiang(李大强)　　*Jilin University, China*
LI He(李河)　　*Chinese Academy of Social Sciences, China*
LI Meng(李猛)　　*Peking University, China*
LI Wentang(李文堂)　　*Party School of the Central Committee of C.P.C, China*
LIU Fenrong(刘奋荣)　　*Tsinghua University, China*
LIU Zhe(刘哲)　　*Peking University, China*
MA Yinmao(马寅卯)　　*Chinese Academy of Social Sciences, China*
MO Weimin(莫伟民)　　*Fudan University, China*
NIE Minli(聂敏里)　　*Renmin University of China, China*
PENG Gang(彭刚)　　*Tsinghua University, China*
SHANG Jie(尚杰)　　*Chinese Academy of Social Sciences, China*
SHANG Xinjian(尚新建)　　*Peking University, China*
SONG Jijie（宋继杰）　　*Tsinghua University,China*
SUN Xiangchen(孙向晨)　　*Fudan University, China*
TANG Hao（唐浩）　　*Tsinghua University,China*
TIAN Wei(田薇)　　*Tsinghua University, China*
WANG Heng(王恒)　　*Nanjing University, China*
WANG Qi(王齐)　　*Chinese Academy of Social Sciences, China*
WU Guosheng(吴国盛)　　*Tsinghua University, China*
WU Tianyue(吴天岳)　　*Peking University, China*
XIA Ying(夏莹)　　*Tsinghua University, China*
XIE Wenyu(谢文郁)　　*Shandong University, China*
XU Xiangdong(徐向东)　　*Zhejiang University, China*
YU Qizhi(于奇智)　　*South China Normal University, China*
YU Zhenhua(郁振华)　　*East China Normal University, China*
ZHANG Rong(张荣)　　*Nanjing University, China*
ZHANG Shen(张慎)　　*Chinese Academy of Social Sciences, China*

ZHANG Tingguo（张廷国）　*Huazhong University of Science & Technology, China*
ZHANG Xuefu（章雪富）　*Zhejiang University, China*
ZHAO Jianying（赵剑英）　*Chinese Academy of Social Sciences, China*
ZHOU Lian（周濂）　*Renmin University of China, China*
ZHOU Xiaoliang（周晓亮）　*Chinese Academy of Social Sciences, China*

Assistant Editors & Manuscript Editors（助理编辑和稿件编辑）
LI Chaorui（李超瑞）　*Tsinghua University, China*
NIU Ziniu（牛子牛）　*Tsinghua University, China*
GONG Lixuan（龚李萱）　*Tsinghua University, China*
LI Renfu（李人福）　*Tsinghua University, China*
YI Gang（易刚）　*Heidelberg University, Germany*
XU Xin（许心）　*Oxford University, UK*
LI Ming（李明）　*Tsinghua University, China*

【联系方式/Contact Information】
清华大学哲学系《清华西方哲学研究》编辑部
联系人：蒋运鹏（主编）
地址：北京市海淀区清华园 1 号清华大学新斋哲学系 203 室，100084（邮编）
E-mail：tswp@mail.tsinghua.edu.cn

TSWP Editorial Office
Asher Jiang   Editor-in-Chief
Tsinghua Studies in Western Philosophy
Department of Philosophy
Tsinghua University
Room 203, Xinzhai Building, Qinghuayuan Nr.1
Haidian District, Beijing, P.R. China, 100084
Email：tswp@mail.tsinghua.edu.cn

目录

纽约大学哲学

自我意识与对自己身体的意识：
　　一个康德论题的种种变体……………贝阿特利克•隆圭尼斯/文；王芷西/译（3）
克里普克的维特根斯坦 ………………………保罗•霍里奇/文；牛子牛/译（38）
（反）怀疑论者的单一和精妙：针对
　　G.E.摩尔和约翰•麦克道威尔……克里斯平•赖特/文；龚李萱/译 （59）

斯多亚哲学

"斯多亚哲学"专题导言……………………………………………刘玮/文(83)
斯多亚学派的普遍物理论………………………大卫•塞德利/文；刘玮/译(86)
普罗提诺的本体观念及其对斯多亚学派的批评………石敏敏、章雪富/文（93）
大地之子：斯多亚学派是形而上学的
　　野蛮派吗？………………………卡恰•玛利亚•福格特/文；刘玮/译（104）
芝诺与心理一元论：
　　关于文本证据的一些观察………………梯恩•蒂勒曼/文；于江霞/译（121）
斯多亚学派的幸福论……………………………安东尼•朗/文；刘玮/译（146）
自然本性、生活目的和宇宙城邦：奥勒留论最高善……………陈玮/文（169）

自爱与他爱是一：论斯多亚学派 *oikeiōsis* 观念的
　　内在一致性………………………………………于江霞/文（189）

实践哲学

对《美德论》第 9 节的两条校订
　　建议………………斯特法诺•巴岑、迪特•朔耐克/文；胡磊/译（211）
对康德《道德形而上学》之"德性论导论"的结构分析………龚李萱/文（222）
康德的伦理学不是义务论吗？……………………………舒远招/文（242）

分析哲学

闭合原则、演绎与枢纽承诺……………………张小星/文；李潇/译（261）

Contents

Philosophy: New York University

Self-Consciousness and Consciousness of One's Own Body: Variations on
    a Kantian Theme......................... Béatrice Longuenesse; trans. By WANG Zhixi (3)
Kripke's Wittgenstein.. Paul Horwich; trans. by NIU Ziniu (38)
(Anti-)Sceptics Simple and Subtle:
    G. E. Moore and John McDowell..... Crispin Wright; trans. by GONG Lixuan (59)

Stoic Philosophy

Introduction to "Stoic Philosophy"... LIU Wei (83)
The Stoic Theory of Universals............................. David Sedley; trans. by LIU Wei (86)
Plotinus' Idea of Ontology and
    His Criticism of Stoicism .... SHI Minmin & ZHANG Xuefu (93)
Sons of the Earth: Are the Stoics
    Metaphysical Brutes? .... Katja Maria Vogt; trans. by LIU Wei (104)
Zeno and Psychological Monism: Some Observations

on the Textual Evidence .... Teun Tieleman; trans. by YU Jiangxia (121)

Stoic Eudaimonism .... Anthony Long; trans. by LIU Wei (146)

Nature, Goals, and Cosmopolis: Marcus Aurelius on the Highest Good in the
Meditations .... CHEN Wei (169)

The Oneness of Self-concern and Other-concern: On the Consistency
of the Concept of Stoic *Oikeiōsis* .... YU Jiangxia (189)

Practical Philosophy

Two Suggestions for the Rearrangement of the Text *Doctrine of Virtue*, §9 .... Stefano Bacin & Dieter Schönecker; trans.by HU Lei (211)

Structural Analysis of Kant's Introduction to
Tugendlehre .... GONG Lixuan (222)

Is Kant's Ethics not a Deontology? .... SHU Yuanzhao (242)

Analytic Philosophy

Closure, Deduction and Hinge
Commitments .... ZHANG Xiaoxing; trans. by LI Xiao (261)

纽约大学哲学
Philosophy:
New York University

自我意识与对自己身体的意识：
一个康德论题的种种变体*

贝阿特利克·隆圭尼斯（Béatrice Longuenesse）**
王芷西 （WANG Zhixi）/译（trans.）***

摘要： 康德对两种自我意识进行了根本区分：对自己作为主体的意识与对自己作为客体的意识。在主张作为那个思着的主体，一个人不可能是他自己的一个客体时，康德也就将一种意识——对自己身体的意识——排除于对自己作为主体的意识之外。作为对此观点的挑战者之一，卡萨姆在其《自我与世界》一书中构造了一个"客体性论证"来支持如下论题：以主体身份将自己作为一个物理客体而意识到，是自我意识的一个必要条件，或至少是与其紧密结合的。本文尝试显示，卡萨姆的挑战未能击中目标，而其主要原因在于他的"主体"概念与康德的"主体"概念之间的巨大差异：卡萨姆在经典形而上学意义上使用"主体"，即知觉经验的承载者，而康德使用它的意思则是"我思"这一命题的逻辑主语"我"。卡萨姆在其"客体性论证"的"概念版本"中承认了这一差异，却误读了它：他将康德的"我"仅仅作为当代自我指称理论意义上的主体的一个抽象。这样的化归完全错失了康德观点的重要方面：康德"我思"中的"我"的功能，并非指称一个特定存在物，而是在我们结合诸表象的活动中，将诸表象既关联于独立存在的诸客体，也关联于那个结合诸表象的主体。在其论证的第二个版本，即"直观版本"中，卡萨姆为自我意识提出两个标准（识别的不可错性、无时间性追踪）以试图容纳身体性自我意识。进一步详细化

---

* 文献信息：Béatrice Longuenesse, Self-Consciousness and Consciousness of One's Own Body: Variations on a Kantian Theme, *Philosophical Topics*, Vol. 34, No. 1/2, Analytic Kantianism（Spring and Fall 2006），pp. 283-309。摘要和关键词为译者所加（Abstract and keywords added by the Chinese translator）。
** 贝阿特利克·隆圭尼斯，纽约大学哲学系教授（Béatrice Longuenesse, Professor, Department of Philosophy, New York University, New York）。
***王芷西，清华大学哲学系硕士研究生（WANG Zhixi, Department of Philosophy, Tsinghua University, Beijing）。

之下，康德的自我意识观确实有一种描述符合上述标准，即对自己作为统觉的先验统一之下被辨认为属己的诸内在状态之统一序列的意识，但对自己身体的意识仍属对自己作为客体的意识之列。尽管未能驳倒康德的自我意识观，卡萨姆的尝试有助于揭明康德自我意识观的原创性和独特之处。

关键词：自我意识；身体性意识；先验演绎；客体性论证；我思；自我指称

Self-Consciousness and Consciousness of One's Own Body: Variations on a Kantian Theme

Abstract: Kant is the first to make a radical distinction between two kinds of self-consciousness: consciousness of ourselves as subjects and consciousness of ourselves as objects. In maintaining that as the thinking subject one cannot be an object for himself, Kant excludes one kind of consciousness, namely that of our own body, from the consciousness of ourselves as subjects. Among those who challenge this view, Cassam, in his book *Self and World*, constructs an "objectivity argument" in defense of the following thesis: awareness of oneself, *qua* subject, as a physical object is a necessary condition of self-consciousness, or is at least intimately bound up with it. This paper tries to show that Cassam's challenge does not hit its target, and the main reason lies in the significant difference between his notion of "subject" and that of Kant's: Cassam uses "subject" in the classical metaphysical sense, i.e., the bearer of perceptual experience, whereas Kant uses it to mean the logical subject "I" of the proposition "I think". This difference is recognized, yet misinterpreted, by Cassam in the "concept version" of his "objectivity argument", for he takes this "I" of Kant to be a mere abstraction of the subject in the sense of contemporary theories of self-reference. Such a reduction completely misses the important aspect of Kant's view: instead of referring to a particular entity, the role Kant's "I" in "I think" plays is to, in our activity of binding representations, relate representations to independently existing objects while ascribing them to the binding agent. In the other version, namely the "intuition version" of his argument, Cassam proposes two criteria of self-awareness (immunity to misidentification, no temporal tracking), attempting to accommodate bodily self-awareness for them. Kant's self-consciousness, in the light of further specifications, does find one of its descriptions under such criteria, namely consciousness of oneself as the unified sequence of inner states recognized as one's own under the transcendental unity of apperception, yet consciousness of one's own body remains in line with the consciousness of oneself as an object. Despite its incapacity to revolt Kant's view of self-consciousness, Cassam's attempt helps bring to light what is original and unique about the latter.

Keywords: Self-consciousness; bodily consciousness; transcendental deduction; objectivity argument; I think; self-reference

1 问题

康德在两种自我意识，或自我意识的两个方面之间，首次引入了一种根本差异：一方面，我们是自我意识着的**主体**（self-conscious *subjects*）；另一方面，我们又将自己作为**客体**而意识到（conscious of ourselves as *objects*）。在此，**主体**与**客体**均作为**思维与经验**（*thought and experience*）的主体与客体理解。对康德而言，作为一个思维与经验的**主体**，我是将自己作为一种完全自发性或自决活动（pure spontaneity or self-determining activity）的那个主体——抑或说"行动者"（agent）更好——而意识到的，我整理着被给予的诸表象，以使得任何表象的任何客体——包括我自己——都能够被知觉、被辨认（recognize）、被思想；而作为思维与经验的**客体**，我则如同任何其他客体一样，被向我自己表象出来，这恰恰是通过那个整理诸表象的活动，该活动使得表象的任何客体之被表象成为可能。因此，康德论证道，**作为**那个主动地思着的**主体**，我对我自己而言不能是一个**客体**，因为对一个客体的任何表象都预设了那个活动，该活动的主体不能自身被作为客体而表象出来。①

---

① 例如，见 Immanuel Kant，*Critique of Pure Reason*，A346/B404；A402；B422。【康德的《纯粹理性批判》在此以标准方式引用，按照1781年第一版标准码（标为A），及1787年第二版标准码（标为B）。】康德认为我们无法将思之主体**作为一个客体**而认识到，因为任何思想活动都预设了它，这一主张尤其缺乏说服力。我们会说我们无法将我们的大脑作为一个客体而认识到，因为任何思想活动中诸大脑功能都在起作用吗？如我们将看到的，康德的论证的一个更强的版本是，作为"我思"这一命题中的逻辑主语"我"仅仅是这样一个思想，它的作用是表达其所讲述的诸思想的统一性和逻辑融贯性。如此看来，它没有在直观中被给予的客体。并且，只要它有一个**仅仅是被思想的**——相对于在直观中被给予的、在时空中与其他诸客体相联系的——客体，那个客体就是不可知的。我将在下文中对这一点进行更多说明。还应注意，康德以两种方式使用"**主体**"（subject）一词。一方面，"主体"是"我思"这一命题的逻辑主语"我"；另一方面，它是那个**先验**主体，也就是传统形而上学意义上的主体：思想的一个形而上学基底（substrate）。说那个逻辑主语"我"不能作为一个客体而被认识，就是说**没有什么东西**可以作为"我"的所指（因此"作为一个客体"）而被认识。而那个先验主体，则是一个东西（或一些东西）。然而，说它不能"作为一个客体"而被认识，则是说它不是在可感的直观中被给予的，并因此不是可在一个概念下被识别和再识别的（identifiable and reidentifiable under a concept）。关于这一点，见我的 "Kant's 'I Think' versus Descartes' 'I am a thing that thinks,'" in *Kant and the Early Moderns*, ed. Daniel Garber and Béatrice Longuenesse (Princeton, N. J.: Princeton University Press,

近年来，康德的这一观点屡受挑战。最常被提出的问题包括如下两点：（1）康德区分了我们对自己**作为主体**的意识（our consciousness of ourselves *as subjects*）和我们对自己**作为客体**的意识（our consciousness of ourselves *as objects*），这是否是正确的？（2）假设他是正确的，那他描述该区分的方式又是否是正确的？康德的**主体**是用完全心灵主义（mentalistic）的语汇描述的：这是一个思着的主体，是"我思"（I think）这一命题中的主语"我"——或者也可以说，"我"的所指。类似地，对康德而言，作为我们自己的**客体**的我们，似乎也首要地是**心灵**客体（*mental* objects）：我们将自己称为客体的那个东西，是诸心灵状态（表象性的和非表象性的）的统一序列，我们将这些心灵状态归于我们自己，或辨认为是我们自己的。尽管如此，康德显然亦声明了被其他物体所影响的人的身体之存在，以及如此的身体作为外界客体与我们对它们的表象之间的中介物的存在。那么，我们的身体是否也是我们将自己称为**客体**的那个东西的一个本质组成部分呢？如果是这样，那为什么人类身体没有被康德承认为不仅是我将自己作为客体而意识到时所意识到的那个东西的组成部分，而且还是我将自己作为思维与经验之**主体**——作为一个**人**（person）——而意识到时所意识到的那个东西的组成部分呢？

对于康德在对自己作为**主体**的意识与对自己作为**客体**的意识间所做区分之刻板性的挑战，以及对康德关于思维与经验之**主体**的似乎去身体化了的（disembodied）概念的挑战，既来自欧陆传统（尤其是海德格尔与梅洛-庞蒂），也更晚近地来自分析传统中的当代"新康德主义者"（neo-Kantians）们，如斯特劳森（Strawson）、埃文斯（Evans）、麦克道威尔（Mcdowell）和卡萨姆（Cassam）①。本文中，我将着重关注卡萨姆在其1997年著作《自我与世界》（*Self and World*）中对此问题的讨论。我的分析之所以聚焦于此，是因为在我看来，卡萨姆的讨论尤为有助于揭明康德观点中的核心问题。简言之：卡萨姆并未挑战康德在对自己**作为主体**的意识与对自己**作为客体**的意识间所做的区分②：正相反，如以上提及的康德观点

---

① 见 Heidegger（1996）；Merleau-Ponty（1992）；Strawson（1966，特别是 104-8；162-74）；Evans（1982，1985）；McDowell（1994）；Cassam（1997）。

② 卡萨姆使用了两种表述，"以……身份"（*qua*）和"作为"（*as*）：我们以主体**身份**，将自己作为客

（forthcoming）。

的其他批判者们一样，卡萨姆认为此区分在澄清我们与这个世界、与我们自身的认识和实践关系中，扮演着重要角色。他所挑战的，是康德描述这一区分的方式。具体而言，他挑战他眼中康德在两种自我意识之间所做的刻板二分。对康德而言，对自己作为思维**主体**的意识不是、且不能是对自己作为一个**客体**——或者说至少不是一个**被作为存在物而个体化了**的客体（an object *individuated as an existing thing*）——的意识。根据康德，笛卡尔及其后继者们恰恰是因为忽略了两种意识之间的区别，才会误入歧途地认为，当我在对自己作为"我思"这一命题的主语"我"而意识着时，我意识到的是一个非物质性的东西，一个思着的实体。现在，根据卡萨姆，康德对这一错误的指责是没错的：在以主体身份意识到自己（being aware of ourselves *qua* subjects）时，我们当然不是将自己作为非物质性实体而意识到。但是，当我将自己作为知觉、思维和知识的主体而意识到的时候，还有另一个我意识到的客体，是确然要被我作为我自己而意识到的：这客体不是一个非物质性实体，如笛卡尔的灵魂那样；它是一个物质性实体，一个身体。确实，卡萨姆主张，"以主体身份对自己作为一个物理客体的意识（awareness of oneself, *qua* subject, as a physical object），其实是自我意识的一个**必要条件**"。①换言之，我们无法成为自我意识着的——卡萨姆这样

体而意识到【见下面提及的引文，本页第①号脚注（原文注 4）。他从未解释使用这两种不同表述的原因（"以……身份""作为"）】。我认为他这样做其实是有很好的理由的。但由于他从没有明确提出这些理由，他使其论证掺入了一种含混性，我将在后文说明的【见第 25-26 页（原文第 297-298 页）】。我将大体上遵循他的用法（**以主体身份**、**作为客体**）并最终讨论之【第 26 页（原文第 298 页）】。还应注意，卡萨姆在康德德语中使用"Bewusstsein"（我对此给出的是标准翻译："意识"（consciousness）"）的地方，使用的是"意识"（awareness）这一表述。（译注：本文正文及其他脚注中，将"awareness"和"consciousness"均译作"意识"）康德的"意识"（consciousness）和"自我意识"（self-consciousness）没有卡萨姆的"意识"（awareness）和"自我意识"（self-awareness）那么经验-心理学（empirical-psychological），如将在接下来的讨论中呈现的。尽管如此，卡萨姆的"以主体身份对自己的意识"（awareness of oneself, qua subject）受到康德"作为主体对自己的意识"（consciousness of oneself, as a subject）的启发，正如卡萨姆的"对自己作为一个客体的意识"（awareness of oneself, as an object）受到康德"对自己作为一个客体的意识"（consciousness of oneself, as an object）的启发。卡萨姆也使用"自我意识"（self-consciousness）这一表述，尤其在对其书的基本论题的表述中："我们以主体身份对自己作为诸物理客体之一而意识到（aware of），是自我意识（self-consciousness）的一个必要条件"。那么他所说"自我意识"（self-consciousness）的意思是，将我们的诸表象归于我们自己、将它们描述为"我的"的那种能力。本文的目标之一，就是在对自我意识（self-consciousness）【以及自我意识（self-awareness）】问题的讨论中，澄清康德与卡萨姆各自的预设和语汇之间的相对区别。

① Cassam(1997: 25).我对此引文做了轻微改动.卡萨姆说："以主体身份对自己……的**直观**意识（*intuitive* awareness）。"鉴于下文会对"直观意识"这一概念进行解释，我倾向于在此暂且跳过这一说明，而只是说"意识"。此外我还写了"对自己的意识"（awareness of oneself），而非"对自我的意识"（awareness of the self）。关于这一点，见第 18 页第①号脚注（原文注释 16）。

说的意思是：我们无法将我们的知觉与经验归于我们自己、将它们作为我们自己的——除非，我们**以思维与知识之主体的身份**对自己的意识，与对自己**作为诸物理客体之一**的意识，完全是同一个意识状态。或者再换言之，正如卡萨姆在其书结尾段所言："自我意识（……），与对主体'作为一个客体'——不是作为一个'非物质性'实体，而是作为诸物理客体的世界中的一个物理客体——的意识，是紧密结合的（intimately bound up）。"(Cassam, 1997: 198)

这后一种表述在某些方面较前一种更为和缓：它并未把"对主体'作为一个客体'的意识"当作自我意识的（能够将我们的诸表象归于我们自己、辨认为是我们自己的）一个**必要条件**。它只是说，后者与前者是"紧密结合"的。或许我们会说，以下说法就是事实上（*de facto*）正确的：在自我意识（将我们的诸表象归于我们自己）之中，我们以思维与知识之主体的身份，是将自己作为一个物理客体而意识到的。

有一段时间我曾认为，这后一种、更为和缓的表述会是康德完全赞同的：如前所述，我们自己的身体是外界客体与我们对它们的表象之间的中介物，这一点对康德也是一个经验事实；类似地，我们对我们自己的、有知觉的（sentient）身体作为诸物理客体之一的意识，对于我们在同一空间中确定外界诸客体相对彼此的位置，也是必要的。然而，更进一步的考察表明，康德承认的这两点，并不真的使他的观点趋近于卡萨姆的观点中哪怕是最和缓的表述。因为卡萨姆的表述——其两个版本皆是如此——中最引人注目的元素，是在对自己**作为主体**的意识与对自己**作为一个物理客体**的意识之间建立的**等同**。无论康德对于自我意识与对自己身体的意识"紧密结合"这一观点抱有何等同情，这仍然并不引向如下表述，即此意识是我们以主体身份对自己作为一个物理客体的意识（a consciousness of ourselves *qua* subjects as a physical object）。

本文的目的在于尝试澄清，在康德的观点中，究竟是什么拒斥着卡萨姆认为康德所应采取的那种更为激进的立场。当然，一位老练的康德主义者可能会马上这样回答：这一拒斥的核心，来自康德的先验观念论。根据先验观念论，客体的世界仅仅是一个显像（appearances）的世界。但我，作为一个思维与知识的主体，不能是一个显像，因为作为一个思着的存在，我就是这一统一性活动的来源，该统一性活动使得诸显像的世界成为可能，而我自己的显像作为一个客体也在其中。进一步说，我作为一个客体，也如所有的显像一样，在时间之中；而作为一个物理客体（一个身体），我也在空间之中。但是作为那个思维与知识的主体，我既不在时间中也不在空间中：毋宁说，时间和空间都由我产生，仅仅作为表象、作为直观形式，诸显像（它们本身仅仅是表象）在这些直观形式中存在并彼此联系。因此，在康德观点的整体形而上学背景中，是有一个很强的理由来拒绝将"作为一个主体"的我自己（"我思"中"我"的所指）和作为一个客体——更遑论物理客体——的我自己等同起来的。作为一个主体，我并不知道我是**什么**，但我肯定不是一个显像；而作为表象的一个客体，我是空间与时间中的一个显像。

这或许可以是对康德立场的一个重要方面的准确解读。但在本文中，我且将这一方面置之不论。这是因为我以为，即使没有其先验观念论的支柱，康德的观点依然有很强的理由来拒斥卡萨姆的提议，即在对我自己作为"我思"命题的主语"我"之所指的意识中，我将自己作为客体而意识到，而且确是一个物理客体，一个身体。我以为康德观点对此举的拒斥，并不仅仅是缘于作为一种形而上学观的先验观念论：在康德对"我思"中的"我"的概念中，也有一些东西并不合乎卡萨姆的想法，即在以主体身份对自己的意识中，我将自己作为一个物理客体而意识到。事实上，卡萨姆承认了这一拒斥，但他将其归因于康德观点中的一个弱点。而这正是我想要质疑的。我将论证，卡萨姆的挑战真正揭明的事实是，康德对"我思"中的"我"的看法并不融洽地契合于对自我指称（self-reference）的当代分析。下一个问题当然是：为什么？对此我也将尝试在本文中进行说明。

2 语境：卡萨姆的"客体性论证"，康德范畴的先验演绎

卡萨姆的书提供了一个复杂的论证网络以支持其论点，即在以思维与知识之主体的身份对自己的意识中，我将自己作为诸物理客体之一而意识到。我只想聚焦于这些论证中的一个，他将其称作"客体性论证"（objectivity argument）（该讨论见《自我与世界》第二章）。之所以聚焦这

一特定论证，一个原因是对它的内在兴趣；另一个原因是，在卡萨姆书中展开的所有论证中，这一论证在其结构上最为接近康德的范畴的先验演绎，在那里康德首次引入其"统觉的先验统一"（transcendental unity of apperception）概念，以及"我思"命题与此相关的作用。① 关于如何理解康德自己的论证结构，存在大量争议，我将避免进入对此问题的任何争论之中。我会教条式地主张，作为这些论证最大体的结构，一种非常可行的方案如下：（1）康德从这一被接受的前提出发：我们把我们的经验当成（we think of our experience as）对独立存在的诸客体的经验。这即是说，我们视我们的经验为包含着对即使不被知觉时也继续存在的诸客体的知觉；②（2）康德接下来论证，要使这样的经验成为可能，我们全部的表象都必须被以某种方式结合起来，或者被我们自己、被我们自己的知觉活动和对所知觉物的思维——概念化（conceptualizing）——活动，彼此连接起来，而我们必须意识到被如此结合起来的诸表象的统一性。但只有当我们将被如此结合起来的诸表象，归于作为那个知觉着、思维着的主体（那个产生概念的主体，在这些概念下诸表象的客体被辨认）的我们自己，这才是可能的。只有当我们的诸表象被如此结合起来、统一起来，它们才能是对诸客体**作为**独立存在的诸客体的表象，这些客体不仅能够被我们识别（identify），而且能够在我们中止知觉它们一段时间之后，被我们再识别（reidentify）；（3）康德还论证了，这一统一我们诸表象的活动，是由诸范畴所架构的，诸如原因、实体、交互作用、量、强度等等；（4）这就是康德对诸范畴的"演

---

① 卡萨姆本人承认这一接近性。见 Cassam（1997：35）。
② 此前提没有争议性。我们把我们的经验当成对独立存在的诸客体的经验，并不意味着我们知道它们就是对独立存在的诸客体的经验。即使是贝克莱大主教也会接受，我们是以这种方式看待我们的经验的，即使他会论证说，我们在这样做时是被欺骗了的。在其对康德的先验演绎的阐释中，斯特劳森煞费苦心地使康德的论证脱离这一过强的前提。取而代之的是，他试图将康德的先验演绎解读为这样一个反怀疑论的论证，它仅仅起始于对自我意识（在对诸表象的自我归属这一最小化意义上理解：在将我们的诸表象归于自己时，我们是自我意识者的）的断言，或者更简而化之地，起始于经验作为经验（即，作为不同于被经验的东西的）这一思想；从这里，他又论证到将诸客体表象为独立存在着的的必然性，并最终论证到这些客体落于诸范畴——如实体和因果性联系的范畴——之下的必然性（见 *The Bound of Senses*, 96-108）。而我认为，斯特劳森之所以拒斥康德的前提（我们的经验如其是对独立存在的诸客体的经验那样），部分是因为他赋予了它一个过强的含义。他似乎认为康德是由如下前提出发的：我们知道我们的经验是对"实质"（weighty）意义上的诸客体的经验。确实，康德最终提供了一个支持这一点的论证（见驳斥唯心论）。但它并未构成先验演绎的前提。 还应注意，我使用"经验"的意思就是康德使用它的意思：被辨认于诸概念之下的诸经验直观（诸感性表象）。之所以以单数形式使用该词，是因为如康德所言，不同的诸知觉属于**同一个**经验（例如，见 A110; A176-77/B218-19）。

绎"，亦即他对如下主张的辩护：诸范畴是普遍地适用于诸经验客体的。它们如此适用，是因为诸客体无法被辨认为持存的、独立存在的客体，除非我们的诸表象被根据那些范畴组织起来、统一起来。

那么，对康德先验演绎的大体结构可作如下概括：

（1K）我们认为我们的经验包含着对独立存在的诸客体的知觉。（前提，见《纯粹理性批判导言》、先验演绎第二版 13–15 节，以及各处）

（2K）一个人认为其经验包含着对独立存在诸客体的知觉，(a) 只有当他意识到其结合和比较诸知觉的活动的统一性和同一性；而这是可能的，又 (b) 只有当他意识到他自己作为"我思"中"我"所代表的那个主体的数目同一性（numerical identity）。（前提，论证见先验演绎第二版 16–18 节）

（3K）这一被归于"我思"中的"我"的统一的结合活动，是根据诸范畴而被架构的。（前提，论证见先验演绎第二版 19–26 节）①

（4K）所以，被视为独立存在的客体的所有经验客体，都被一种根据诸范畴所架构的知觉的结合方式所表象；这即是说，它们归于诸范畴之下【结论，由（1K）、（2K）和（3K）】。

而卡萨姆"客体性论证"的结构如下：

（1C）我们认为我们的经验包含着对独立存在的诸客体的知觉。（前提）

（2C）一个人可以认为其经验包含着对独立存在诸客体的知觉，只有当他意识到自己作为这些知觉之所归的那个主体的同一性。（前提，论证将于下文展开）

（3C）若要对主体之数目同一性的意识发挥其作用，一个人必须将这个主体意识为一个物理客体。

（4C）所以，我们以主体身份，将自己作为诸物理客体的世界中

---

① 在此，我是在将主要包含两步——分别关于：作为对诸客体的思想之条件的诸范畴（19–21 节），和作为对诸客体的直观之条件的统觉的统一（26 节）——的先验演绎第二版的复杂核心统一为一步。这是因为我在此唯一的关切是阐明，"我"的作用出现在此证明的哪里、是如何出现的（16 节）。

的物理客体而意识到【结论，由（1C）、（2C）和（3C）】。

可以看到，卡萨姆客体性论证中的（1C）和（2C）接近于我概括的康德范畴的先验演绎的结构中的（1K）和（2K）。或者更确切地说，（1K）和（1C）相同，而（2K）和（2C）都将如下一点当作认为我们的经验包含着对独立存在诸客体的知觉的条件，即一个人作为这些知觉的数目同一的主体，将这些知觉归于他自己。但对康德而言，对这一数目同一的主体的思维，除了作为对其**活动**之统一性的思维的一个组成部分（可能是一个基础性组成部分）外，并没有其他作用：此活动即结合和比较一个人的诸表象的活动。而对卡萨姆而言，被描述为数目同一的，是一个就该词之传统意义而言的主体：一个诸属性的承载者，在这里即一个诸知觉状态（perceptual states）的承载者。康德从（2K）继而到达（3K），是通过他对诸范畴的辩护。而卡萨姆从（2C）到达（3C），是通过如下主张：一个人必须将他把其诸知觉归之于他的那个数目同一的自我，**作为一个物理客体**而意识到。

我的问题将是：康德的观点为什么，以及如何，看起来拒斥了此举？而关于康德怎样看待自我意识之本性，这一拒斥又能告诉我们什么？

请注意，我的问题**并不是**卡萨姆对康德观点的解读是否准确。卡萨姆自己也很清楚：无论其方法，还是其结果，严格来说都不是康德的，尽管他致力解决的那些问题是受了康德的启发（以主体身份对自己的意识与对自己作为客体的意识之间的关系，以及对普遍意义上诸客体的意识与任何种类的自我意识之间的关系）。毋宁说，如前所述，我关注的是如下问题：卡萨姆和康德两种进路之间的区别，能告诉我们什么康德自我意识观的特别之处？

卡萨姆给出了两个版本的"客体性论证"。二者同样具有我在前文概括的大体结构，但二者的区别在于"将知觉与经验的主体意识为一个物理客体"的含义。根据被卡萨姆称为"概念版本"（concept version）的客体性论证，（3C）应被理解为："一个人必须把主体**构想为**（conceive of）一个物理客体。"这话的意思是很强的："把 X 构想为 Y"的意思是，**相信**（believing）X 是 Y。这里的论证是，如果一个人**相信**他的经验是对独立存在的诸客体的经验，那么必然地，他相信诸知觉之所归的那个"我"，其本身也是诸物理客体之一。

根据被卡萨姆称为"直观版本"（intuition version）的客体性论证，(3C)应被解读为："一个人必须把主体**直观地意识为**（*intuitively aware of*）一个物理客体"（见 *Self and World*，30–31，36，52）。"直观"应该，在一个显然被康德启发的意义上，被理解为对一个东西如其所呈现那样的直接意识（immediate awareness of a thing as it presents itself）。直观性意识并不必然伴随着信念：一个人可以以主体身份向自己呈现为一个物理客体，同时却**相信**他作为思维与知识之主体的真正本性是当一个思着的实体。因此，客体性论证这一"直观版本"的主张是比"概念版本"的主张要弱的。①

我想要说明，卡萨姆论证的每一个版本与康德的自我意识观是如何存在着有趣的关联，同时又在一些根本方面相区别的。就每一个版本而言，对比这两种观点有助于揭明康德本人观点的一些重要特征；或者说，我将论证这一点。

总而言之：我最初的问题是，康德区分了我们对自己**作为主体**的意识和我们对自己**作为客体**的意识，这是否是正确的？如果是正确的，那么他明确地将**身体性**（*bodily*）意识从对自己**作为主体**（或者，用卡萨姆的话说，**以主体身份**）的意识中排除出去，这又是否是正确的？在这两点上卡萨姆都与康德相对峙。在这两点上我都将论证，卡萨姆的分析有助于我们更新对康德观点的理解。为显示这一点，我将依次考察卡萨姆"客体性论证"的每一个版本。我会首先考察卡萨姆所谓的其客体性论证的"概念版本"。如我们将看到的，该版本并不能带我们接近如下结论，即对自己作为知识之主体的意识，是一个对自己**作为**有身体的（embodied）的意识。接下来我将讨论此论证的第一个版本和第二个版本，即所谓的"直观"版本的关系，在第二个版本中，关于一个有身体的主体的想法变得更有说服力——虽然是有限度的，这些限度为一个支持康德本人观点的颇佳的论证留出空间——或者说，我将论证这一点。

---

① 卡萨姆的"直观"和"直观性意识"两个概念在如下方面受康德启发：它们具有单一性（singularity）和直接性（immediacy）这两个康德用以描述直观的特点。但是，康德不会将对自己作为主体的意识称作"直观"，因为对他而言，直观是对**诸客体**的表象，而这恰恰是——根据他——对自己作为一个主体的意识所不可能是的东西。更多相关讨论见下。

3 卡萨姆在"客体性论证的概念版本"中的自我意识观与康德自我意识的先验统一性

在客体性论证的"概念版本"中,卡萨姆使用了一个借自加雷斯·埃文斯(Gareth Evans)和西德尼·休梅克(Sydney Shoemaker)的概念:知觉表象的"可能化条件"(enabling conditions)概念①。其想法是这样的:将一个人的诸知觉视作对一个独立存在的客体的知觉,就是将它们视作对**一个能够在不被知觉的情况下存在的**客体的知觉。那么,为了理解能够在不被知觉的情况下存在的东西这一概念,一个人必须拥有知觉的空间–时间性"可能化条件"概念。这些"可能化条件"包括相对于可知觉物体被恰当地安置(being appropriately located)这一事实:如果一个人没有被恰当地安置,此客体就不能被知觉。将这些"可能化条件"纳入考量,使我们能够把此物体当作即使在不被知觉的情况下也继续存在着的:其不被知觉可被归因于一个人相对于它未被恰当安置的事实,而非它不再存在。对"可能化条件"的思考也使我们能够区分连续知觉同一个客体,和连续知觉两个就质而言难以区分(qualitatively undistinguishable)、但就数目而言有别(numerically distinct)的客体。比如,假设在法国塞纳河口有一座自由女神像的精密复制品,我知道我此刻知觉的究竟是几天前在炮台公园散步时知觉到的纽约的自由女神像,还是法国塞纳河口的自由女神像,这是依靠我具有的知觉背景信息,此信息即从 P1(几天前对自由女神像的知觉)到 P2(此刻对自由女神像的知觉)之间,我穿过世界的路线。②而这是可能的,又只有当我把我的诸知觉归于相关知觉状态的一个数目同一的主体,此主体穿过世界的路线使我能够决定哪些特定的(独立存在的)客体是我的知觉所知觉到的。在刚才考察的例子中,我可以将我对自由女神像的连续知觉或者解读为对同一座雕像的知觉,或者解读为对两座就质而言相同、空间定位不同的雕像的知觉。选取哪一种解读,取决于我将诸知觉意识归为

---

① 见 Evans(1985:249-90);Shoemaker(1984:19-48);Cassam(1997:35-40)。
② 该例子受启发于卡萨姆本人关于知觉伦敦的大理石拱门或其位于德克萨斯的达拉斯的一个精密复制品的例子。见 Cassam(1997:41),以及下文提到的引文,第 18 页第①号脚注(原文注 16)。

我自己的,亦即,将它们归于同一个穿过空间的知觉主体——我自己。①这就是前文中归纳的客体性论证中的(2C)。

接下来,(3C)声称,将自己当作知觉的那个数目同一的主体,必须即是将自己**当作一个物理客体**。为什么是这样?毕竟,一个人可以仅仅把自己当作那个在空间中连续占据不同位置的几何参照点的承载者,并且,有赖于其在空间中连续位置所提供的诸可能化条件,将他的诸知觉解读为对独立存在的诸客体的知觉。为什么这样还不充分呢?卡萨姆考察并拒斥了两种可能的答案。其一,以那个数目同一的经验之主体的身份,把自己当作一个物理客体,对于区分真实的和幻觉的知觉是必要的,而此区分本身对于把自己的经验当作对独立存在的诸客体的经验来说,当然是必要的。这里的想法是,仅仅一个几何立足点(standpoint)并不足以为这样的区分提供其所需的资源。对于被缩减为如此一个立足点的主体而言,一个人呈现为存在着之处(where one is presented as being)和他事实上存在之处(where one actually is)之间,或者一个人似乎知觉到的东西和他事实上知觉到了的东西之间,将不会有区别,也将不会有关于物质的独立事实:物质将在任何情况下都不被知觉者视角以外的任何东西定义。但这种想法是不对的(如卡萨姆所承认的那样):即使是被缩减为仅仅是一个几何立足点的主体,也确具有用以区分知觉和幻觉的资源。即使对被缩减为仅仅是一个几何立足点的主体而言,某一特定的自我定位(self-location)或对诸客体的识别,也可以根据其与该主体经验的整体模式之不融贯,而被作为幻觉摒弃掉。②

主张经验主体必须被构想为一个物理客体的另一个可能理由可以是:不被知觉的存在这一观念,对于将一个客体认定为独立存在着的,是并不充分的。一个人还必须把该客体当作独立于他对它的知觉而存在着的,无论它是否被知觉。而我们对这样一个客体的观念是:一个具有被洛克定义

---

① 当然,这一点也是真的:主体的位置也被其知觉信息所决定,该信息告诉他他被**哪些**物理客体所围绕。因此,这决定是双向的。但如卡萨姆所正确指出的,这并非恶的循环。诸知觉需要有同一个主体,才能被解读为对这个而非那个特定客体的知觉。而反之,这解读又依赖于那个知觉主体认为自己在自己的经验路线中遇到了的诸客体的完整集合。正是这使得知觉的复多性成为我们经验的一部分【参见第10页第②号脚注(原文注7)】。康德在第三类比中做了一个很类似的论证:见 A213/B260,及第19页第①号脚注(原文注17)。

② 见 Cassam(1997:48-49)。贝克莱是熟知这一点的。

为第一性（primary qualities）的那些性质——形状、位置和体积——的东西。那么接下来的论证是，只有一个将**其自身**理解为有形状、有位置、有体积的主体，才能够理解诸经验客体有形状、有位置、有体积这一观念。① 但事实上，这一论证并不比上一个更具说服力，因为它最多只能说明一个人，以主体身份，必须将他自己经验为有形状、有位置、有体积的，才能够理解独立存在的诸客体有形状、有位置、有体积这一观念。但此经验可以是一个幻觉。可能成立的是，仅仅作为一个几何立足点，经验的主体是与一个身体相关联的，而正是此关联产生了如下幻觉经验：它，作为经验的主体（"我思"或"我知觉"这一命题中的主语"我"），本身就是有形状、有位置、有体积的，是一个身体。

现在，在客体性论证的第二个版本，即所谓的直观版本中，卡萨姆将说明，事实上存在着很强的论证可支持如下观点：以经验之主体的身份而直观地意识到自己，即是将自己作为诸物理客体之一而直观地意识到。认为在作为其诸知觉之主体的一个人自己和他自己的身体之间，可能仅仅存在一种关联，或甚至是密切的联系，这样的观点，根据客体性论证的第二个版本，在很大程度上失去了说服力。在考察这一观点之前，我现在想要比较卡萨姆论证的概念版本中体现的自我意识观，和前文概括的先验演绎中康德的自我意识观。

对于埃文斯和休梅克的空间-时间性"可能化条件"概念，康德会说什么呢？我们且将一切关于先验观念论的问题置之不论，② 那么以下就是我们可以假定康德会说的：诸空间-时间性可能化条件的满足【空间邻近性，对主体的经验路线（experiential route）的诸时间限制】，还不足以使我们能够承认数目同一的一个客体，而非就质而言相同的多个客体，或者相反。因

---

① 请注意，卡萨姆在此向"独立存在着的客体"或"实质意义上的客体"这一观念中，引入了一个比仅仅是未被知觉的存在要更具体的注释。形状、位置和体积这些被归于独立于我们对其的知觉而存在的诸客体的属性，表面看来（*prima facie*）是经验性地被给予的属性。随着卡萨姆论证的推进，它越来越像是对我们经验的事实上的（*de facto*）诸特征之间的一些重要联系进行的一种阐明，而非一个正统意义上的先验论证，即一个对经验之诸必要条件的先验的（*a priori*）、概念化的分析。关于这一点，见 Cassam（1997：51）。

② 这些问题可能包括：（1）康德对空间与时间作为先验理想的（transcendentally ideal）（仅仅是我们之中的表象，并作为表象，是任何对诸客体的表象之可能性的条件），以及（2）在这一语境中，对埃文斯/休梅克/卡萨姆而言，诸"可能化条件"就会由主体构成。关于康德对自我意识和对会被 ESC 称作"诸空间时间性可能化条件"的东西的观点之间的关系，我在此想说的是可以独立于这两个问题而被考虑的。当然，这并不意味着它们对于康德不是首要的问题。

此，经验主体处在一个把他自己当作数目同一的主体的位置上，此主体穿过世界的经验路线使他能够将诸知觉与它们所知觉的诸客体联系起来，这样也还是不够的。要使诸可能化条件发挥其作用，该主体必须不仅仅意识到这些知觉是他自己的。他必须不仅仅意识到它们的诸空间-时间性可能化条件（他处于这个或那个客体的附近，这么多或那么多时间已经流逝了，等等）。他还必须处在一个能够接收和解读那些条件的位置上。要使这成为可能，一套最低限度的推理能力（discursive capacities）——通过合规则地结合和比较诸知觉，形成关于那些可能化条件的判断的能力——必须发挥作用。当然，如埃文斯、休梅克、卡萨姆所论证的，那个使用这些推理能力的主体必须意识到其自身的数目同一性，而这就是他**作为那个使用着这些能力的行动者**的同一性，这些能力即对诸可能化条件的有效接收和解读。

简言之，埃文斯、休梅克、卡萨姆（ESC）提出的诸**客观**条件（可能化条件），使我们能够通过将我们主观的诸知觉联系到独立存在的诸客体，以这种而非那种方式解读这些知觉。他们继而论证道——这也是卡萨姆关于自我意识的论证之核心要点——只有当该经验主体将其诸知觉联系到作为一个数目同一的主体的它自己的时候，那些可能化条件才能发挥其作用。这是因为，该主体**客观的**（尽管是被主观地理解的）经验路线，决定了他知觉或不知觉哪些客体。然而康德指出，即使是对经验主体之数目同一性的意识也不会发挥任何作用，除非此意识是一个**思着的主体**的意识，该主体结合和比较的能力允许他解读【且——根据康德先验观念论的信念——构成（constitute）】使得对独立存在的诸客体之辨认成为可能的诸可能化条件。这就是为什么，在前文列出的概要中，（2K）将此数目同一的主体定义为一个**思着的**主体（而不仅仅是一个人将诸知觉归之于它的那个主体）；而（3K）则主张，这一结合活动是被诸范畴所架构的（这一点我将在此置之不论）。换言之，康德又退了一步提问道：是什么**使得**我们将我们的经验视作对独立存在的诸客体的经验**成为可能**？世界上所有的可能化条件也无法使我们这样理解我们的经验成为可能，除非我们配有拣选和解读它们的能力。

我认为，这"又退一步"解释了卡萨姆和康德对"将诸表象归于同一个主体"理解的区别。卡萨姆写道：

不同的知觉，如果没有被其对一个单一主体的、现实或潜在的归属所统一的话，将仅仅是各个独立的单元，且一个知觉与另一个不会有任何关系。比如，P1（一个知觉）是一个对海德公园角的知觉这一事实，会有助于 P2（另一个知觉）作为一个对伦敦大理石拱门的知觉（而非对一个位于他地——譬如说达拉斯——的、就质而言相同的大理石拱门的知觉）的概念化，只有当 P1 和 P2 被表象为是属于同一个主体的。如果没有这一假定，则关于一个**单一**主体能在一个短时间段内行进多远的提法，将会是相当无效的，因为 P1 的主体 S1 可能真的位于达拉斯，而 P2 的主体 S2 可能真的位于伦敦，只要 S1 和 S2 没有被假定为是数目同一的。这至少是康德如下说法的意义之一，该说法即："就所有能够归属于我们知识的表象而言，我们是将自我的完全同一性，作为所有表象之可能性的必要条件而先验地意识到的。"（A116）①

但事实上，康德所谓"我们的自我的同一性"的意思，是同一个**思维**主体的同一性，这一主体结合和比较的能力必须发挥作用，从而使上述诸"可能化条件"能够以如此的方式被解读，以至于我们的知觉是**作为对**（*as of*）伦敦大理石拱门的知觉的一个知觉，而非是**作为对**达拉斯大理石拱门的知觉的一个知觉，或者是**作为对**纽约自由女神像的知觉的一个知觉，而非是**作为对**塞纳河自由女神像的知觉的一个知觉，等等。

那么，被如此构想的"我们的自我的同一性"，和**我们的身体**的同一性之间，是什么关系呢？事实上，康德在此的立场，和卡萨姆来自客体性论证概念版本的弱化了的版本中的立场，并没有那么不同。因为，如我们

---

① Cassam（1997：40）。卡萨姆所引为肯普·史密斯（Kemp Smith）的译本。德文原文为："Wir sind uns a priori der durchgängigen Identität unserer selbst in Ansehung aller Vorstellungen, die zu unserem Erkenntnis jemals gehören können, bewusst, als einer notwendigen Bedingung der Möglichkeit aller Vorstellungen (weil diese in mir doch nur dadurch etwas vorstellen, daß sie mit allem anderen zu einem Bewußtsein gehören, mithin darin wenigstens müssen verknüpft werden *können*)."肯普·史密斯将"unserer selbst"译为"自我"（the self），卡萨姆依此。而更准确的翻译应该是"我们自己（our self）"。除很少几处特例外，康德几乎一直在此严格的反身模式中使用"selbst"【unserer selbst（我们自己）、ihrer selbst（他们自己）等等】，而非将其作为一独立的名词性成分。肯普·史密斯几乎一直使用名词性的"自我"（the self）。我认为这是有误导性的。尽管康德确实创造了"那个我思"（*the* I think）这一更加奇怪的表述，他明确表现出"selbst"表达的是每一个体思想者之意识的反思性，而非任何实质性的存在物。他使用"那个我思"的意思是那个意识的普遍形式，它在使得对诸客体的指称成为可能的同时，也使得自我指称对每一个体思想者成为可能的。

已经看到的，我们的结论是，至少从客体性论证的**这一**版本中，不能得出"数目同一的经验主体应被构想为诸物理客体之一"这一观点的任何必要性。该主体**必须**被构想为的东西，是世界上一个几何立足点的承载者。即便说，为了把诸客体经历为有形状、有体积的（而这无论如何是将新的规定引入了对一个独立存在的客体的概念），我们需要把我们自己经历为有形状、有体积的，这也并不必然表明，这个经验被归之于它的数目同一的立足点，**其自身**是一个身体的立足点：它可能只是以某种方式与一个身体相关联而已。现在，这正是康德那个数目同一的、对 ESC 诸可能化条件之解读活动的主体身上所发生的事情。那个经验被作为我的经验而归之于它的主体，是"我"的所指，该所指，无论它是什么，是卡萨姆"几何立足点"的条件。康德确实在《纯粹理性批判》更靠后的位置论证说，这一主体以一种如此方式向其自身显现，以至于其心灵的诸状态与一个身体的诸状态相关联，并与空间中的其他物体有因果联系。①但关于"我"的所指，没有必要去想更多了，除了它是那个诸判断（和推理）活动的数目同一的主体这一事实之外，那些活动使得为了识别独立存在的诸客体——包括作为我们经验的感性内容之中介物的我们自己的身体——而进行的对诸可能化条件的解读成为可能。

因此，如前所述，我们目前从卡萨姆的观点中得出：只有当我们将我们的诸知觉归于一个穿过世界的数目同一的主体时，我们才能够认为我们的诸经验包含着对实质意义上的诸客体（objects in the weighty sense）的知觉。并没有必要将此主体视为一个物理客体。尽管只有当我们将我们自己的身体经验为有广延、有形状、有体积的，我们才能将诸客体经验为有广延、有形状、有体积的，这一对我们自己的身体的经验，并不必然是以那个穿过世界的数目同一的参照点之承载者的身份，将**我们自己**经验为有广延、有形状、有体积的。而且，如果我们将卡萨姆的观点与康德的观点对比，我们还必须将如下观点添入康德的贡献之中：那个参照点的承载者，即"我自己"，必须是诸比较、判断和推理活动的主体，通过这些活动，休梅克、埃文斯和卡萨姆的诸"可能化条件"，就可以成为使我们能够将

---

① 特别参见第三类比，A213/B260。关于这一点，我将在本文第五部分进一步说明。

我们知觉的诸客体作为独立存在的诸客体识别和再识别的诸条件。没有必要说，我们以这个判断主体的身份，是将自己作为诸物理客体之一而意识到的。

然而，如我之前声明的那样，在其客体性论证的第二个版本即"直观版本"中，卡萨姆所论证的，是在以经验与思维之主体的身份对自己的意识，和对自己作为一个物理客体——一个身体——的意识间，一种更紧密的联系。这是我接下来想要考察的。

4 以主体身份对自己的意识，与对自己身体的意识

有趣的是，卡萨姆是在其客体性论证之"直观版本"的语境中，提供了对"以主体身份对自己的意识"中"以主体身份"这一表达更完整的解释。他现在寻找一些能够具体地拣选出以主体身份对自己的意识的典型**意识模式**（*modes of awareness*）。如果确有这样的一些典型意识模式，并且如果我们对自己身体的意识是——或者，至少在一些情况中，可以是——它们中的一例，那就没有理由否认，我们对自己身体的意识是——或者可以是——一个以主体身份对自己的意识，而不仅仅是一个与我们以主体身份对自己的意识**相联系的**对身体的意识。而如果是这样的话，那么康德在对我们以主体身份对自己的意识与对我们自己作为客体的意识之间所做的那么根本的区分，就确实是错的。

在本文的这一部分，我将考察卡萨姆支持如下观点的论证，即，**以主体身份**对自己的意识的那些特定限制被一种方式满足，在该方式中我们意识到自己的身体。继而，我将再次考察康德自己的观点在卡萨姆的挑战面前应对得如何。

卡萨姆为以主体身份对自己的意识指出的第一个特点，其灵感源自维特根斯坦于其《蓝皮书》（*Blue Book*）中在"'我'（或'我的'）一词作为客体的使用和作为主体的使用"间所做的著名区分。[1]维特根斯坦为前者给出的例子是："我的胳膊断了""我长高了六英寸""我在额头上有个

---

[1] 见 Wittgenstein（1975：66-70）；Cassam（1997：60）。

肿块""风吹乱我的头发";他为后者给出的例子是:"**我**看到如此这般""**我**试图举起我的胳膊""**我**认为将要下雨""**我**得了牙痛"。维特根斯坦以如下方式解释这一区别:

> 关于这两类的区别,我们可以这样说:第一类的情况包含了对一个特定的人的辨认,并且在这些情况中存在错误的可能,或者我应这样说:错误的可能被提供了。……这是可能的——譬如说,在一场事故中:我感到胳膊疼痛,看到一条断了的胳膊垂在身旁,并认为它是我的,但事实上它是我邻居的,正如我可以在看向镜中时,错把他额头上的一个肿块看成我的;而另一方面,当我说我得了牙痛时,就不会有关于辨认一个人的问题:问"你确定感到痛的是**你**吗?"这样的问题,将会是荒谬的。在这种情况中错误是不可能的,是因为"那种我们可能倾向于视作一个错误、视作'走坏的一着'的棋,在这棋局中根本就算不得一着棋"。进一步说:"说'我得了牙痛'这句话,并不比呻吟更多地是在做一个**关于**特定的人的陈述。"(Wittgenstein 1975: 66–67)

维特根斯坦总结道:在其"作为主体"的使用中,"我"根本就不指称。正因在此词的使用中没有对一个特定客体的识别(identification),也就不存在**错误**识别(*mis*identification)的可能性。

休梅克继承了维特根斯坦的区分,但反驳维特根斯坦说,在其"作为主体"的使用中,"我"确是有指称的,尽管是以一种与其"作为客体"的使用不同的方式。在其"作为主体"的使用中,"我"这个词属于这样一种判断,它用休梅克的话说是"免于关于第一人称代词的错误识别所致的错误(immune to error through misidentification relative to the first person pronoun)"的;而在其"作为客体"的使用中,"我"所属的判断则不享有这样的不可错性【immunity(to error)】。并且,这两种判断的区别本身,正是依靠判断所基于的那种意识。例如,说"我得了牙痛"这一判断免于关于第一人称代词的错误识别所致的错误,就等于说如下情形不会存在:我知道有某个人得了牙痛,但我错误地做出上述判断,因为且仅因为我错误地相信那个人是我。类似地,说一个诸如"我看见一只金丝雀"这样的判断免于关于第一人称代词的错误识别所致的错误,就等于说,即使我大可在相信那里存在任何我所见之物这件事上,或在相信我所见的东西是一只金丝雀这件事上犯错,但我无法以如下这种特定方式犯错:我知道有某个人看见一只金丝雀,但我错误地相信那个人是我;而另一方面,在一个**不是**这样免于错误的判断中,上述这种错误则完全可以发生。说在"我长高了六英寸"这一判断中,"我"这个词是"作为客体"被使用的,就等于说,我不但可以在相信我长高了这件事上或者在相信我长高的量多达六英寸这件事上犯错,而且可以以如下这种特定方式犯错:我知道有某个人长高了六英寸(我兄弟和我每个月量身高时在墙上做的标记表明了这一点;或者我在镜中看见我们中的一个现在已经够到厨房的橱柜顶了),但我错误地相信那个人是我(那个标记不是我的,或镜中那个身影不是我)。问题的关键在于:这一特定种类的意识,亦即我在第一种判断中的信息来源,不会将基于它的判断引向那一特定种类的错误,即关于第一人称代词的错误识别;而在第二种判断中,它却可以。①

现在,卡萨姆的论证中最重要的一点是,这种不可错性并不是那些表达诸心灵状态(mental states)之自我归属(self-ascription)的判断所独有的特权:它同样适用于一些表达诸身体状态(bodily states)——如我们在空间中的位置、我们肢体的相对位置——之自我归属的判断。比方说,一个诸如"我站在桌前"或"我的腿是跷着的"这样的判断,可能由于我站在其前的那个东西事实上不是一张桌子,或由于我的肌肉运动知觉(kinesthetic)信息以某种方式具有误导性,而成为错的,但它无法以如下这种特定方式成为错的:我知道有某个人站在桌前,却错误地相信那个人是我,或知道有某个人跷着腿坐着,却错误地相信那个人是我。通过本体感觉(proprioceptive)/肌肉运动知觉意识,我不可能犯这种错误,这种当我看向镜中、错把我姐妹的影像看成我的影像时当然可能会犯的错误。

不过,正如埃文斯、休梅克和卡萨姆都指出的那样,这种不可错性事实上并不仅仅适用于"我"之"作为主体"的使用:它也描述一些指示判断(demonstrative judgments)。借用休梅克和埃文斯的一个例子:一个诸如

---

① 见 Shoemaker(1968:555-567);重印于 Cassam(1994:80-93,尤其是81-85)中;Evans(1982:204-257,尤其是215)。

"这看起来是红的"这样的判断，是免于关于指示代词（demonstrative pronoun）的错误识别所致的错误。当然，我可以在相信这看起来是红的这件事上，或在那里存在任何可看之物这件事上犯错，但我无法以如下这种特定方式犯错：我**知道**有某个东西看起来是红的，但它是这个吗？（指着我面前那个看起来是红色的东西）。所以，仅凭就关于 X 的错误识别所致错性的不可错性，还不足以区分出以主体身份对自己的意识。我们基于这种意识的判断，可能只是指示判断的一些特定情况，这些指示判断当然是**关于**诸客体的判断。如果是这样的话，那么这种意识之作为这种无识别的指称（identificationless reference）的基础，似乎就并未能把握到我们以主体身份对自己的意识的任何特别之处。

然而，在"我"作为主体的使用的情况中，不可错性走得更远了一步。如休梅克和埃文斯所指出的，不仅那个我–思想（I-thought）**在某一特定时间**，就错误识别所致的错误是不可错的，而且，追踪一个人**历经时间**的同一性（keeping track of one's identity *through time*），也不要求任何识别或再识别的特定技能。这必定构成指示判断和"我"–判断之间的一种区别：我可以从"这是红的"继而说"这昨天曾是红的"，只有当我确认我正指着的"这个"确实是昨天我所说到或想到的那一个；但从"我正站在桌前"继而说"我昨天曾站在桌前"，却并不要求任何特定的技能或技术来对"我"的所指进行再识别。从"我很生气"继而说"我曾很生气"，或从"我看见一只金丝雀"继而说"我曾看见一只金丝雀"，也同样不要求这一点。①

于是，这里我们就得到一个标准，它可以将以主体身份对自己的意识明确地区分出来。只有那些在其中"我""作为主体"被使用的我–思想，才不仅在一个给定时间，而且历经时间，就错误识别所致的错误是不可错的。因此，我们或许可以说：以主体身份对自己的意识是那种为如下这些我–思想提供根基的意识，这些我–思想就关于第一人称代词的错误识别所致的错误是不可错的，**并且**不要求追踪"我"之所指历经时间的同一性。

---

① 还有一些其他特点将指示判断用法与我–思想区别开来。见 Shoemaker, "*Self-Reference*", 83-85。我聚焦于无时间性追踪，因为它在卡萨姆的讨论中扮演重要角色，而且，如我们将会看到的，它在康德的自我意识观中可以找到重要的对应物。

而一些表达身体意识（bodily awareness）的判断，可以与表达心灵状态之自我归属的判断同样拥有这样的不可错性。所以，身体意识是符合以主体身份对自己的意识的这一特定特征的。在一些情况中，对自己身体的意识**就是**以主体身份对自己作为诸物理客体之一的意识。

现在，我们可以假定，我们意识到自己身体的诸方式之一，就是为"'我'作为主体的使用"提供根基、并因此符合对我们以主体身份对自己的意识的特征的那一特定方式。但是，这既然已被与对任何东西**作为客体**的意识明确区别开来，而后者是既要求识别、也要求为**再**识别而历经时间进行追踪的，那么事情似乎仍然是：即使就我们自己的身体而言，我们也必须区分以主体身份对其的意识，与对其作为一个客体的意识。如果是这样的话，卡萨姆的观点就仍是可质疑的。上述分析引出的有趣的一点在于：身体意识可以属于以主体身份的意识、作为客体的意识这两类；但它肯定不能同时是此二者，因为以其中一种方式意识到自己不同于以另一种方式意识到自己。①

卡萨姆承认了这一反驳。但他回应说，理解"对自己作为一个物理客体的意识"中的"作为一个物理客体"，有两种方式。根据较狭义的概念，一个物理客体是一个有形状、有位置、有体积的、要求时间性追踪（temporal tracking）以识别它的东西；而根据较广义的概念，一个物理客体是一个有形状、有位置、有体积的东西，但通达（access）它的方式并未被规定（有时间性追踪以识别和再识别它，或者没有）。如果我们采取较狭义的概念，那么确实不可能以主体身份将自己作为一个物理客体而意识到；但如果我们采取较广义的概念，那么对以主体身份对自己的意识和对自己作为客体的意识，就根本不是不可兼容的。适才我们已看到，在那种是将自己的经验构想为对独立存在诸客体的经验之必要条件的自我意识中，一个人**必须**以主体身份，把自己作为诸物理客体之一（一个有知觉的身体）而直观地意识到。

这一回应，在我看来，有赖于"客体"一词的含混性。卡萨姆所谓的客体的"广义"含义（有形状、有位置、有体积的某物），是对物理客体的

---

① 卡萨姆将这称作对其唯物主义自我意识观的"不可兼容性反驳"（incompatibility objection）。见 Cassam（1997: 68-71）。

一个存有论描述。而其所谓的客体的"狭义"含义（一个对其再识别要求历经时间进行追踪的某物），则是对能作为一个**认识对象**的一个认识论要求。这两个概念间的区别，并非同一种描述之"较广义"版本与"较狭义"版本间的区别：它是两种描述——一个是存有论的；另一个是认识论的——之间的区别。既然如此，以下事实也就不足为怪了：一方面，根据"较广义的"（存有论的）概念，一个人可以以主体身份，将自己作为一个物理客体而意识到；另一方面，一个人又无法以主体身份，将自己作为一个"较狭义的"（认识论的）物理客体而意识到。事实上，若要更恰当地表述后一种不可能性，我们会说："一个人无法以主体身份，意识到以客体身份存在的自己（one cannot be aware of oneself *qua* subject *qua* object）"。

现在我们看到卡萨姆在"以主体身份"和"作为一个客体"中使用"以……身份"和"作为"这两个不同的词的原因了："以……身份"向我们所意识到的东西中，引入了一种**通达模式**（*mode of access*），此通达模式可能包括时间性追踪。以下会是以客体身份对自己的意识："这张照片里，这个是我，在山顶上；然后这里，这另一张照片里，这个是前一天在营地的我——不过这个真是我吗？"抑或，此通达模式可能不包括任何时间性追踪。以下会是以诸经验状态（experiential states）（本体感觉、思想、记忆等）之主体的身份对自己的意识："我正站在山顶上。昨天我曾在营地。"**在这种自我意识的基础上**，并没有留给"不过那是我吗？"这个问题的余地。如果我知道——也就是说，如果我在这种意识的基础上，有理由相信（justified in believing）——某个人昨天曾在营地，那就没有留给"那个某人是**我**吗？"这个问题的余地。①

与此相反，（"作为一个客体"中的）"作为一个"引入的是存有论范畴，我们因此以这种或那种方式意识到的东西属于该范畴：它或者是一个物理（物质性）的东西，或者是一个非物质性的东西。卡萨姆的论题是：**即使**在以主体身份对自己的意识这种特别的自我意识模式中，一个人将他自己作为诸物理的东西之一而意识到。不过卡萨姆当然不能声称——也没想声称——一个人以主体身份意识到以客体身份存在的自己，那将是荒谬

---

① 如卡萨姆所承认的，这里不考虑准记忆（quasi-memory）、脑移植以及其他类似的思想实验。换言之，这里只考虑在我们所认识的这个世界中，被关联于一个生命体的诸意识状态是什么样的。

的。我提议，如下表述将使他的立场更明确：一个人可以——甚至必须——以主体身份将自己作为一个物理的东西而意识到，尽管他无法以主体身份，意识到以客体身份存在的自己。但这样一来我们也就清楚地看到，即使对卡萨姆而言，在以主体身份对自己的意识，和对自己作为客体的意识之间，依然存在一种不可兼容性。

那么现在，我们可能仍坚持认为，这个我们以主体身份意识到的"东西"，是我们以客体身份**也**意识到的某种东西（可能伴随着错误识别，也可能未能进行时间性追踪）。我们以主体身份意识到的，与我们同时也以客体身份——甚至作为一个物理客体——意识到的，正是同一个存在物（entity）。在这种呈现方式下，卡萨姆的立场非常接近梅洛-庞蒂的立场。对梅洛-庞蒂而言，我们的身体一方面是一个现象的（phenomenal）身体，我们直接将其作为我们诸意识状态之承载者而意识到，而没有任何客观识别或定位【这即是说，没有梅洛-庞蒂所谓的"主题化的"（thetic）或"命题的"（positional）意识】。对这同一个身体，我们也有主题化的意识：我们可以识别或错误识别我们身体上的一个点，在一张地图上将我们的身体定位或错误定位，在镜子中识别或错误识别它，在时间中追踪它或未能追踪它。若上述这些对自己的识别（和错误识别）要发生的话，则非主题化的（non-thetic）意识，亦即卡萨姆称为以主体身份对自己的意识，必须一直在场。所以，一个人可以——甚至在多数情况中**必须**——以主体身份意识到以客体身份存在的自己。尽管如此，这一关系是一个合取关系，而非等同关系。那么或许我们应该说：一个人以主体身份**并且**以客体身份，将自己作为诸物理存在物之一而意识到。而且如果我们将"存在物"等同于"客体"，那我们就得到了本文开头所引的卡萨姆的表述："自我意识……与对主体'作为一个客体'——不是作为一个'非物质性'实体，而是作为诸物理客体的世界中的一个物理客体——的意识，是紧密结合的。"①

---

① 卡萨姆自己注意到他的观点与梅洛-庞蒂的观点之接近。见 Cassam（1997：72）。然而他认为，当梅洛-庞蒂区分"现象的身体"和"客体性（objective）身体"时，是落回了一种主体与客体的二元论，不过，卡萨姆缓和了其对二元论的怀疑，当他这样写道（Cassm，1997：36）："然而，'客体性'和'现象的'身体之间的区分是否被认为是一种不同存在物或对同一存在物的不同观点之间的区分，并不是完全清楚。梅洛-庞蒂暗示了后一种解读。"如我在前文提出的，卡萨姆自己的观点在对"以主体身份，作为客体"中的"以……身份"和"作为"用法上有失清晰性。如果他真的明确其用法，就不得不看到他的观点引向对两种自我意识的区分：以主体身份和以客体身份，二者都是对**同一个存**

这是一个引人注目的结果：卡萨姆客体性论证的"直观版本"使他如此贴近于梅洛–庞蒂对身体作为一个"主体–客体"的观点。这关于这些观点与康德自我意识观之间的关系，能告诉我们什么呢？这就是我接下来要考察的。

5 康德与自我意识

在康德那里，对自己作为主体的意识，也就是他称为"先验自我意识"（transcendental self-consciousness）的东西，他将其区别于"经验性自我意识"（empirical self-consciousness）。我将论证，前者是符合 ESC 对以主体身份对自己的直观意识的特征的：就关于"我"的错误识别所致错误的不可错性，以及没有时间性追踪。而第二个概念（经验性自我意识）就更难界定。我为它确定了三个不同的（且相关的）意义。只有第一个是明确符合卡萨姆那里以主体身份对自己的直观意识的；另外两个要更难归入卡萨姆的两个意识模式中的这个或那个。我将直接如我所理解的那样解释那些区分，然后提出一些关于康德自我意识观的结论。

我从先验自我意识开始。

V.1 先验自我意识（统觉的先验统一）

前文中我们看到，卡萨姆与康德都赞同如下观点：对独立存在的诸客体的经验，只有当一个人能够将其诸表象归于作为它们数目同一的主体的他自己的时候，才是可能的。但这个数目同一的主体意味着什么，对卡萨姆和对康德而言却是十分不同的。对卡萨姆而言，这是一个经验主体【或基底（substrate），作为诸知觉状态的一个承载者】，该主体穿过世界的经验路线决定了知觉的诸空间–时间性可能化条件；而对康德而言，这是结合和比较诸表象的活动的那个行动者——**不论那个行动者是什么**，该活动使得辨认独立存在的诸客体的诸空间–时间性可能化条件首先被提供给认识。指称自己为这个行动者，当然不是在指称**一个客体**——在本文前一部分所解

在物的意识，我们将此存在物意识为"诸物理的东西之一"。那么这正是梅洛-庞蒂所主张的。

释的意义上。并没有任何东西**作为**一个特定客体而被识别或再识别。那么，在先验自我意识中，我便是处在了一个免于关于我的错误识别所致错误的情况中。但这并非因为——如卡萨姆所论证的——我可以以主体身份意识到一个东西——我自己的身体，亦即，以"免于关于第一人称的错误识别所致错误"的诸判断所基于的那种特定方式。在先验自我意识中，确实是没有可被识别为我自己的**东西**的，即使我意识到，我将我的诸表象所对应于的那个**我**所具有的数目同一性，确实正是我自己的数目同一性：那个承载着结合、比较、反思诸表象的活动之统一性的主体的数目同一性（抑或说"那个对此统一性负责的行动者的数目同一性"更好）——我**因此**将那些表象称作我自己的。（B135）

康德明确说道，这个**我**无须时间性追踪。根据 ESC，它因此符合特别针对以主体身份的自我意识的要求。康德在这一点上的表述是颇引人注目的：

>在我意识到我自己的整个时间中，我都意识到了这个时间是属于**我自己的统一性**的，而且不论我说：这整个时间都在作为个体统一性的我之中，还是说：我带着数目同一性而在这一切时间中，这都是一样的。

>所以，人格的同一性在我自己的意识中是不可避免地要遇到的。（A362）

我认为他的意思是这样的：**我的**经验之时间性的统一性——它使我能够将我个人经历中的每一事件，以及我周围的事物上所发生的每一事件，定位于**同一个时间中**——依赖于意识的先验统一性，即，在结合我的诸表象中发挥作用的那个统一性功能，我因此将它对应于作为那个结合活动之行动者的我自己。在这个意义上，时间是"在我之中"的——"我"在此显然不指称一个东西（比如一个思着的实体），而是指称诸表象之统一活动的那个行动者，该统一活动**既**是我之将那些表象当作"我的"诸表象的条件，**也**是它们之被关联到独立存在的诸客体的条件。因此，时间的统一性，对我而言（从我的立场看），是被我所建构的。不过，这一表述可以被颠倒过来。就在时间方面我对我自己的经验而言，说"时间在我之中"，和说"我在整个时间中是数目同一的",是等价的。在我的经验时间的每一时刻在场的,是先验统觉的同一个我,我直接地、无疑地意识到它历经时间的数目同一性——不是被我历经时间识别和再识别的一个客体的那种同一性,而是作为处理诸表象的思想的统一活动之行动者的那个我自己的同一性。

> 所以,在不同时间内对我自己的意识的同一性,只是我的各种思想及其关联的一个形式条件,但它根本不证明我的主体的数目同一性。(A363)①

然而,对我自己——作为"我思"中"我"之所指——历经时间的数目同一性的意识,并非我拥有的对我自己的唯一立场。我也可以对我自己采取**别人**的立场。那么我就是一个客体,而且是在外部意义上的一个客体,一个物理的东西,尽管是一个外在观察者可以辨认为是具有意识和自我意识的物理的东西。但从这个外在观察者的立场看,这个外界客体并没有一种直接被给予的历经时间的数目同一性——"我";并没有以如下的方式:对我而言,且仅仅对我而言,有一个作为统觉之"我"的直接被给予的历经时间的数目同一性。……

> 但如果我从一个别人的观点来看我自己(作为他的外部直观的对象),那么这个外部的观察者才首次在时间中考虑我……所以他虽然承认这个在我的意识里一切时间都伴随着、而且是以完全的同一性伴随着一切表象的"我",却毕竟还没有从这个"我"推论出我自己的客观持存性。因为,既然这样一来观察者将我置于其中的那个时间并不是在我自己的感性中所遇到的那个时间,而是在他的感性中所遇到的时间,所以和我的意识必然联结在一起的同一性就并不因此而与他的意识、也就是与对我的主体的外部直观联结在一起。(A362-363)

综上,康德所谓的"先验自我意识"不是一种对我们自己作为一个可识别和可再识别的客体的意识,而是对我们自己仅仅是作为——当我结合我的诸表象以便它们可以对应于诸客体,并且更一般地说,可以属于一个判断

---

① 请注意,此引文末尾的"**主体**",**意指形而上学**主体,而不仅仅是那个逻辑主体我:见第 5 页脚注①(原文注 1)中的区分。

和推理的过程时——我将我的诸表象所对应于他的那个"我"。这样就没有什么客体，我们需要意识到它和历经时间再识别它，才能将我们的诸表象归于我们自己。

那么，**经验性**自我意识呢？它是对自己**作为一个客体**（在康德的意义上）的意识，还是**以客体身份**（在卡萨姆的意义上）对自己的意识呢？

V. 2. 经验性自我意识
V. 2. 1 作为经验性意识的单纯表象"我"
康德写道：

> 对自己的意识（*das Bewusstsein seiner selbst*），按照我们状态的规定来说，在内部知觉中仅仅是经验性的，是随时可以变化的，它在内部诸现象的这一流变中不可能给出任何持存常住的自身，而通常被称之为内感官，或者经验性的统觉。凡是那必然要被表现为数目同一的东西，都不能通过经验性的材料而思考为一个这样的东西。（A107）

这段文本表明，根据康德，通过考虑内感官的经验内容（对我们自己的心灵状态的意识），我们是无论如何也不会得到"我"这个表象的。就这一点而言，康德的立场很像休谟。①不过，根据康德，内感官的内容是根据统觉的统一性（那个统一的、数目同一的结合、比较、抽象活动）而被组织起来的，而**这给了我们对我们自己同一性的意识**：

> 在每次都能够属于我们的知识的一切表象中，我们先天地意识到我们自己的无例外的同一性是一切表象的可能性的必要条件。（A116）

以及最引人注目的：

> 自我这个单纯表象在与一切其他表象（它使这些表象的集合的统一性成为可能）的关系中是先验的意识。这个表象不论是清晰的（是**经验性的意识**②）还是模糊的，在这里都无关紧要，甚至就连它的现实

---

① 见 Hume（1985：Book I，section 6，*Of Personal Identity*，251-263）。
② 此处着重为作者所注——译注。

性在这里也没有什么关系;相反,一切知识的逻辑形式的可能性是必然基于对这个作为一种能力的统觉的关系的。(A118)

我们应如何理解当经验性意识是"清晰"的时,它是先验意识这一主张呢?康德在别处说道,"我思"是一个经验性的命题,因为"若没有任何一个经验性的表象来充当思维的材料,这个'我思'的行动就毕竟不会发生"(B423n)。我认为,这个"经验性命题'我思'",思考这一数目同一的活动的"清晰"意识的表达,该活动"模糊"地在所有对我们诸经验表象的结合和比较中发挥作用。

至此,经验性自我意识应该值得,用卡萨姆的话说,被描述为以主体身份对自己的意识。因为这是对自己历经时间的数目同一的"我"的"清晰"意识。但是,这还只是康德所表述的经验性自我意识的第一个方面。我主张了还有其他两个方面:第二个方面是对我的诸内部(心灵)状态的意识;第三个方面是对我自己作为一个身体的意识。

V.2.2 "对我自己的存有的单纯的、但经验性地被规定了的意识"

首先是对诸内部状态的意识。在其著名的(或不著名的)"驳斥唯心论"中,康德论证道:

> 对我自己的存有的单纯的、但经验性地被规定了的意识证明在我之外的空间中诸对象的存有。(B275)

他说"我自己的存有"的意思是:我的诸知觉状态之统一序列的存有。他在"驳斥唯心论"中的论证是,我不会有任何对我的诸知觉状态之时间次序的意识,除非在我之外有一个不变的东西,来为此次序提供客观的时间框架。在此,我的目的不是检验此论证的有效性,而是引起对如下两点的注意。其一,根据康德,一个人在这个经验性的意义上意识到自己,不是当他将其"心灵目光"导向其诸内心状态时,而是当——**在将自己的心灵目光导向外部诸客体**这一行动**之中**——他也意识到那些客体的诸时间性规定,与他对它们的诸知觉和经验(我在前文称作诸知觉状态的东西)的诸时间性规定之间的区别的时候;其二,作为对被时间性地组织起来的内感官内容的意识,与对被时间性地组织起来的外感官内容相对,对我的诸知觉状态的意识即是对我自己作为一个（内感官的）客体的意识。①

这是否使它成为卡萨姆意义上以客体身份对自己的意识，即，那种没有"就关于第一人称的错误识别所致错误的不可错性"的意识呢？我不确定如何考虑这种情况，但我会倾向于说，它**确实**符合卡萨姆对以客体身份对自己的意识的标准。因为我们可以找到如下情况：我是**能够**将诸知觉、经验、情感等错误地识别为"我的"或"我自己"的一部分的。错误地识别为我自己的在这里的意思是：在迹象（suggestion）、准记忆（quasi-memory）、幻觉或控制你的东西的力量下，看到错误的因果链，我将事实上另一个人（即，另一个经验性地被给予的身体和因果性地被统一的诸心灵状态之链）的历史的一部分，当作我自己的历史（一个经验性地被给予的身体和一个经验性地被给予的、因果性地被统一的诸心灵状态之链）的一部分来追踪。

那么，作为**我的身体**的我自己呢？

V.2.3 对我自己的身体的意识

在经验的第三类比中，康德写道：

> 只有在空间的一切处所中的连续影响才能把我们的感官从一个对象引向另一个对象；在**我们的眼睛**和宇宙天体之间闪烁的光线，导致了**我们**和这些天体之间的一个间接的协同性，并由此证明了这些天体的同时并存；如果不是无处不在的物质使我们有可能**知觉到我们的位置**的话，我们就不能经验性地改变**我们的位置**②（并知觉到这种改变）。（A213/B260）

显然，我（我们）在此意识到的那个"我"（或"我们"），是我的身体（我们各自的身体）。意识到**我的**位置，就是意识到我的身体的位置。所以，在这种情况中，意识到我自己即是将我的身体作为诸知觉状态的承载者而意识到。如这里所描述的，身体在我们对宇宙诸天体的知觉中的中介角色，与那个数目同一的经验性主体——根据ESC——在决定知觉的诸可能化条

---

① 不过，诸知觉状态（我们"内部经验"的诸客体）的例子不像其他客体那样：它们并非实质意义上的客体，也不要求历经时间进行追踪，因为它们不是持存的（若问我现在具有的知觉是否与我昨天有过的完全是同一个、数目同一的知觉，将是没有意义的）。尽管如此，在驳斥唯心论中，通过坚持内感官诸客体的时间次序只有在经历一个只能是外感官之客体的持存物的背景之下才能被规定，康德确实是将诸经验状态作为**诸客体**——尽管不是实质意义上的诸客体——来对待的。

② 此处着重为作者所注——译注。

件中的角色，是十分类似的。① 因此，我们倾向于认为，对我们自己**作为这个身体**的经验性意识，是具有被卡萨姆归于以主体身份对自己的直观意识的那些特点的：就关于"我"的错误识别所致错误的不可错性，且没有时间性追踪。然而，康德所说的毫不表明这种可能性。② 而且确实，这也不能很好地契合他的框架。对康德而言，诸物体/身体，包括我们自己的，全部都是外感官的客体，正如我的诸心灵状态是内感官的客体一样。我们至多可以说，先验自我意识对每个个体的思想者而言，都被作为那个其内容由诸感性状态提供的、"清晰"的（经验性的）意识，而个体化了，而诸感性状态的时间次序是以一种特别的方式关联于一个特定身体之诸位置的时间次序的。

6 总结性讨论

我以两个问题开始本文：（1）康德区分了我们对自己作为**主体**的意识和我们对自己作为**客体**的意识，这是否是正确的？（2）他将我们对我们自己身体的意识排除于任何对我们自己作为主体的意识之外，这是否是正确的？我在卡萨姆的书《自我与世界》中寻找关于这两个问题的新洞见，该书的目标是在第一点上温和地挑战，并在第二点上激烈地挑战康德。

此对峙的一个明显的方面是，卡萨姆的"主体"概念大异于康德的"主体"概念。卡萨姆从之出发的概念，是那个经典形而上学的作为基底的——亦即，作为诸属性之承载者的——主体。在此情况中，主要的相关属性是知觉经验。卡萨姆的论题是，在以这种意义上的主体身份——亦即，以知觉经验之承载者的身份——对我们自己的意识中，我们将我们自己作为诸物理客体之一而意识到。

而与此相对的是，康德的主体概念有两个层面。（1）"主体"意味着

---

① 见第 13–16 页（原文第 289–290 页）。
② 我的意思不是说他会完全如此措辞地说出这一点。他的自我意识理论，无论是经验的还是先验的，都与现代意义上的指称理论无关。尽管如此，我们已看到，在先验自我意识的例子中确实可以找到这样一些描述，它们引人注目地符合 ESC 的"我"作为主体的使用所专有的两个指称特点：没有描述性识别，且因而也没有错误识别（以康德的措辞：**没有作为一个客体的识别**）；没有时间性追踪（以康德的措辞：不论我说：时间在我之中，还是说：我带着同一性而在这一切时间中，这都是一样的）。我们在他关于身体性自我意识的任何说法中，都找不到这样的符合。

那个（未知的）先验主体，它是"我思"这一命题中"我"的（未知）所指。此主体概念，与卡萨姆的主体概念一样，也是那个经典形而上学的概念。然而根据康德，对一个被如此定义的先验主体，我们是没有任何认识途径可以通达的，其原因与他的先验观念论有关。但我并不真的关心这一观点的这一方面，因为我选择——如卡萨姆自己所做的那样——将讨论聚焦于康德观点并不直接依赖于先验观念论的那些方面。（2）康德的第二个"主体"概念，是"我思"这一命题中的"逻辑"主体，这一思想在引出和表达"统觉的先验统一"——结合和比较那些使我的经验成为**我自己的**的诸表象的活动——这一主体概念显然与卡萨姆对主体作为一个诸（心灵）属性的承载者的概念完全不同。我们在康德的范畴的先验演绎的大体结构中，正是看到这一概念在起作用，在本文第二部分，我将该结构与卡萨姆为其论题所做的"客体性论证"的结构做了比较。

有人可能会反对说，既然在每一论证中起作用的"主体"概念间有如此根本的区别，那么，康德观点和卡萨姆观点的对峙也就是颇为任意的了。我不认为其任意的原因是，在卡萨姆的客体性论证和康德范畴的先验演绎（见前文）中，每一概念都分别出现在**同一点上**。所以我们这里有对如下问题的第一个答案：康德的观点为何拒斥了卡萨姆认为他应持有的观点（即，在以主体身份对自己的意识中，我们将自己作为诸物理客体之一而意识到）？这原因当然是，康德在第一个意义上的主体，那个逻辑主体，"我思"这一命题中的"我"，根本**什么都不是**，所以就更不是我们能作为一个物理客体而意识到的东西。这对我们每个个体而言，正是知觉的统一性或结合诸表象的统一性活动的焦点。只要我们认为我们自己是"我思"这一命题中"我"的所指，我们就只需认为自己是被如此统一了的诸思想的思想者，并因此是对这些思想的融贯性负责的。

在卡萨姆的书的本文未论及的一个部分，卡萨姆确实承认，康德的"我思"中的"我"仅仅是一个"逻辑主体"，且"我思"本身也仅仅是一种表象的形式（我所谓的组织诸表象的模式）（Cassam，1997：158）。不过，他指出，被如此考虑的康德的"我"，仅仅是对那个具体、完整的主体概念——其穿过世界的经验路线描绘出对独立存在诸客体的知觉的诸空间–时间性可能化条件的那个数目同一的人——的一个抽象（Cassam，1997：

162）。当他如此将康德"我思"中的"我"化归为仅仅是一种抽象，而非承认康德归于"我思"中"我"这一思想的作用时，卡萨姆错失了康德观点中的一个重要方面——甚至是最重要的方面。康德的"我思"中的"我"并不是现代意义上指称理论中自我指称的表达。毋宁说，这个词，或这个思想，在我们结合诸表象的活动中是起作用的，该活动以如此的方式，使得二者都、且不可分地关联于被归于那个对结合活动负责的行动者的——无论那行动者是谁，或是什么——"实质意义上的"诸客体。如此考虑之，如果我们想为康德的"形式的"或"逻辑的"我找到一个现代后继者的话，可能比起现代自我指称理论的那个方向，它更多地可以在——**说也可怕？**（*horribile dictu?*）——弗洛伊德的与"本我"（*id*）相对的"自我"（*ego*）（二者都定义了心灵的一种特定逻辑，而非指称一个特定存在物）①那个方向找到。

我们也已看到，当卡萨姆以其论证的"概念版本"补充其"直观版本"，他暗中偷换到"主体"一词的第二种用法：直观地以主体身份意识到自己，就是以一种免于关于第一人称代词的错误识别所致错误的方式，且无须对自己的同一性进行时间性追踪地意识到自己。因此，从一个语境，在其中"以主体身份"意味着"在我们作为诸经验状态之承载者的能力范围内"，我们移到了另一个语境，在其中它意味着"在那个通达我们自己的特定模式中，该模式指称我们自己，而免于关于第一人称代词的错误识别所致的错误，并无须对自己的同一性进行时间性追踪"。这一过渡是有理由的吗？

在卡萨姆眼中，使它有理由的，是对一个标准的寻求，该标准会使得在第一种意义上——作为诸经验状态的承载者——以主体身份对自己的意识状态被归属于**身体性**自我意识。所以问题在于：卡萨姆确实提出了的这个标准（识别的不可错性、无时间性追踪），是否仅仅是得益于一个文字游戏，将卡萨姆形而上学意义上的"以主体身份对自己的意识"，与维特根斯坦（肯定不是形而上学的）"'我'作为主体的使用"相关联呢？我认为答案是：这并**不**仅仅是一个文字游戏。卡萨姆说，那两个标准只用于**自**

---

① 关于这一点，见 Lear（2000），特别是第 5 章和第 12 章。

我意识，其中那个一个人意识到的"自我"是一个本体感觉的、知觉的，或——更广义地说——诸心灵状态的主体，这是没错的。所以，这两个标准并非任意的，而 ESC 的论证——支持至少在一些情况中，**对我们自己身体的意识**是符合这两个标准的——如果成功的话，对卡萨姆的目的来说也是有趣且重要的一点。

现在，康德的自我意识只有以其诸描述中的两种，才符合这两个标准：先验自我意识，和作为"清晰"化的先验自我意识的经验性自我意识。在经验性自我意识的两个进一步的说明中，我提议，其中一个（对我自己作为统觉的先验统一之下被我承认我"我自己的"的诸内在状态之统一序列的意识）是向错误识别开放的。而另一个（对我自己身体的意识）则应该，就康德在《纯粹理性批判》中的立场而言，被描述为对自己作为一个客体的意识，尽管此意识的一些特点，如在经验的第三类比中所例举的那样，使其非常接近于卡萨姆的"以主体身份对自己作为一个客体的意识"。

让我们再次比较这一结果与卡萨姆"客体性论证之概念版本"的结果。如我们已看到的，没有任何成功的论证能够支撑如下观点：以主体身份相信自己是诸物理客体之一，是将一个人的经验构想为对实质意义上的诸客体的经验的一个必要条件。唯一的必要条件，是将自己构想为一个穿过世界的几何参照点，并因此规定知觉的诸空间–时间性可能化条件。而与此相反，该论证的直观版本则确认，直观地以主体身份将自己作为诸物理客体之一而意识到，是这样的知觉的一个必要条件。但卡萨姆自己也承认，这较之概念版本的信念条件事实上是一个更弱的条件，因为一个人可以直观地以主体身份将自己作为一个物理客体而意识到，同时又相信他的诸主观状态仅仅是与一个物理客体穿过世界的路线相联系的。①

那么，结果就是：在涉及先验自我意识的地方（作为统觉之先验统一的条件和表达的对那个"逻辑的我"的意识），卡萨姆错失了康德观点的力量；而在涉及经验性自我意识的地方，卡萨姆的观点被逐渐弱化到一个与康德观点十分接近的点。我的结论是：在卡萨姆的挑战后，康德的观点仍是有效的。不过，要归功于卡萨姆的分析的是，其不懈的探索帮助我们识

---

① 见 Cassam（1997：50-51）。此外，见卡萨姆关于"世界中显在（apparent presence）的三个层级"的讨论，见 Cassam（1997：58）。

别——如同在一次化学沉淀中——什么是康德观点中原创性的和独特的东西。

参考文献

Cassam, Q.,1997: *Self and World*, Oxford: Oxford University Press.

Evans, G.,1982 :"Self-Reference", in *The Varieties of Reference*, Oxford: Oxford University Press.

——,1982: "Self-Identification", in *The Varieties of Reference*, ed., John McDowell. Oxford University Press.

——, 1985:"Things without the Mind: A Commentary upon Chapter Two of Strawson's *Individuals*," in *Collected Papers*, Oxford: Clarendon.

Heidegger, M.,1996: *Being and Time*, trans. Ioan Stambaugh. Albany: SUNY Press.

Hume, D.,1985: *A Treatise of Human Nature*, ed., L. A. Selby-Bigge and P. H. Nidditch. Oxford: Clarendon.

Lear, J.,2000: *Open Minded*. Cambridge: Harvard University Press.

Longuenesse, B., forthcoming: "Kant's 'I Think' versus Descartes' 'I am a thing that thinks,'" in *Kant and the Early Moderns*, ed., Daniel Garber and Béatrice Longuenesse. Princeton, N. J.: Princeton University Press.

McDowell, J.,1994: *Mind and World*,Cambridge: Harvard University Press.

Merleau-Ponty, M.,1992: *Phenomenology of Perception*, trans. Colin Smith. London: Routledge.

Shoemaker, S.,1984: "Persons and Their Past," in *Identity, Cause and Mind*. Cambridge: Cambridge University Press.

——,1968:"Self-Reference and Self-Awareness", in the *Journal of Philosophy* 65, 19 (1968): 555-567. reprinted in Quassim Cassam (ed.),1994: *Self-Knowledge*. Oxford University Press, 80-93, esp. 81-85.

Strawson, P. F.,1966: *The Bounds of Sense*. London: Methuen.

Wittgenstein, L.,1975: *The Blue and Brown Books, Preliminary Studies for the Philosophical Investigations*. Oxford: Blackwell.

克里普克的维特根斯坦*

保罗·霍里奇（Paul Horwich）**

牛子牛（NIU Ziniu）/译（trans.）***

摘要： 索尔·克里普克受到维特根斯坦在《哲学研究》第138至242节中的论述的启发，设计出了一种广受讨论的论证路线，来质疑意义的实在性。克里普克的思路包括一个悖论、它的一种解法，以及这种解法的一种意涵。这个悖论是：对于人们用哪些词表达什么意义这回事，没有什么"真正的"事实。提出的解法是，表明这个悖论性的论证并不是错了，而是它的结论仔细一想是完全可以接受的。这种解法的一个推论会是，没有"私人语言"这种东西。本文会给出对这种说明的一种批判性的评估，并揭示克里普克的维特根斯坦在多大程度上偏离了维特根斯坦本人。

关键词： 克里普克；维特根斯坦；意义；事实；私人语言

Kripke's Wittgenstein

Abstract: Inspired by Wittgenstein's discussion in paragraphs 138 to 242 of the *Philosophical Investigations*, Saul Kripke devised a widely discussed line of argument to question the reality of meaning. The body of Kripke's thought consists of a paradox, a solution to it, and an implication of that solution. The paradox is that there are no 'genuine' facts as to what people mean by their words. The proposed solution is to show, not that the

---

* 原文文献信息：Paul Horwich, "Kripke's Wittgenstein", in S. Gross, N. Tebben, and M.J. Williams (eds.) *Meaning Without Representation: Essays on Truth, Expression, Normativity, and Naturalism*, Oxford University Press. 中英文摘要和关键词为译者所加（Abstract and keywords added by the translator）。
** 保罗·霍里奇，纽约大学哲学系教授（Paul Horwich, Professor, Department of Philosophy, New York University, New York）。
***牛子牛，清华大学哲学系研究生（NIU Ziniu, Department of Philosophy, Tsinghua University, Beijing）。

paradoxical argument is mistaken, but that its conclusion is, on reflection, perfectly tolerable. A corollary of this solution is supposed to be that there can be no such thing as a "private language". This article offers a critical appraisal of that account, and reveals the substantial extent to which Kripke's Wittgenstein diverges from Wittgenstein himself.

Keywords: Kripke; Wittgenstein; meaning; fact; private language

一 对意义的一种怀疑论的说明

索尔·克里普克受到维特根斯坦在《哲学研究》第 138 至 242 节中的论述的启发，设计出了一种广受讨论的论证路线，来质疑意义的实在性。这一章会给出对这种说明的一种进一步的考察①。我会集中考察这种说明的中心论点在哲学上的可信性。但是这项批判性的评估——因为它是从我所认为的维特根斯坦的视角出发的——也会揭示，克里普克的维特根斯坦在多大程度上偏离了维特根斯坦本人。

克里普克的思路包括一个悖论、它的一种解法，以及这种解法的一种意涵②。这个悖论是对一个引人注目的"怀疑论题"的论证：也就是，对于人们用哪些词表达什么意义这回事，没有什么"真正的"事实。提出的解法是，表明这个悖论性的论证并不是错了，而是它的结论其实没有什么当真反直觉的，因为即使接受这个论证，在我们平常的赋予意义的实践当中，也不会有什么东西受到威胁。这种解法的一个推论会是，没有"私人语言"这种东西——也就是说，语言本质上是**社会的**。

为了说明没有"真正的"意义–事实，克里普克考虑了如果有这种事实的话，它有可能可信地归属于哪一种存在论的类别——包括物理的/行为的，心理的，或者不可化约的语义的——然后尝试一个一个地说明，为何这些种类当中的任何一种事实都不可能满足要求（我们稍后会回到一个事实怎么才叫"真正"的问题上。但是现在，我们假定这三个类别当中的任何事实都够格就好了）。

---

① 见 Kripke（1982）。他也有一些文本证据，是从《哲学研究》里的其他地方得出的，还有另外一些是来自维特根斯坦的《数学基础评论》。
② 为了方便起见，我会把这种对意义的说明称作克里普克的，尽管它主要的要素要归功于维特根斯坦，而且克里普克本人也不是完全赞同它。

为了反驳那种认为意义是有意识的心理实体的观点——比如我用一个词表达**立方体**①这个意义，就是把它跟一个立方体的心理图像联系起来——克里普克提到了维特根斯坦的一个观点（PI 140）②，即没有任何一个这种类型的事实，能够确保我们使用一个表达其意义的词（比如"立方体"）的那种标志性的模式。但是，克里普克关键的反驳（1982：41-45）是，这种事实不能解释这个词的哪种特定的应用是**正确的**。相似地，为了反驳那种认为意义-事实有不可化约的语义性的观点，他说，按照这种说明，不同意义的那些独特的、无穷的、真-理论性的以及规范性的意蕴就会变得神秘而不可解释了（1982：51-54）。但是，一开始最有潜力的、对于意义-事实的基础本性的观点，是物理的/行为的那个选项——更具体地说，是在某种意义上，这些事实是来自我们倾向于（disposed to）怎么使用这些词。这是克里普克花费最多时间与之斗争的一种立场；他对这种立场的反驳得到了更富细节的展开，尽管这种反驳归根到底，跟他对另外两个选项的反驳是一样的。所以，这是克里普克的讨论中我将要集中考察的部分。

值得强调的是，尽管很多解释者（包括我自己，见 Horwich，2012：chapter 4）会说维特根斯坦对意义和（非语义地理解的）用法的等同，是他在这件事情上的观点表面上的核心，但是按照克里普克的解释，核心应该是维特根斯坦对这种等同的**批判**！

二　理性指导的论证

克里普克列举了两个基本论证，来反对那种认为给一个词附加一种给定意义，就是有一种以特定方式使用这个词的倾向（也就是在某些而非其他语境中使用它）的观点。第一个论证可以表示如下：

（1）用一个词表达某种意义，就是在使用它的时候遵循某些规则。

（2）理性指导的要求（Rational-Guidance Requirement）：如果一个人遵循某个规则这回事，是由有关于他的某个基本事实构成的，那么

---

① 作者用大写字母单词（如这里是 CUBE）来表示一个意义。鉴于中文没有这种形式，改用加粗字体表示。——译注
② Wittgenstein（1958），即《哲学研究》，在整篇文章中引用作 PI。

这个事实就应该能够说明，他意识到了正在被这个规则合乎理性地指导着。更具体地说，这个事实应该包含着一些教导，能够告诉他应该做什么，并且给他这么做的理由。

（3）但是，使用倾向就好像膝跳反射，它不可能包含也不可能产生任何这样的教导或者理性指导。

（4）所以，在使用一个词时遵循某些规则——也就是用它来表达某种意义——这回事不可能是由关乎其使用的倾向构成的。①

就算承认这里的推理是有效的，且前提（1）和（3）也是对的，这个论证还是无效的。这是因为，就算有了这些让步，前提（2）（理性指导的要求）也不会是对的。

人们或许会承认，遵循规定的行为当中我们最熟悉的那些例子，确实包含着这里要求的那种指导：规则被明晰地表述出来，我们理解了它们，然后它们也给予我们一种让我们这样做的、可陈述的支持理由。我们把这个叫作"明晰的（explicit）遵循规则"。但是如果前提（1）是对的——如果在使用词语的时候有一种遵循规则的行为构成了我们对词语的理解——那么这种遵循规则的行为不可能是明晰的：它不可能是理解并遵守某些清晰地表述出来了的教导。因为这样的话，我们就还需要说明我们对这些教导的理解（然后就是这种理解背后更多的教导，以此类推），这样就会导致一种不可能实施的无穷后退②。所以如果我们表达意义的行为中包含着对规则的遵循，那么这种遵循将只能是隐含的（implicit）。它不可能包含明晰的遵循规则当中那种我们熟悉的清晰表述、指导或者理性的支持。反之——

---

① 这个论证是克里普克在 Kripke（1982）第 11 页和第 22–24 页上的评论的一个润色。他也可以被解读为是采取了一条更短的路径通向结论的——这条路径不需要第一个前提，并且把理性指导的要求改写如下：它的开头变成"如果一个人用一个词表达某个给定意义这回事，是由有关于他的某个基本事实构成的……"，后面的部分里用"意义"代替"规则"。但是我所给出的这种解读的好处在于，它整合了克里普克认为遵循规则的行为和意义是紧密联系的这个显然的观点，以及同时困扰这两者的那同一个怀疑论悖论。

② 我这里允许用一种**思想的语言**把关于怎么使用基本的自然语言词语的教导给明晰地表述出来。但是，支配这种思想语言的基本术语的教导，又怎么表述呢？用一种更基础的思想的语言吗？那然后呢？对于克里普克的论证的另一个版本【在本页脚注①（原文注释 4）里提到】，就是跳过遵循规则的行为、依靠意义的理性指导的那个版本来说，类似的后退是：指导性教导的意义会需要解释，以此类推。

请注意，如果跟随克里斯平·赖特的那种基于意图的遵循规则行为（Wright, 2001），那么意图跟教导的处境是一样的。只要它们是明晰地表述出来的（即使是在思想里），我们对于这种表述的理解就会需要更基础的意图，以此类推。

如同维特根斯坦本人所暗示的——这种对规则的遵循无非等同于（i）同词语使用的规律性相一致的倾向，加上（ii）会偶尔导致自我纠正行为的、满意或不满的感受：

> 人们学习一种游戏，是通过看别人怎么玩。但是，我们说它是根据如此这般的规则来玩的，是因为观察者可以从游戏活动中读出这些规则——就好像有一种自然法则支配着玩乐一般。——但是，在这种情况下，观察者要怎么区分玩家是玩得对还是玩得不对呢？——在玩家的举止当中，这些情况会有特有的迹象。想想纠正口误所特有的那种举止吧。即使我们不懂他的语言，我们也有可能认出他是在做这件事。（PI 54）①

所以，必须拒斥理性指导的要求。这样，克里普克反对倾向主义的第一个论证就是不成功的。

但是，或许有一个与此接近的更好的论证——这个论证不依赖于规则必须提供明晰的指导这种强得难以置信的要求。或许只要坚持，任何对于"遵循规则"的恰当的分析，都要能解释为什么这种行为提供了循规蹈矩的理由，然后再论证——这还是要援引前提（3）——纯粹倾向性的说明连这个比较弱的条件都不能满足，这就够了。

或许我们就应该这样去解读克里普克本人的意思。按照亚历克斯·米勒（2000）的说法，克里普克在这两条思路上有一种微妙的双重立场：首先，**如果从一种天真的假定出发，认为在人们遵循什么规则这回事上，确实有着个人主义的"真正的"事实**，那么他遵守这些规则的理由确实要求明晰的指导，这种明晰的指导（如我们所见）是不可能由倾向构成的；其次，遵循规则行为的**规范性**意义也是可以容纳进来的（就像刚才所暗示的），但是前提是放弃那个天真的假定，并且援引一种指导着且纠正着的说话者

---

① 对纠正的预期，是用来区分遵循规则的行为和仅仅法则一样的规律性（就像行星运行中那样）的。然而，我们不能简单地认为，一个人无意中偏离了他隐然遵循的规则的情况，跟他纠正了自己（或者有纠正自己的倾向）的那种情况就是一回事——因为他很可能没注意到某些不遵从规则的情况，有时也可能纠正错了。于是，一个人的规则是不能径直从他的自我纠正行为当中读出来的。然而，这种行为是一部分重要的经验证据，可以帮助我们（以第四节里面将会指出的方式）就如下问题得出可信的结论：是何种 *ceteris paribus*[假设其他条件不变]的法则的结合，又是何种偶然的误差因素，在影响这个人的行为。

共同体。

然而，要弄清楚隐含的遵循规则行为怎样才能产生理由，是不是就需要从天真的个人主义假定里面退出来，这还完全不是明确的。因为上面提到的维特根斯坦对这一现象的分析援引了一种**自我**纠正行为，这种行为可以被视作表现了规则遵循者的一种隐含的服从**欲望**。于是，尽管这个分析是全然"事实主义的"和"个人主义的"，它还是提供了一种完全自然的解释，来说明为什么当某人没能按照他所遵循的规则做事时，我们就认为这是"错的"。所以在我看来，米勒对克里普克的第一个反驳的解读，在给克里普克留下一种有效的、对关于意义的倾向性观点的批判这件事上，并没有比我做得更好。

三 真之论证

克里普克反对倾向主义的第二个论证，尝试证明倾向主义并不能解释词语是怎么取得它所拥有的那种特定的指涉物（或者外延）的。按照我对他的推理的重构，这个推理是这么进行的[①]：

（1）真之解释的要求（Explanation-of-Truth Requirement）：如果一个词有产生意义的特性，这些特性就必须能说明这个词的**正确**用法。特别地，构成一个谓词的意义 F 的那些基础事实（如果有的话），必须能解释为什么它对于所有是 f 的东西且只对于这些东西是真的。[②]

（2）于是，一个人 S 通过谓词 w 表达 F 这个意义，这件事情是可以通过 S 对 w 的用法来先天地分析的，仅当从这种用法中可以推论出（读出）(x)(S 的 w 对于 x 是真的↔fx)。

（3）这就要求通过 S 运用 w 的方式，对于"(x)(S 的 w 对于 x 是真的↔fx)"能有一种先天的分析（或者至少有一种充分条件）。但是，可能有一些场合，S 会把 w 用在某些不是 f 的东西上，也可能有

[①] 下面的步骤并不是要给出克里普克的解说的一种复述（1982：22-32），而是要带出我所认为的他的潜藏的论证结构。
[②] 例如：构成 S 用 w 这个词表达**狗**这个意义的那些事实，必须要能解释为什么 S 的 w 这个词对于所有的狗且只对于狗是真的——这里约定用"狗"来命名我们的"狗"这个词的意义。

一些场合，他没能把 w 用在某些是 w 的东西上（甚至他会否认这种运用）。所以，我们需要的这种分析应该包含一些把这些不正确的用法过滤掉的方式——它应该能说明"**在认识论的理想条件下，S 是怎么运用 w 的**"。①

（4）总结一下：S 用 w 这个词表达 F 这个意义，这件事是可以由关于它对 w 的用法的事实先天地构造出来的，仅当这些事实能够推出以下结论时：**对于任何对象 x，如果 S 是在关于 x 的认识的理想条件 I 下，那么当且仅当 x 是一个 f 的时候，S 才会把 w 这个词用在 x 上。**

（5）但是，既然这些"认识的理想条件"需要完成这些工作，那么它们怎么才能明晰地表述出来呢？它们当然不是那些"S 把 w 用在 x 上不会出错的条件"；因为这就等于一种**语义的**条件了——对这种条件的解释会预设意义这个观念，并且因此会使得分析成为循环的②。而且，这些理想条件当然也不是"S 不疲惫、没喝酒，有一个无限大的大脑，长生不死……"因为谁知道在这样一个过于不着边际的场景里会发生什么？在这些遥远的场景里面，我们的每一个谓词"f"都会被用到 f 上且只用到 f 上，这只是一种**后天的思辨**而已③。所以，我们可以得出结论说，所需的那种非语义的、可细化的理想条件 I，并不存在。

（6）所以，S 用 w 表达 F 这个意义，并不能通过关于 S 对 w 的用法的事实来先天地分析。④

---

① 这里并不假定谓词的运用一定要公开地发生。**心里无声的运用也是这样**。
② "S 把 w 用在 x 上不会出错的条件"的意思是，"在这些情况下，S 是这样使用 w 的：如果 w 表达 F 这个意义，那么 x 就是一个 f，而如果 x 是一个 f，那么 w 就表达某种和 F 同外延的意义"。
③ 这里需要极端假设性的场合，是因为这样一个事实：几乎在每一个谓词的情况中，都有某些对象过于遥远，过于渺小，过于复杂，或者过于别的，以至于一个普通人没办法准确地分辨它们属于还是不属于这个谓词的外延。
④ 一种相似的、但是转而聚焦在遵循规则的行为上的论证，可以从一个（2）位置上的假定开始：
S 隐然遵循规则 R!这回事可以通过 S 如何（以及要如何）行为来先天地分析，仅当可能从 S 的行为中读出（也就是推出），R 是他隐然试着去服从的那种规律性。
然后，在（3）的位置上，我们会看到：
S 的行为有时会没能服从他的规则；所以正确的分析应该包含一种把这些错误过滤掉的方式。
从这里我们可以推论出，在（4）的位置上：
S 隐然遵循 R!这回事，一定是一个他在理想条件下同这个规则的一致性的问题。
然而，出于和（5）中给出的相似的理由：
这些理想条件是不能先天地细化的。
于是我们就能得到结果了，在（6）的位置上：
S 隐然遵循规则 R!这件事，不可能通过他行动（以及要行动）的方式来先天地分析。

四 对克里普克的推理的评价

我认为，克里普克这里已经成功地证明，对于一个谓词有其特定的外延这个事实，并不存在（以非语义的方式进行的）先天的用法–理论的分析。但是，为了达到前面声称的那个总体结论——也就是，这种语义事实不是"真正的"——他还需要表明，对于这些事实的后天的化约也不存在[①]。在克里普克对语义事实可能是"原始的"（也就是不能先天地、明晰地定义的）这一观点的简要批判的语境下，他暗示了一种能达成这一进一步效果的论证。他指出，既然这一事实有无穷的内容，也就是说，既然<S 的 w 对于 x 是真的>和/或<S 的 w 对于 y 不是真的>这些形式会有数不尽的特殊意蕴，那么，要搞清楚一种有限存在者关于 w 这个词的心理的、神经科学的、或者行为性的行动，怎么才能给这个词提供一种特定的外延，那就太困难了。尽管这个论点需要大量详尽的分说，但我认为它最后确实给出了一个强有力的基础，让人认为"w 对于 x 是真的"确实没有什么后天的化约——于是也就不可能（经由这样一种说明）从关于一个谓词的用法的非语义事实出发，解释它的真之条件[②]。

但是，"w 对于 x 是真的"在概念上和经验上的不可化约性（也就是"w 对于一切狗且只对于狗是真的"这样的谓词的不可化约性）如果能导出**意义–事实**（比如 w 表达**狗**这个意义）是不可化约的这个结论，那么其前提是，我们承认意义是基于指涉/真之条件的。我们必须假定，要么一个谓词表达其意义，就无非等于它有某种外延，或者意义是从一个外延性的事实出发，然后再加上一些组件这样构造起来的。

这当然是一幅正统的图景，它在主流的真–理论语义学中有所反映。但

请注意，这个命题如果同意义就是一种遵循规则的行为这个假定结合起来，那么它就会提供另一条替代路线，来通向 S 用 w 表达 F 这件事不能通过它对于这个词的行为来先天地分析这个结论。

[①] 把水认作 H_2O，把气体的温度认作它的分子的平均动能，是后天化约的典型例子。Scott Soames（1998）做过一项重要的观察，即克里普克对意义赋予行为的先天分析和意义–事实的后天化约之间的区分没有给予足够的注意。

[②] 一些有用的详细说明，在 Horwich（2010）的第六章里给出来了。对于我们之中属于真之问题上的减缩主义者的那些人来说，克里普克的讨论为我们的观点提供了一种很受欢迎的支持。从这种视角看来，既然有了真这个概念的一般化功能，以及对于说明它来说乃是必要且充分的（因此也**隐然**定义了这个概念的）去引号规则，那么对于"w 对 x 为真"来说，就没有一种以任何非语义术语给出的、**明晰的**概念的余地了。而且，也没有理由期望一种后天的化约。

它是可以遭到反驳的，而且**确实就被**维特根斯坦反驳了。他提出的替代选项——对正统解释方向的一种颠倒——是用一个谓词的意义解释它的外延，经由的模式如下：

  S 的 w 这个词表达 F 这个意义→S 的 w 这个词对于所有 f 且只对于 f 是真的①。

从这种（减缩的）观点出发，如果我们接受了这一模式，就能基于我们对包含在诸例示中的其他各种表述的用法——也就是基于意义之赋予（比如"w 表达**狗**这个意义"）和非语义词项（比如"狗"），完全解释我们对"对……为真"的总体上的用法。所以，这隐然是通过对这些其他表述的先天理解，来定义了"对……为真"。

  在这种情况下，对于 w 的一种给定特性（比如使用它时的一种特定倾向）能否构成 w 的意义这个问题的经验研究，就不必（实际上也不**该**）关心这种特性怎么能令人信服地给出这个词的外延。只要我们找到 w 的一个特性，能解释 w 的意义的**因果**作用（import），我们就能得出结论说，这个特性构成了这个意义，然后推论说——只按上面那个先天模式就好了——它也间接地说明了这个词的真–理论作用。在这个模型中，从一个词的用法到它的真之条件的唯一推论路径是间接的，是要经由这个词的意义的。我们必须首先说明，一个词的意义（比如）**狗**是来源于它的一种特定用法，（比如）$U_{17}(w)$；其次，再引用那个决定性推论，即 w 表达**狗**这个含义→w 对于狗是真的；最后，援引传递性来解释，为什么 $U_{17}(w)$ 对于狗是真的②。

  为了搞清楚，要解决一个给定意义究竟是怎么构成的这个问题，我们需要哪类证据，就要记得：一般来说，当具有一种相对基础的特性，即 B

---

① 或者，还有哈特利·菲尔德的一种表述："f"（按照我现在表达的意义）对于一切 f 且只对于 f 是真的。为了说明上的简便，我跟随克里普克，把讨论限制在其外延不依赖于表达语境的那些谓词上。

② 类比来说，考虑一个词项，"shmoo"，我们引入它并约定：所有塑料做的东西对于狗都是 shmoo 的。当然了，对于塑料的一种恰当分析并没有必要解释为什么会是这样。人们会寻找完全独立的证据去说明，一种特定的性质——比如说，XYZ——是经验上构成了塑料的东西。然后我们就可以间接地解释，为什么所有 XYZ 的东西对于狗都是 shmoo 的。只要假定，"对……为 shmoo"的定义并不像"对……为真"的定义，它不是仅仅隐含在我们的用法中的，而是基于一种公开约定的。但是这点不相似在这里并不要紧。因为，将"bachelor"定义为"没结婚的男人"，这也只是隐含在我们的用法里的。然而，对于"是没结婚的男人"就是"JKL"这回事的一种后天分析，并不需要我们对于**如果 x 是 JKL，那么 x 怎么就是一个没结婚的男人**能找到一种直接的解释【这个例子是从 Horwich (2010) 的第六章里借来的】。

性，能够解释一种相对浅表的特性即 S 性的各种偶然征候的时候，B 性就经验地构成了 S 性（举例来说，"由 H_2O 分子组成"构成了"是水的一个样本"，是因为前者能够解释为什么水是无色的，摄氏 100 度会沸腾，等等）。所以一个词的用法的那些可以经验地构成其意义的非语义的特征，就是那些解释它具有这一意义所带来的偶然征候的特征。而一个词表达其意义这回事最主要的征候就是包含它的句子得以被接受的那千万种情况——那些一部分是由语义事实造成的句子标记（sentence-tokenings）①。

现在，关键是认清谓词"f"的基本用法——那个能够说明我们对它的总体用法，并且因此构造了它的意义的东西——很可能从来不会是一种将它用于所有 f 且只用于 f 的倾向。显然"bachelor"这个词的基本用法并不是我们（理想地）将其用于所有单身汉且只用于单身汉，而是大概这么一回事：我们接受用"bachelor"代替"没结婚的男人"，反之亦然。显然我们使用"真"的基本方式，并不是一种将其用于所有真理并仅用于真理的倾向；更可信地说，它是去接受"<p>为真↔p"这个模式的各种实例。显然"红"的基本用法并不是将其用于所有红的东西且只用于红的东西，而是某种可以更直接、更简捷地进行的事情，就像当我们观察到红色东西摆在眼前的时候，接受"那是红的"（或者，在有了那种人们观察到红的东西时一般就会产生的视觉经验的时候，接受"那是红的"）。②

---

① 一种倾向于**个人习语**（*idiolects*）（而不是公共语言）以及在**思想**中使用的词项（而不是公共的声音或书写）的初始取向，会有利于这里概述的这种进路。这是因为（i）对于一个公共的词语来说，不大可能存在这样一种非语义特性，在所有用这种语言说话的人对这个词的使用的解释中间始终扮演着核心角色；以及（ii）首先将待解释的用法–事实限制在有关句子之被接受的实例上——也就是句子在一个人的（功能性地定义的）信念盒子里的出现之上，这能够使我们在简洁性上受益不小；因为这样我们就能推迟处理实用因素当中那些引人分心的复杂问题。这完全不是要否认公共意义或者各种形式的实用意义（比如言外之意）的存在。重点毋宁说在于，这些现象最好要通过心理的词语–类型的那种个人习语的、语义的意义来解释，因此一旦对这种狭窄形式的意义的一种说明已经就位了，对这些现象的解释就应该提出来。因此，目前的这个进路同一种广义上乔姆斯基式的语言学视角是一致的：具体来说，它们都聚焦于个人的、其运作受到隐含原则支配的心理学的语言能力。进一步的讨论见 Horwich（2005）的第二章和第七章。

② 尽管有上一个脚注（原文注 17）里面所建议的那种简化，将不同的（心理）词语的构成其意义的特性辨认出来，仍然注定是一项极其困难的任务——这对于经验的语言学来说可是一项重活。一方面，对于任何一种特定的这类推测来说，能支持它的解释也会要求：对于那个其接受有待解释的句子中的其他词，也要做出关于构成其意义的特性的推测；此外（就像上面那个例子所表明的），构成一个词的意义的特性会在它与其他词的关系中典型地决定这个词的用法，而这些其他词的意义则已经视作给定了。比如，上面那个有关"bachelor"的提示，对于它的基础的用法大概是对的，但这只有当"没结婚的男人"已经被给予了其在英语中的通常意义的时候才是如此。于是，以非语义的方式解释语言学行为这个目标，只可能全局地完成，步骤如下：**要有一些词项——最原始的那些——它们的意义是**从关于它们在彼此关系中的用法的全然非语义的事实当中生成的。某些不那么基础的词项的意义，就

但是，如果像这些例子所暗示的，那些经验地构成了 S 用 w 表达 F 这个意义这件事的用法–事实，无论如何都不会是一种将 w（理想地）用于所有 f 且只用于 f 的倾向，那么克里普克观察到没有任何一种合法的"理想的认识条件"的概念能承担这样一种说明，就似乎有些离题了——这对意义的存在没有什么明确的否定作用。

然而，对克里普克的思路的这个反驳，尽管是有教益的，但并不足以完全瓦解它。因为，不管使得 S 的 w 这个词表达 F 这个意义的那种使用倾向（偏向、趋向、法则般的规则）是什么，有一个问题还总是存在：这对 S 的现实的或者反事实的对 w 的使用到底意味着什么呢？毕竟，S 遵守规则 R 的一般倾向，并没有排除 S 在有些场合中不会或者不愿遵守规则。这样克里普克原来的反驳就又回来了。因为我们需要说：

  S 有一种遵守 R 的倾向≡

  只要场合是理想的，S 就会（且愿意）遵守 R。

如同克里普克的步骤（5），可以论证任何想要明晰地表述这些"理想的"（或者"不理想的"）条件的尝试都一定会失败。于是，看起来我们还是没有一种将词语–意义化约为非语义特性的可行策略。①

但是对于克里普克的怀疑论反驳的这个退无可退的版本，还是能有一种恰切的回应。眼前的这个观点是，一个词的构造其意义的用法，实际上与它被一种理想的法则 R 支配着有关。若要回应他对此的可以想见的批评，可以通过为这种特定的"理想"的观念（而不是原本的那种）做辩护——可以看到，运用这个观念，在科学理论的研究中是一种共通的、合法的特征，即使在物理学中也是这样。这里面没有什么规范性的、非自然主义的、非经验的或者怪力乱神的东西。开普勒提出行星运动的理想法则，乔姆斯基提出语言能力的理想法则，这都和任何科学假定一样，是服从同一种方

可以通过那些预设了原始词项的意义的特性来解释了。以此类推。于是，一个意义的等级就逐渐构造起来了。进一步的讨论见 Horwich（2005）的第二章（i）。

① "倾向性分析"有时被用来指对于无条件形式 "S 倾向于做 A" 的分析——这里这种形式被认为同 "S 没有（或并不要）总是做 A" 是不矛盾的，而且基本上和 "S 趋向于做 A" "S 有一种倾向去做 A" 说的是一回事。但是这个术语有时也用来指——比如，克里普克就是这样用的——对明晰的**反事实**形式的分析，即 "S 在条件 C 下会做 A" 或 "S 在理想条件下会做 A"。显然它并不认为一种对第一类形式（即无条件的那类）的分析就足以表明被分析的对象是"真正地"事实的。在他看来还需要一种更深入的**反事实**分析——只要这种分析不包含那些他认为是不可接受的观念，比如"理想条件"的观念。

法论的制约的。这就是说，我们发现那种被奉为圭臬的既合乎经验，又简洁，还有解释力的混合物，有时候是通过一种双头形式的理论才能最好地达成：它会假定某些理想法则【或者 ceteris paribus （假定其他条件不变）的法则】以及某些误差因素——在其中，这些法则描述的是如果没有这些因素，这个系统会怎么运行；而标明这些因素时，也要一起细化论述它们的出现会怎么改变系统的这种运行。①

应该强调，这种回应策略对于克里普克原本的步骤（5）是无效的——也就是说，对于他用来证明没有不循环的、可细化的"理想的认识条件"（在其下一个人一定会遵守这个规则："将'f'用于所有 f 且只用于 f"）的那个论证，是无效的。因为，如同我们可以看到的，没道理认为对于"f"（不论"f"是什么）的总体用法之原因的一种不带偏见的经验研究，会表明我们使用它**基本**的理想法则会采取那种真之取向的形式。比如说，想想上面提到的"bachelor""真"和"红"的例子吧。只能指望我们作为人的本性会允许灌输某些基本倾向而非其他。于是人们大可以赞同，理想法则一般来说是存在的，尤其词语使用的理想法则是存在的，而不必接受一个更有争议得多的假定，即对于任何一个不能明晰地定义的谓词"f"，都有一种"将其用于所有 f 且只用于 f"这样形式的基本的理想法则。或者，换句话说，存在着"非循环、可细化的，认识上理想的条件"这样的东西。②

---

① 在某些情况下，谈论一种"理想法则"就免不了一些特定的、简单化的约定（比如，行星是质点，并且彼此不施加引力）——有了这些约定，法则就可以从一种更基础的理论中演绎出来（因此也可以用这种基础理论来解释）。但是在其他情况下——包括词语使用的现象——则在经验的、解释性的根据的基础上假定了一种理想的【ceteris paribus （假设其他条件不变的）】法则和一系列潜在的误差因素之间的结合，并且人们通常也领会到，这些所谓的法则和误差条件的清单都是需要修订的。

无疑，很可能"词语使用法则与误差因素集合"的其他结合看起来也是同样简洁而可信的，以至于我们会不能确定哪一种结合才是对的。但是这并不会导致对于这个词是什么意义有任何的不确定。然而，我们不能确定的是，是什么将"狗"这个词赋予了它的意义，至于它表达**狗**这个意义，以及对于所有狗都是真的，这我们是确定无疑的。

感谢保罗·博格西昂和阿兰·吉博德在这些问题上对我的敦促。

② 尽管"理想条件"的观念在科学上的尊荣，并不能把所尝试的对于"S 用 w 表达 F 这个意义"的分析救渡到能推出"(x)（S 会理想地把 w 用于 x↔fx)"的事实上去，它却的确能把上面提到的、维特根斯坦对于"S 隐含地遵循规则 R!"所做的那个先天分析【就是克里普克在 44 页脚注③（原文注释 12）中批评的那个】救渡到能推出"S 在理想条件下服从规律性 R"的事实上去。"理想"一语的后一种用法的自然主义的可信性，就在于这个事实当中：经验研究常常**会**确认 R 的一些特定实例，以及特定的有利条件 C1、C2……，在这些条件下 S 会服从那种规律性。于是，我们就会常常能走向一种富含细节的后天说明，来解释对 S 来说隐含地遵循规则"服从 R"到底意味着什么。

以上提议同大卫·刘易斯（1984）的一种观点有某种有限的亲近性，即**自然特性**（它们"切中了世界的关节"）是比其他特性更易作为参照的东西——它们是（用哈罗德·霍兹的话说）"参照磁铁"。因为我们可以（有画面感地）想象，我们的提议的重要性是这样的：作为人类心理学的**理想自然法则**

于是，跟着克里普克的步调，人们可能会认为，无论如何，一个人用一个词来表达他的意思这回事就在于（粗略地说）他对于这个词的行为是被一种 *ceteris paribus*（假定其他条件不变）的法则所支配的，这种法则的存在是以一种很标准的方式表现出来的——也就是说，因为这种法则是对于他所做的事的最佳解释的一部分。于是我们就能看到，克里普克的反倾向主义结论（6），还远远没有得到确立。相反，人们有道理认为，那些使得我们能表达意义的基本的用法–理论条件是可以细化表述的——它们带有广义上倾向性的特点。①

总结一下：对于上文提出的克里普克的悖论的回应，采取了一种"**直接**解法（*straight* solution）"的形式——即表明得出不可信结论的推理是有缺陷的。然而，我们在这个推理中找出的错误，和文献当中提出过的其他直接解法所指出的错误有很明显的差别。这些文献中的绝大多数，要么反对克里普克的那个论证：对于一个词的意义的非语义分析，不可能直接解

的（也是可以受纠正的）这一点规律性，就是"磁铁般吸引"我们遵循规则的以及语义的企图的东西。但是，如果要像刘易斯那样（也见 Sider，2011：esp. chapter 3，section 2），认为 S 用 w 这个词表达 F 这个意义，是因为 S 把 w 用于一切 f 且用于 f 这个自然法则——或者，像他们会做的那样，是因为在 f 性是一种自然特性的地方，S 就会顺理成章地倾向于将 w 用于一切 f 且只用于 f，那这就是另一回事了。因为，就像我们已经看到的，只有很少的词（如果还有的话）是这么取得它们的意义的。倾向主义之所以能被从克里普克的批判中拯救出来，不是靠限制哪种具有"把 w 用于一切 f 且只用于 f"形式的倾向能够被算作是构造意义的，而是靠承认构造意义的使用倾向并不采取这种形式。所以，**参照**磁铁这个比喻不过是行不通而已。

① 对倾向主义的一种漂亮的反驳是保罗·博格西昂（Boghossian, 2008）提出的。他的论证基于一种直觉，即一个人遵循某种规则这回事，既有助于解释他做了什么，也有助于解释他**倾向**于做什么，且他用一个词 w 表达某种意义这回事，既有助于解释他实际上是怎么使用 w 的，也有助于解释他**倾向**于怎么使用它。但是当然，没有什么能够有助于解释自身（也没有什么东西是被它自身所解释的东西构成的）！这样的话，遵循规则的行为，或者意义，怎么能是由倾向构成的呢？

维特根斯坦借他的对话者之口说出了一些这样的直觉："理解本身是这样一种状态：它是正确使用的**来源**。"（PI 146，强调是引者加的）他对此的回应（就像回应对他的意义与用法的等同的其他反驳一样）是（i）将它们归结为在意义和诸如图像或心理教导这种意识表现之间的、一种过度引申的类比；（ii）重申只有一个人对词语的**用法**才提供关于他表达什么意义的**决定性**证据；以及（iii）指出没有任何可以**导致**这种能揭露秘密的用法的心灵/头脑状态，可以从这种用法里先天地推论出来。于是：

> 人们在这里想的到底是什么呢？他不是在想从它的代数公式里面把这个数列推导出来吗？或者至少是某些相似的东西？——但是这是我们以前所处的地方了。重点是，我们可以设想代数公式的不止**一种**运用；而每一类运用都可以反过来被写成代数公式；但是自然地，这不会让我们走得更远。——运用仍然是理解的标准。

其他阴谋培育错误直觉的、诱人的过度一般化还有：（a）从熟悉的、明晰的遵循规则行为（它显然**确实**能够解释服从的倾向）不合理地外推到相对来说技术的/理论的、隐含的遵循规则行为；（b）从其使用倾向**被**其意义所可信地解释的、公开的词语（也就是声音）出发——只要这些意义和相关词项在**思想**中的使用倾向是同一的——不合理地外推到这些思想语言本身；以及（c）关于**隐含**的规则和**思想语言**中词项的意义，从它们能解释一批**特定**的倾向性事实这回事，不合理地外推到他们必须能够解释相应的**一般**倾向这个结论。

释它是怎么拥有它的特定外延的（比如 Blackburn，1984）；要么就认为，尽管克里普克在这一点上是对的，但是这不过意味着赋予意义这回事尽管是事实性的，却是不可化约的（比如 Boghossian，1989）。

相反，现在的维特根斯坦式的回应，接受了（实际上还特别欢迎）克里普克反对定义或者化约"w 对 x 为真"的论证。但是它并不认为，假定一种经验上不可化约的、表达某物或者某种样子的意思的状态就够了（因为这会使得一种意义拥有其独特的用法-理论作用的原因成为一个迷）。我们的第三条道路是论证——从减缩的假定——即一个谓词的外延（比如狗的集合）是其意义（比如它表达**狗**这个意义）①的一个明确结果这个假定出发——我们对一个词的基本使用实践，通过首先解释它的意义，**间接地**解释了它的外延。并且——就像人们在科学中的其他地方从有关特性-构造的断言出发可以预期的那样——一种特定的实践**将会**首先通过解释这个谓词的总体上的用法（因为这是它的意义的主要的征候）来做到这一点。有了这个充足的条件，就完全没有理由去期望一种构造意义的用法-事实会采取"S 会把 w（在理想条件下）用在 x 上，当且仅当 fx"这种形式。所以，克里普克证明不存在的那种"认识论上的理想条件"——能够保证谓述的真，并且给出"w 对 x 为真"的一种化约的那种条件——本来就用不着。而理想化的观念，我们**确实**是用得着的，它在理想的或者 ceteris paribus [假设其他条件不变]的法则里面也是起作用的，但它是完全另一种东西——是科学方法论中的一种非常熟悉和可敬的要素。②

五　悖论性的结论

克里普克的总体论题——关于词语到底表达什么意义，没有**真正的事**

---

① 对这种减缩性假定的支持，并不只是来自我们的真之谓词的功能和意义的考察（见 Horwich，1998），而也是来自如下事实：就像刚才论证的，只有这种假定才能给出一种非怀疑论的、有解释力的关于意义的恰当看法。

② 看上去或许有些奇怪的是，尽管我认可在意义现象上接受一种科学的、自然主义的视角，但是我特别提出的那种进路，却和语言科学里面流行的正统观点基本上是相左的——按照这种正统观点，意义-事实应该同要满足的条件和真之条件是同一的（或者是从中抽象出来的）。但是，我拒斥真-理论语义学框架的理由就在于刚才论证过的东西当中：也就是说，克里普克的反自然主义结论，是他隐然接受这个框架的不可避免的结果。进一步的讨论，见 Horwich（2009），和 Horwich（2010）的第 8 章。

实——是有点含糊的。但是这个论题，连同（一开始提到的）他其他附加的论证，即意义不可能产生自心理事实，也不可能是不可化约地语义的这些论证，应该是从他对倾向主义的批判中得出来的。所以，既然他对倾向理论的反驳被证明有重大缺陷，那么我们就能安全地认为，他的怀疑论结论——不论它到底是什么意思——也是经不起推敲的。

不过，人们还是会好奇，这个论题的准确内容到底是什么。什么事实才是"真正的"事实呢？既然克里普克没说，我们就不得不根据他认为的这个论题的分量所在，以及他证明这个论题的时候费的考虑，去猜他脑子里想的是什么了。现在——就像在第六节中会证实的一样——他自己并不认为他让我们**平常的**意义赋予行为（比如"琼斯用'+'来表达**加**"）变得不可信了。此外，如他自己承认的（Kripke，1982：86），有一种完全合法的、减缩的事实概念，在这种概念下，那些断言很容易就会推出存在意义–事实这种东西（比如，"琼斯用'+'来表达**加**，这是个事实"）。所以，显然克里普克对意义–事实的否定包含着一种特殊的、更严格的、"坚实的"概念。

特别地，克里普克当作意义的可能基础来接纳和拒斥的那些种类的事实，特征上都是自然主义的——也就是说，是进入因果关系和解释关系、且因此是经验科学要处理的那类事实①。按照克里普克的论证，这些事实就是不能解释词语意义的真–理论作用和规范性作用的那些事实。所以，看上去可以合理地得出结论说，他总体上的怀疑论结论，粗略地说，就是在词语表达什么意义的问题上，没有因果性/解释性/自然主义的事实。②

---

① 对于"非真正的"事实（按照克里普克看上去主张的那种意思）所说的一个更熟悉的例子，是**杀人是错的这个事实**。从情感主义/表现主义的观点看来，只要我们接受"杀人是错的"，我们就应该接受（在减缩的意义上）存在着这样一个事实；但是这个事实不会是因果链条的一部分；尤其是，它的存在并不能解释我们对它的相信。

② 请注意，这种将"真正的事实"当作"因果性/解释性/自然主义的事实"的解释是很**仁慈**的，因为它允许克里普克（从他的反倾向主义等等）推论出不存在**真正的**意义-事实。

另一种不那么仁慈的选择是，认为他隐然使用着的"真正的""坚实的"事实的观念是臭名昭著的难以捉摸，实在论–反实在论的争论就是特别地集中在这个概念上（Fine，2001）。这种所谓真正事实的观念是非常惹争议的：争议不仅围绕着它的内涵和外延，还围绕着它的存在本身。可以论证它不可能是合法的，因为它表达了一种糊涂的观点：物理事实有一种特有的存在论权重，这使得它们比伦理学的、数学的等那些仅仅是减缩的事实要"更真"。见 Horwich（2010：第 13 章）。诚然，对这一观念的这种"寂静主义的"取消，可能是不对的。然而，我们依旧需要一些关于"坚实性"的有说服力的故事——某种远远超出克里普克之所提供的东西——才有可能看明白，他反对倾向主义（以及反对关于意义事实的其他说明）的论证，是怎么得出这些事实不"坚实"这个结论来的。

在我看来，还有一种更坏的解释，也就是认为克里普克并不是在隐含地援引一种"真正"或"坚克里普克的结论的一个推论，如他自己所强调的（Kripke，1982：97n），就是隐含的语言规则的任何**解释性**的运用（比如在乔姆斯基那里）都是有问题的。然而，人们完全可以在这个推论关系里面否定后件，推理道：既然我们**确实**在对于人们的所做所说（比如，哪个字符串他们认为是合语法的）的统计学解释中，用到了意义的赋予（以及隐含的遵循规则行为），那么克里普克的怀疑论结论里面就一定有什么不对，所以他的推理里面就一定有什么错误。我们（在第二节和第四节）对他的两条主要论证线路的考察，就是为了锁定这些错误。

六 克里普克的"怀疑论解法"

让我们花点时间，看一看克里普克对这个悖论的"怀疑论解法"——他试着解除这个怀疑论论证，但**不**通过表明这个论证有差错（那就是给出一个"直接解法"了），而是表明它的结论仔细一想是完全可以接受的。

克里普克最后强调，我们赋予意义的实践——肯定"琼斯用'+'表达**加**"这样的东西——其一贯性并不依赖于它和"真正的"（因果的/解释性的）事实的关系。需要的只是，存在着这些意义赋予行为的使用规则（也就是它们的"可肯定性条件"），以及这种实践作为这些规则支配的实践，要服务于某种目的。于是，克里普克的怀疑论解法的主体部分，就在于粗略地分说了这些规则，指出了它们的用场。

特别地，他指出（1982：90-91）如果我们观察到 S 在过去或多或少像我们一样地（在人们共同的纠正之下）使用 w 这个词，那么我们就可以暂且肯定，S 在这个词的使用上遵守着和我们一样的规则（于是也表达和我们一样的意义）。他还暗示道，做这样一种肯定的目的是表达我们对 S 的信任——把他标记为一个可以信赖其对 w 的真诚陈述的人。

现在，如我们所见，用不着这种怀疑论的解法了，因为我们已经有了一种直接的了。我们在克里普克反对将意义–事实化约为用法–事实的论证

实"的观念，而是主张在词语的意义问题上，根本就没有什么事实（即使是在最弱的减缩意义上也没有）。因为，这不仅（如同已经提到的一样）同他明晰地允许赋予意义的行为能被完美地论证这一点难以兼容，而且也同他想要为维特根斯坦提供一种解读的目的难以兼容——维特根斯坦的元–哲学是众所周知地反修正主义的【关于这最后一点，见 Baker and Hacker（1984）】。

里面发现了错误。

但在这以外值得赞同的是，他提出怀疑论解法的那种特殊的方式——他对于意义赋予的可肯定性条件的那种特殊的细化——是恰好指向同一个方向，也就是指向我们的直接解法。因为，对于我们支持这种可肯定性条件的最好解释，就是我们隐然假定**存在**着因果性的/解释性的意义事实，而它们就是使用上的规律性。

要表明这一点，只要注意，观察到 S **迄今为止**都在同我们很相似地使用着 w，这是一种典范的归纳证据，可以证明一个真正事实性的结论：S 曾有且仍有一种以这种方式使用 w 的一般趋向（偏向，倾向）。所以如果按照克里普克所说的，这样一种观察是使得某种意义赋予行为成为可肯定的——也就是可以合理维持的——条件，那么明显的解释就是，我们认为正是 S 具有此种一般趋向，才使得这种意义赋予行为成为真的①。于是，克里普克对他提出的悖论的怀疑论解法就有了些讽刺的意味，因为它直接推导出，一种直接的回应乃是正确的。

七　个人主义的语言

我们简单说两句克里普克解法的那个所谓的推论，即语言本质上是公共的；一个人只有当别人理解一种给定的语言的时候，才能理解这种语言；所以不存在"私人的"（个人主义的）语言。这里的论证是简单的。我们（或许）从那个悖论中了解到，我们能够合法地肯定，一个人用他的一个词表达一种给定的意义，仅当有一种趋向（或者潜能）要把从这个词的通常用法上的各种偏离都纠正过来。于是，在赋予意义的时候，我们就预设了存在着表达同一个意义的他人。于是我们就得到了结论：所谓的"私人"语

---

① 对于遵循规则的意义赋予行为，也与此相似。克里普克并没有细化"S 在隐含地遵循规则'同 R 一致'"（在这里 R 可能跟语言没关系）的可肯定性条件。然而，只要从他关于意义赋予行为所说的东西做一外推，我们就可以认为，他的观点是我们可被允许暂且接受这样一种东西，只要我们观察到（i）R 是 S 迄今为止的行为大致上符合的所有简单的规律性中最简单的，以及（ii）这种行为是接受纠正的。但是这两个观察中的第一个是一种标准的归纳证据，证明 R 是支配 S 的行为的一条理想法则——无论是过去、现在、将来还是反事实的情况。所以，为什么不把这个结论当作是构成"S 遵循规则'同 R 一致'"这回事的事实的第一个组件呢？——这就是我们的直接解法啊！

言是不可能的。①

但是人们完全可以反对这个推理。尽管确有道理认为,只有在对某种形式的纠正有预期的时候,即只有当相关的使用倾向是在积极或消极的强化的语境当中表现出来的时候,谈论意义才是合适的,但我们还是不清楚,为什么有了一个个体纠正他自己的行为还不够。就像我们在第二节中看到的,维特根斯坦(所谓的主力社群主义者!)就遵循规则的行为恰恰暗示了这一点。

与对维特根斯坦的这种解读相对,对于一种"公共的"解读的文本支持,往往被认为是来自维特根斯坦否认遵循规则的行为可以是一桩"私人的"事情:

> 所以,"遵守一项规则"也是一种实践。想着某人在遵守一项规则,并不是遵守一项规则。所以,不可能"私人地"遵守一项规则:否则的话,想着一个人在遵守一项规则,就会和真的遵守它是一回事了。(PI 202)

但是,这里出现的"私人"并不是指"不依赖他人"。它毋宁说指的是,"一种状态,就像一种经验,对于它来说它的主体尤其有把握发表意见,因为当且仅当一个人想着自己处在这种状态中的时候,他才趋向于处在这种状态中"。所以,与维特根斯坦所称的那种"**私人的**遵循规则行为"相对的,应该是"作为一种客观**实践**的遵循规则行为"——后者完全可以建基于一个单个孤立的、不依赖于任何其他人的人的有规律的行为上。②

---

① 还有其他评论者,将维特根斯坦解释成是在强烈主张语言必然是公共的。这些人包括麦克道尔,在"维特根斯坦论遵循规则"(1984)中,诺曼·马尔科姆,在《无物隐藏》(1986)和"维特根斯坦论语言与规则"(1989)中,还有梅雷迪斯·威廉姆斯,在《盲目服从》(2010)中。至于一种更加精微的观点,要见约翰·V.坎菲尔德的"共同体观点"(1996)。

② 在 PI 243 中,当维特根斯坦明晰地将其注意力转向心灵哲学的时候,他提出了这样一个问题:一个人能否设计和运用一门特殊的语言,来描述他自己的"私人情感"——这个"私人情感"理解作(如在 PI 272 中)情感为他所知到的那种独特的方式(也就是**情感对他来说是什么样的**);所以这种语言不可能被任何其他人所理解。对于引人认为存在着这种"感受原料"(raw-feels)【也就是感受质(qualia)】的诱惑,克里普克进行了充分的、治病救人的批判。于是,在"私人"一词的一种引申的意义上,他确实否认存在着私人语言——也就是可以提及和描述感质的那种语言。但是他并没有因此而否认某个人**通常的**语言可以是"个人主义的"——也就是说,不依赖于同任何其他人的非语义关系,也没必要被任何其他人理解。相反,PI 243 明晰地将一种私人情感的语言同"只对自己说话、边做事边自言自语的人"对立起来。——"一个看着他们也听到他们说话的观察者,或许能把他们的语言翻译成我们的。"

还有其他人把维特根斯坦解释成对于意义的个人主义持开放态度,这些人包括贝克和哈克(1984,

八　克里普克的维特根斯坦（Kripkenstein）同维特根斯坦之间的差别

尽管在维特根斯坦和克里普克的思路之间有着肤浅的类似，我们还是观察到他们在根本的方面上分道扬镳了。这里我要再说说他们分歧的要点。

第一，尽管他们都认为词语的意义是由它的"用法"提供的，他们实际上使用的"用法"概念却有着关键的区别。对维特根斯坦来说，意义是关于**现实**的使用倾向的，然而对克里普克来说它们是**正确的**使用倾向（也就是**真**的运用）。

第二，克里普克论证说，不存在对"w 对 x 为真"的自然主义的分析。于是就得出结论，也不存在对意义特性（即"w 表达**狗**这个意义"这样的特性）的自然主义的化约。因为他假定，这些特性是由真之条件构造起来的，所以任何这样的化约都会规定一个谓词的真之条件，也就是包含这些条件的自然主义基础（这种基础已经被证明不存在了！）。但是从维特根斯坦的减缩的视角看来——按照这种视角，谓词的真是通过意义才被引入和定义的，经由的模式是"w 表达 F 这个意义→（x）(w 对于 x 为真↔fx)"，对于"w 表达**狗**这个意义"的自然主义基础的一种经验研究，丝毫不必受制于带有这个意义的词语对于狗是真的这个事实。

第三，两位哲学家的悖论都有一部分源出于意义是现实的用法倾向这个假定。但是对于克里普克来说，就像我们刚刚看到的，疑难在于怎么把这个一开始很吸引人的想法跟意义的真–理论意蕴调和起来，而他的解决办法是抛弃掉这个想法。相反，对于维特根斯坦来说疑难在于把它和意义是**心理**的这种观点调合起来，而后者才是必须抛弃的东西。

第四，维特根斯坦和克里普克在遵循规则行为上的差异也是这样。他们都会同意，一个人隐含地遵循着一种给定的规则，既意味着他在理想情况下符合于它，也意味着他要接受纠正。但是对于克里普克来说，需要避免的混淆是把这个故事当作自然主义的（"真正地"事实的）。他在"理想"和"纠正"两者上都止步不前。但是维特根斯坦没有表现出这些考虑。他

2009：esp. 149-168)，科林・麦吉恩（1984：esp. 77-93)，还有马尔科姆・巴德（1984）。

满足于引证**自我**纠正这个行为主义的征象；而且他看上去满心赞同，那些倾向于引发（或阻止）对规则的偏离的场合，是完全可以经验地认定的。对他来说危险的混淆，是把遵循规则的行为看作一种主观的心理姿态，而看不到它是一种客观的规律性。

第五，克里普克也认为（维特根斯坦并不这么想）用一个词表达某个**意义**需要**他人**的纠正，所以语言本质上是**社会的**。

第六，他们都认为，尽管确实存在着意义的**事实**（在通常的、减缩的意义上），但是（在这样那样特殊的、形上学的意义上）却不存在意义的"事实"。但是他们反对的形上学观念却很不同。对克里普克来说，幻象在于"真正的"（自然主义的）意义事实，然而对维特根斯坦这个倾向主义者来说，这没有什么不妥的。他反对的是那些神秘的"思辨事实"。我们会不由自主地援引这些思辨事实，只要我们没能认清，我们对词语的理解，在我们倾向于怎么使用它这个方面上，乃是隐含的，反而糊涂地把这种状态想象成是一种内省可得的、明晰的知识的形体——某种在一个时刻完全在场的、但是以某种方式包含了对这个词的未来使用的一整套保证的东西：

> "就好像我们能在一闪念之间，把握住一个词的整个用法。"比如说是什么样呢？——用法难道不能——在某种意义上——在一闪念之间把握住吗？在什么意义上不能呢？——要点是，好像我们能在另一种直接得多的意义上"在一闪念之间把握它"似的。——但是你对这种东西有个样板吗？没有。这个说法只是自己蹦出来的，是不同的图像交叉的结果。（PI 191）
>
> 你对于这种过分的事实没有什么样板，但是你却被引诱着使用这个过分的说法（这可以被称作一种哲学的思辨）。（PI 192）

这些幻想出来的事实，本质上是我们一开始的疑惑的一种悖论性的投射。[①]

[①] 这篇文章是基于我的著作《维特根斯坦的元哲学》（2012）的第五章而完成。我要感谢史蒂文·格罗斯和OUP的匿名评审对这一章节可以进行如何改进提出的有益建议。

参考文献

Baker, Gordon and Hacker, Peter,1984: *Skepticism, Rules and Language*, Oxford: Blackwell.
____, 2009: *Wittgenstein: Rules, Grammar, and Necessity*, Oxford: Blackwell.
Blackburn, Simon, 1984: "The Individual Strikes Back," in *Synthese* 58, 281–302.
Boghossian, Paul, 1989: "The Rule-Following Considerations," in *Mind* 98, 507–549.
____, 2008: "Epistemic Rules," in *Journal of Philosophy* 105, 472–500.
Budd, Malcolm, 1984: "Wittgenstein on Meaning, Interpretation and Rules," in *Synthese* 58, 303–323.
Canfield, John V., 1996: "The Community View," in *Philosophical Review* 105, 469–488.
Fine, Kit., 2001: "The Question of Realism," in *Philosophers' Imprint*, 1, <http://hdl.handle.net/2027/spo.3521354.0001.002>.
Horwich, Paul, 1998: *Truth*, Oxford: Oxford University Press.
____, 2005: *Reflections on Meaning*, Oxford: Oxford University Press.
____, 2009: "A New Framework for Semantics," in *Philosophical Perspectives* 22, 233–240.
____, 2010: *Truth-Meaning-Reality*, Oxford: Oxford University Press.
____, 2012: *Wittgenstein's Metaphilosophy*, Oxford: Oxford University Press.
Kripke, Saul, 1982: *Wittgenstein on Rules and Private Language*, Oxford: Blackwell.
Lewis, David, 1984: "Putnam's Paradox," in *Australasian Journal of Philosophy* 62, 221–236.
Malcolm, Norman, 1986: *Nothing Is Hidden*, Oxford: Blackwell.
____, 1989: "Wittgenstein on Language and Rules," in *Philosophy* 64, 5–28.
McDowell, John, 1984: "Wittgenstein on Following a Rule," in *Synthese* 58, 325–363.
McGinn, Colin, 1984: *Wittgenstein on Meaning*, Oxford, Blackwell.
Miller, Alex, 2000: "Horwich, Meaning, and Kripke's Wittgenstein," in *The Philosophical Quarterly* 50, 161–174.
Sider, Ted, 2011: *Writing the Book of the World*, Oxford: Oxford University Press.
Soames, Scott, 1998: "Skepticism about Meaning: Indeterminacy, Normativity, and the Rule-Following Paradox," in *Canadian Journal of Philosophy*, supp. vol. 23, 211–250.
Williams, Meredith, 2010: *Blind Obedience: The Structure and Content of Wittgenstein's Later Philosophy*, New York: Routledge.
Wittgenstein, Ludwig, 1958: *Philosophical Investigations*, 3rd edition, trans. by G.E.M. Anscombe, New York: Macmillan.
Wright, Crispin, 2001: *Rails to Infinity*, Cambridge, MA: Harvard University Press.

（反）怀疑论者的单一和精妙：
针对G. E. 摩尔和约翰·麦克道威尔*

克里斯平·赖特（Crispin Wright）**

龚李萱（GONG Lixuan）/译（trans.）***

摘要：学者们通在本文中，克里斯平·赖特以G.E.摩尔著名的《对外部世界的证明》为基础，主要讨论将其对有力论证得以成立的必要条件。赖特指出，对摩尔证明的反思实际上鼓励一种怀疑论，这种怀疑论通过对摩尔证明更精妙的重构揭示了其论证中难以克服的传递失败的挑战。赖特指出麦克道尔的选言模板是近来一种颇具影响力的对经典洛克式感性理论的调整。但这种通过选言模板对感官经验概念的重构仍然无法解决传递失败问题，除非我们能彻底改变对感性主张的论证结构。

关键词：摩尔证明；传递失败；怀疑论质疑；选言模板

---

* 尽管这篇文章是自洽完整的，但它能回溯到我1985年论文的部分主题上。在我于罗格斯认识论大会（Rutgers Epistemology Conference）展示本文之前，我受益于来自诸多对文章核心想法的讨论，它们来自乔伊特社会、牛津哲学社会、剑桥道德科学俱乐部、普林斯顿、耶鲁、纽约大学、伯克利、爱丁堡和俄亥俄州立大学的部门座谈会以及在奥尔胡斯和布里斯托尔大学的会议。特别感谢John Campbell, Brian McLaughlin, Jim Pryor和Timothy Williamson的评论。本文完成于我在利弗休姆研究教授任职期间；感谢利弗休姆基金会对我的支持。
译注：中英文摘要和关键词为译者所加（Abstact and keywords added by the translator）。
** 克里斯平·赖特，纽约大学哲学系教授（Crispin Wright, Professor, Department of Philosophy, New York University, New York）。
*** 龚李萱，清华大学哲学系研究生（GONG Lixuan, Graduate student, Department of Philosophy, Tsinghua University, Beijing）。

(Anti-)Sceptics Simple and Subtle:
G.E.Moore and John McDowell

Abstract: In this essay, Crispin Wright bases his discussion of the necessary circumstance of a cogent argumentation on Moore's renowned *Proof of an External World*. Crispin suggests that the reflection on Moore's proof of an external world actually encourages a particular form of skeptical doubt. A subtler formulation of Moore's Proof by the skepticism illustrates an insurmountable challenge of transmission failure. Crispin also argues that John McDowell's attempt of a disjunctive re-conception of perceptual experience, as a recently influential adjustment of the Lockean architecture of perception, does not help with restore transmission in Moore's Proof, unless we refute the justificational architecture of perceptual claims.

Keywords: Moore's proof; transmission failure; skeptic doubt; disjunctive template

一　摩尔的证明

维特根斯坦显然认为《对外部世界的证明》是 G.E.摩尔最出色的一部哲学著作。①如果任何人想要理解什么是维特根斯坦认为对"知识–怀疑论"令人满意的评判所必需达到的要求的话，维氏对摩尔的这个评判将成为一个重要的线索。②尽管，我并不认为摩尔的众多现代读者会认同维特根斯坦的高度评价。那篇文章的绝大部分都贡献给了一种令人恼怒的缓慢沉思，用以阐明当描述客体为"外部的""外在于我们的思维""表象于空间中"或者"在空间中相遇"时究竟意味着什么。它并没有产生任何具体的成果。而该文真正的"证明"只出现在文章的最后几页，并且任何人初读时都觉得它公然乞题。

以下是该证明的核心：

摩尔（*Moore*）

（II）③这是一只手

---

① 重印于 Moore（1959：127-150）。
② 我将在 Wright 文集（即将出版）中讨论维特根斯坦晚期对怀疑主义的态度。
③ 译者注：这里原文没有"（I）"，此处不涉及这个后面要引入讨论的"（I）"。

(Ⅲ) 存在一个质料世界（鉴于任何手都是存在于空间中的质料客体）

摩尔Ⅱ是在这样一个语境下被断定（asserted）的，即当摩尔如自己所预设地将他的手放在脸前、在良好的照明下、在视觉和认知都清醒的情况下，等等。①

为什么这个证明显然是不令人满意的？摩尔对证明的概念是：一个从已知或者有保证的前提出发的有效论证。这看起来是无懈可击的。同时这个论证是有效的。问题同样不在于摩尔没有首先证明他的前提。他完美且公允地指出，要求证明一个证明的前提并不总是合理的——有时我们必须在没有证明的情况下断言某些知识，否则任何证明都无法开始。更何况，摩尔很可能会声称，某些前提可能相对于在相关的情景中而言，比在任何怀疑论证（skeptical argument）的更不确定的前提更加具有确定性。②尽管如此，摩尔的"证明"显然还是不符合人们所期望的**证明**（*proof*）。

这导致的一个普遍且有趣的议题是：在什么情况下一个有效论证是为证明【例如一个**有说服力的**（*cogent*）的证明】服务的？这个问题是本文的首要采石场（quarry）。本文的另一个问题是解释为什么，对摩尔"证明"的反思非但不能为反对怀疑论质疑（skeptical doubt）提供基础，反而实际上为怀疑论质疑提供了一个致命和普遍的形式。本文的第三个问题是论证一个最近备受讨论且影响广泛的调整，实际上从辩证的角度出发是相当无效的，这个调整针对的是对感知（perception）的洛克式建构（Lockean architecture），它往往被视为对质料世界怀疑论的源头和开端。

二 一个区分

如上所述，一个恰当的证明应该是有说服力的（cogent）。并且一个有说服力的论证是：某人可以通过它转而理性确认对其论证结论的真实性，或理性克服对该结论的怀疑。所以，如果只有那些认为自己被结论合理地说服的人才能够接受论证前提的任何宣称被保证的基础，那么一连串有

---

① 下文会澄清为论证如此编码的重要性。
② 例如，Moore（1918）重印了 Moore（1922）。一个相关的段落（关于摩尔的手指）出现在第 228 页及以后。

效的推论并不具有说服力。这是其关键的思想。

例如，一个特殊的保证 w 在一个有效的论证中传递（transmit），当且仅当 w 被视为诸前提的保证时，这个论证才是有说服力的。我想要指出的是上述给出的保证的传递（transmission）和保证的闭合（closure）之间的区别。当然，跨越（已知）蕴含关系（entailment）的保证的闭合已经被广泛地讨论过。①这是一个较弱的原则。闭合说明如果任何一个（已知）有效论证的诸前提是有保证的，那么它的结论也具有保证。传递表达了更多：大体上，为了获得一个有效论证的诸前提的保证和承认它的有效性，就因此（thereby）（或许第一次）需要一个保证去接受它的结论。我们将考虑针对传递性的反例（counterexample）。这些例子并不必须是闭合的反例。例如，在前提具有保证只是因为其结论已经事先地（antecedently）被保证了的情况下的，闭合能够成立，但是传递可能会失败（我自己对于是否存在针对闭合的真正反例表示怀疑，但这个议题不在本文的计划内）。

直观而言，一个可传递的保证应该有助于知识或是有保证的信仰的可能推进，并且帮助克服质疑或者不可知论。我们可以想象一个逻辑上非无所不知（non-omniscient）但却在另一方面完全理性的主体（perfectly rational subject），当他以依靠同时承认面前推理的有效性和其具有对诸前提的保障的方式，开始第一次逐渐相信一个命题时，一个保证就具有了可传递性。因此，存在一个针对可传递性的反例，它直接、简单，且并不是闭合的反例：那就是简单的**乞题**（*question-begging*）——即一个有效论证的结论明确地在诸前提中起到重要作用。在那种情况下，承认推理的有效性显然将对主体承认对该论证声称的结论的保证不起任何作用。然而，还存在比上述更加有趣的乞题方式。摩尔，按照我们阐释他"证明"的方式，为我们提供了第二个例子。

---

① 现代讨论的起始和引用经典（locus classicus）来源于 Fred Dretske（1970）。然而 Dretske 遗漏了对传递性与闭合性的差异。其之后的文献也基本上具有类似的问题。

三　传递失败：一些例子

思考[①]：

毒蘑菇（Toadstool）：

（I）三小时前，琼斯不经意地摄入了一大份含有魔鬼牛肝菌（Boletus Satana）的意大利饭。

（II）琼斯摄入了毒蘑菇包含的具有致命剂量的毒素。

因此

（III）琼斯将很快死去。

或者：

订婚（Betrothal）：

（I）琼斯刚刚向一位愿意成为他妻子的女孩求婚。

（II）琼斯的求婚将被接受。

因此

（III）琼斯将在其人生的某个时刻处于订婚状态。

上述两个例子中，作为对于第二个命题为真的证据，第一个命题给出的信息是有用的但却是**可辩驳**（defeasible），也是非决定性的。[②] 更进一步，上述两个例子中第二个命题都在逻辑上蕴含了第三个命题。但是，这些例子一个额外的特征是：第一个命题为第二个命题提供的可辩驳的支持，在一般的情况下，是可以通过蕴含关系从第二个命题传递到第三个命题的。因此，例如在毒蘑菇（I）中，第二个命题的证据就是第三个命题的证据；同样在订婚（I）中，第二个命题的证据就是第三个命题的证据。

[①] 我或多或少地保留我（1985）中曾经使用过的诸例子，尽管读者可能会发现其他例子也具有指导性。

[②] 按照我对这个概念的理解，一个命题的证据是可辩驳的（defeasible），当且仅当有可能想象为其添加一些证据使得这个作为结果、增加了的一系列证据（body of evidence）不再支持考虑中的命题。例如，假设我们发现琼斯的女友已经结婚了，或者他已经吃了解毒剂来防止自己吸收毒素……因而在证据可能在被证明有缺陷的意义上，可辩驳性与**易错性**（fallibility）相对立。

这看来似乎是正常且在预料中的例子。但，现在考虑这两个结构类似的例子。第一：

足球（*Soccer*）

（I）琼斯刚刚把一个球踢入白色的柱子之间。

（II）琼斯刚刚得了一分。

因此

（III）正在举行一场足球赛。

将这个例子与下述作比较：

选举（*Election*）

（I）琼斯刚刚在一张选票上画了 X 号。

（II）琼斯刚刚投了票。

因此

（III）正在举行一场选举。

从表面上看，这些例子似乎是相同的：在这些例子中，我们具有由第一个命题提供的，对于第二个命题有效但可被废止的证据，而第二个命题按照顺序蕴含着第三个命题；并且第一个命题给出对第二个命题的支持因此也能够传递到第三个命题。但其实上述第二个主张是错误的。与之相反，在这些例子中，只是因为第一个命题通常直接为第三个命题的真值提供了证据，因而它才为第二个命题提供了证据。为了阐明这点，假设第一个命题不再是第三个命题的直接证据。例如，假设你处在一个举行用于练习选举的选举演习（electoral drills）中，就好像我们现在举行的火灾演习一样。同时，假设它被举行的频率和真实选举的一样频繁，因而除非你有一些额外的相关背景信息，否则琼斯正在参加选举演习和参加真实选举的可能性是一样的。在这种情况下，琼斯在选票上画 X 号不再是他正在投票的证据，甚至不再是可辩驳的证据。如果你全部所知是演习和真实选举的可能性一样大，并且琼斯在一张纸上画了 X 号，你没有更好的理由假设他已经投票了，而不是他并没有投票。

因此在这种情况下，选举（Ⅰ）是否具有的支持选举（Ⅱ）的倾向取决于你是否具有**独立的**（*independent*）理由接受选举（Ⅲ），该理由由你自身的背景知识提供，即在琼斯所处的某种情景中，在纸上画 X 是正在举行选举的可信赖的指示（indicator）。因而，选举（Ⅰ）为相信选举（Ⅱ）提供的基础并**不是**（*not*）可以从选举（Ⅱ）和选举（Ⅲ）的蕴含关系（entailment）中传递的。只有在你已经有了对选举（Ⅲ）的基础时，选举（Ⅰ）才为你相信选举（Ⅱ）提供了理由，无论这个基础是直接由选举（Ⅰ）还是其他别的方式提供的。

足球（*Soccer*）的例子也是如此。如果我们能够假设，只有在真实的足球比赛的情境下才有进球得分这回事，那么**足球**（*Soccer*）是有效的推理。如果使足球（Ⅱ）的证据由足球（Ⅰ）和其他信息提供：将球踢入网中、队友明显的祝贺、裁判的反应等等，那么这些对足球（Ⅱ）的证明是对于其能将衍推传递到足球（Ⅲ）的保证（warrant）吗？

为了澄清一个我们刚刚在选举例子中暗含的观点，请注意这里的问题不是：通过获得对足球（Ⅱ）的保证，我们是否能够**因此**（*thereby*）获得对足球（Ⅲ）的保证？如果我们的附属信息包含着一个无疑真实的情况，即我们上述目击的场景除了在真正的足球比赛语境下外鲜少发生，那么我们的证据显然是对足球（Ⅲ）的证据。但这不意味着我们对足球（Ⅲ）的保证能够被视为从足球（Ⅱ）中传递来的。恰恰相反，我们基于相同的证据仍然会拥有对足球（Ⅲ）的**那个**（*that*）保证，即使我们注意到助理裁判举旗示意犯规，并且预计防守队在几秒内就会将裁判的注意力引到这个事实上。在这个情况下，我们仍然可以本质上拥有对足球（Ⅲ）完全**相同**（*same*）的保证，而不需要或者至少不用具有对足球（Ⅱ）的保证。因此，我们应该否认在足球（Ⅱ）和足球（Ⅲ）中真的存在保证的传递，即使在裁判并没有举旗情况下。相反，人们拥有一系列的证据（a body of evidence），它们**同时**（*simultaneously*）是对足球（Ⅱ）和足球（Ⅲ）的保证，并且并不是由于它们是足球（Ⅱ）的保证因此才是对足球（Ⅲ）的保证。因此，这里存在一个具有争辩性的传递失败的例子，且极有可能是一个现实的例子。

但是现在，为了巩固这个例子，让我们考虑一个不同的情景。假设，你在一个电影工作室附近，并且知道刚刚目睹的场景是特意为摄像设计的可能性与其是真实比赛的可能性一样大。一旦你具备了**这个**（*this*）信息，你将合理地认为这些证据不再为足球（Ⅱ）提供保证。为了恢复这个保证的力度，你需要的恰恰是一些对足球（Ⅲ）的**独立的**（*independent*）确定。你问一个旁观者：这是一个真实的比赛还是电影制作？当你获知这场比赛是真实的，你再一次获得对"进球获得一分"的保证。但如果将这个保证视为可以通过蕴含关系向足球（Ⅲ）传递，那就是荒谬的。你并没有通过获得对足球（Ⅱ）的保证而拥有任何**额外**（*additional*）理由认为一场比赛正在进行。你对足球（Ⅲ）的**唯一**（*only*）基础仍然是旁观者的证词，并且仅仅因为这个基础，你目睹这个场景才为足球（Ⅱ）提供了保证。因此，这是对传递性失败的第二个非常清晰的例子。【并且有趣的是，目前为止还没有出现**闭合**（*closure*）失败的例子：在两个情景中，如果拥有了对足球（Ⅱ）的保证，就同时具有了对足球（Ⅲ）的保证。】

四 普遍化：具有信息依赖性（information-dependence）的模板

上述提到，通常情况下人们预期对保证的可传递性。但对这些例子的反思鼓励另一种预期，即其反例也绝不是反常的，一旦我们接受了奎因（Quine）在《经验主义的两个教条》的最后两个章节着重强调的对经验确定的整体主义（holism of empirical confirmation）是具有说服力的，而它看上去确实是的。假设你在野营炉上将一壶液体烧开：这是对壶里的液体处于或者接近100℃的证据吗？它取决于：如果里面液体是水并且大气压与海平面大气压相当，那么回答是肯定的；如果你知道里面的液体是糖浆或者你是在珠峰大本营泡茶，那么回答是否定的。你听到沙沙作响并在头上的树上瞥见一抹灰色：这是有一只松鼠的证据吗？如果你已知身处美国东部的丛林里，那么回答是肯定的；如果你已知身处苏格兰的松林里（那里的松鼠是红色的，并且更有可能是一只丛林鸽）类似这样的例子指出，被视为常态的情况其实是**具有信息依赖性**（*information-dependence*）的保证。将一系列证据(a body of evidence)记为 *e*，如果将 *e* 视为对特定的命题 P 的保证合理地要求某种特殊的附带信息（记为 I）的话，那么 *e* 是对 P 的具有信息依赖性的保证。并且，这样的关系通常极有可能产生传递失败的诸案例：当特定的 e、P 和 I 具有这样的特征，即相关的 I 中的诸要素自身已经被 P（可能同时与其他有保证的前提一起）蕴含时，传递失败就会发生。在这个情况下，任何由 e 为 P 提供的保证都将不具有对 I 的诸要素的可传递性。只有当一个思考者能够合理地将其具有对 P 及其蕴含关系的保证视为接受 I 的理由时，这种保证才是具有可传递性的。如果由 e 提供的对 P 的保证首先依赖于对 I 的在先和独立的保证的话，那么没有思考者能够合理地这样做。

五 摩尔的证明作为传递失败案例（一）

一个认为摩尔没有对于相信存在一个外部质料世界的保证的怀疑论者，必须为声称摩尔的**经验**（*experience*）不能为他的相信提供保证而给出充足的理由。这个声称的关键点是为人熟知的，其必然在于：一个关于质料世界存在，并且其诸特征广泛地与经验呈现它的方式保持一致的想法是一个**假设**（*hypothesis*），这个假设的真理性在于**经验-超越性**（*experience transcendent*）的本质，这意味着经验不能否决那些异质的替代选项，这些选项都包含着一个理念，即它的源头是一些其他事物，而不是一个其特征与经验呈现方式保持一致的世界。换言之，在正确的语境下，一个对摩尔证明的确定性的相关怀疑的预设是："他拥有一只手"应该被视为基于一些特定的可被辩驳的证据上。摩尔的经验假定一个特定的特征，它可辩驳地保证了"他拥有一只手"的信念；这些潜在可辩驳要素都从一个或者另一个方面冲击其背景预设，即占据主导地位的情况在认知上是具有优势的（*advantageous*）。因而，关键的怀疑思想是这样：一些可能在认知上**不具有优势的**（*disadvantageous*）情况在某种方式上是不能被潜在检测到的。

然而，仅仅指出错误存在潜在不可检测的源头尚不足以将我们视为对经验证据提供的可辩驳的诸保证置于危险的境地，起码当保证被允许基于非决定性的（*inconclusive*）证据时是不足够的。那么，究竟如何从上述中发展出一个怀疑式的挑战？我将通过利用摩尔的处理来说明一个怀疑主义更加精致（*subtle*）的形式，它将坚持认为摩尔并没有很好地阐述自己的"证明"；相反，一个正确的阐述将由下述给出：

摩尔*（*MORE**）

（Ⅰ）我的经验在各方面都显示有一只手被举起来放在我的面前。

（Ⅱ）这是一只手。

因此，

（Ⅲ）存在一个质料世界（鉴于任何手是存在于空间内的质料客体）。

摩尔要求的是：由摩尔*（Ⅰ）为对摩尔*（Ⅱ）的信念而提供的可辩驳的保证，在从该信念到得出存在质料世界的结论的推理中是可传递的。因此，怀疑论者更加精妙的观点将在于这个论证恰恰举例说明了之后定义的传递失败的模板：摩尔经验的状态作为他正在感知到一只手的命题的保证，并不是无条件的，相反其有赖于特定辅助信息以及为了其假设的前提（即摩尔的经验）具有摩尔假定的证据效力而必须置入的诸假设中最重要的一项，即确实存在一个物质世界，其特征通常（至少极大程度上）由日常的感官所揭示。因而，摩尔的"证明"是乞题的。

更具体而言，更精妙的怀疑论观点是摩尔*（Ⅱ）对于摩尔*（Ⅲ）就好比，例如，足球（Ⅱ）对于足球（Ⅲ），这意味着：号称支持上述类型Ⅱ（type-Ⅱ）的命题的证据都只有在有利信息的语境下才具有这种地位。一种有利语境由我们区分出的第一个足球情景展示出来，在那个情景中，我们已知相关的证据——球进网等——甚至是相当不可用的（available），除非所面对的推理中的结论为真；在第二个足球情景中，恰恰相反，尽管人们不具有上述类型的信息，但却确实拥有独立的理由——旁观者的证词——来认为结论是为真，这确保或者有助于使人有权将所有的证据视为对第一个命题的保证。而然，为了使其自身的情况与第一个情景相似，摩尔需要独立的信息说明除非存在一个质料世界，否则他正拥有的经验是极不可能发生的；而对第二个情景的相似也将要求独立的信息来说明存在一个质料世界，这信息或许是正在旁观的仁慈恶魔（a by-standing benevolent demon）的证词！在摩尔采取的——尝试引领对怀疑主义的回复的——辩证性的设置中，他不能理所应当地认为他具有上述提到的任何一种信息。这就是为什么他的"证明"实际上，如同其前人 Johnston 博士一样，只是一个通常看似淳朴的请求（*petitio*）的小插曲。

六 I-II-III论证

选举与**足球**案例中包含着传递失败的事实自身并不能招致对现实中存在选举和足球比赛的怀疑。对质料世界的怀疑论思想轨迹产生于将摩尔的论证与包含**五个主张**（*Five Claims*）（其普遍化放于括号中）的两个论证相比较：

(a) 除了我们的感官给出的（非决定性）证据之外，没有办法为对物质世界的特定信念进行辩护。

【更普遍的：类型 II（type-II）命题只能通过类型 I（type-I）命题的证据来证明。】

(b) 对任何关于质料世界的特定命题的感官证据依赖于它具有对质料世界存在的信念的独立保证的效力——如果我们在事前对质料世界的存在保持不可知的态度，那么对于将我们的经验视为对我们直接物理环境的主张的证据是不被保证的。

【更普遍的：由类型 I（type-I）命题为类型 II（type-II）提供的证据是具有信息依赖性的（information-dependent），其额外要求一个对类型 III（type-III）命题的独立保证——一个具有充足普遍性的"联结命题（hinge proposition）"将蕴含于任何类型 II（type-II）命题中。】

因而（*Ergo*）

(c) 我们关于存在一个质料世界的信念不能脱离循环（without circularity）地基于为特定类型 II（type-II）命题的真值的感官证据积累。

【更普遍的：类型 III（type-III）命题不能被一个传递保证，如果这个传递从类型 I（type-I）命题为类型 II（type-II）命题提供的证据向"类型 II 至类型 III"（type-II-to-type-III）的蕴含

关系传递。】

(d) 但是对质料世界存在的信念不存在任何别的合理性的基础。

【更普遍的：类型Ⅲ（type-Ⅲ）命题不能以任何其他方式被保证。】

(e) 鉴于这个信念毕竟有可能是错误的，因此这个信念需要辩护。

（更普遍的：类型Ⅲ命题是可错的。）

并且，显然是对主张（d）的相似性（按照普通的确认标准），使得**足球**与**选举**成为失败的推论。然而，如果主张（a）—（e）都被接受了，那么我们整个关于质料世界对话的"语言游戏"的结局归根到底是基于一个我们没有任何基础的假设，并且在原则上自身也没有任何基础，因而（我们都知道）是可错的。这是怀疑论结论中人们可以希望获得的（或者希望避免的）最强的结论。

由括号内给出的普遍化规则指出，这种怀疑论证明的形式是可被广泛运用的。它可以被运用于提供一个对每个针对他者思维（other minds）、过去（past）和归纳推理（inductive inference）的怀疑论的简单结晶（crystallisation）。例如，考虑下述一个主体作为运动损伤事件的旁观者的推理过程：

痛苦（*Pain*）

（I）琼斯的胫骨显然被折断了，并且他正在草地上挣扎。他的面容扭曲并且正在惊声尖叫。

（II）琼斯正处在痛苦中。

因此，

（III）存在他者的思维。

一个怀疑论证在结构上与之前一致。它将会声称只有当我们具有对痛苦（III）的独立保证【并且琼斯非常有可能"具有思维"（minded）】时，痛苦（I）才能够被认为确认了痛苦（II）。从一个对其他思维存在的不可知论的出发点而言，痛苦（I）对痛苦（II）的证据并不显然。因此，如同"存在一个质料世界"一样，命题"存在他者的思维"的作用看上去似乎与之前一样是制度上的（institutional）。并且，这个怀疑性地建构起来的论证只是礼貌地说明：对上述命题的任何独立辩护都不具有前景；因而，同样不可能具有对以他者思维作为媒介的其他心理状态之存在的特定信念的真实（*bona fide*）辩护。

再从头至尾梳理与之平行的诸案例是不必要的：

海藻（*Seaweed*）

（I）海滩前距离大海约五十码的地方有一行新鲜的海藻。

（II）这些海藻在几个小时前被海浪冲上岸。

因此，

（III）世界并不是在十秒前形成，它充满了更为悠久的历史的明显痕迹。

基础归纳（*Basic Induction*）

（I）所有被观察的 A 都曾是 B。

（II）所有 A 现在都是 B。

因此，

（III）一些属性总(invariably)是与一些其他属性共同实现的（co-instantiated）。（自然是统一的，起码在一定程度上是。）

注意，关于类型III命题为相关的"命题（I）和命题（II）的传递"（relevant I-to-II transition）提供了**充分**（*sufficient*）信息的主张，在上述案例中都没有得到任何推进。相反，这意味如果类型 I 命题要支持类型II命题，那么包含着那个命题的附带信息至少是**必要的**（*necessary*）；并且，获得那些必要的附带信息的机会是有限制的，这个限制在五个主张（the Five Claims）的前四个主张的普遍化形式中已被指出。

七 一个现实主义者的直接回应

上述命题 I-II-III论证总结了一个困境：按照怀疑论的思想，我们永远处在一个状况下,即我们一整个类型的信念看上去都完全基于另一个类型,并且后者并不在逻辑上蕴含前者——例如对经验的诸信念似乎能够提供整个基础,却并不严格蕴含着对质料世界的诸信念;对他者的行动和物理状态的诸信念似乎能够提供整个基础,但却并不严格蕴含关于他们心理状态的诸信念,等等。① 恰恰是这种普遍性,以及其所有的前提(a)—(e)没有一个在相关的例子中是显然错误的这个事实,给予这个论证以趣味性,并且事实上有大量常见的认识论策略(epistemological moves)可以被视作对其中一个或多个前提的否认。然而,我们直接的考虑只是一个近来又重新流行的、在 I-II-III 怀疑论情况下对主张(a)的回绝方式,这个怀疑论涉及我们对可感质料环境的诸信念的保证。

　　上述提及的建议已经在 John McDowell 的论文中凸显出来,② 尽管它原创于 J.M.Hinton 早期作品③并被 Paul Snowdon 所发展。④ 这是对 McDowell 所谓的对感觉经验的"最大公因数(highest common factor)"观念的否定,以及用一个**选言**(*disjunctive*)概念对它的替代。根据最大公因数观念——本质上是洛克式的将经验视为一种悬挂在主体和外部世界之间的面纱的概念——无论是发生在真实的感官、梦境或者清醒生活的幻觉中,只要考虑经验主体的正在发生的状态的性质,那么上述情况都是一样的。经验就是经验,并且这些进一步的区分只涉及它在特定情况下**起源**(*originates*)的方式。相反,在 McDowell 的观点中,这些区分有助于使主体所处的内在意识状态类型(type)个体化:真实的感官构成对"现实布局(layout of reality)"的直接理解,并且如果这个主体相反是在做梦或是幻觉状态下,现实感官状态中的任何要素都不能被呈现(除了,我认为他必须并且的确允许至少某种类型的内容⑤)。

---

① 由此,攻击基于可辩驳的推理是量身定做的。相反,做梦(Dreaming)论证,在其最佳的阐述中,举例证明了一种对保证的合适的怀疑论攻击,我们认为这些保证从非推理的官能(faculty)——例如,感觉或记忆(在直接的现实主义说明中)或者数学直观——的工作中获得友善对待。将两个论证放在一起(in alliance),那么几乎所有事物都必须接受怀疑论的攻击。但我应该在下文指出 I-II-III 论证同样能够扩展到非推理的例子中。关于如何最佳地阐述做梦(Dreaming)论证,参见 Wright(1991)和 Pryor(2000)。
② 这个计划在 McDowell(1982)中发展最为完善。同时请参见 McDowell(1994)的讲座 V 第三部分。
③ 参见 Hinton(1973)和他早期诸多文章中所涉及的相关内容。
④ Snowdon(1981)。
⑤ 如 Michael Williams 在对话中向我展示的,必须为了某种特定的内容而允许例外。例如,一个梦境不能带有真正具有演示性(demonstrative)的内容,如果这些内容被视为(并且极有可能被视为)包含

尽管 McDowell 正式拒绝严肃对待怀疑论①，他的确主张认为这个选言概念具有移除一个怀疑论质疑——以及被他称为"传统认识论"——依靠的支柱的有利作用。②他的观点似乎通过 I-II-III 论证被很好地称述了。因为那个论证确实显得正当地依靠一个对感知主张的辩护的**广泛推理性的**（*broadly inferential*）概念：无论如何，特定的经验会发生；无论它们被视为对质料世界的主张的证据，还是以另外的方式要求解释，这个决定依赖于正在起作用的诸附带信念。因此，如果将单纯质料世界表象为基于经验的方式从一个开始就是错误的——如果相反地，经验包含对"现实布局"的**直接**（*direct*）理解——那么难道 I-II-III 论证不会如同 McDowell 在普遍意义上给出的怀疑质疑一样都是短路的（short-circuited）吗？我将论证，一个更加精妙的怀疑论应该是不会受到干扰的。

八 传递失败：选言模板

此处有两个著名的例子。③你前往动物园，在栅栏里看到一些斑马，并且以为那些动物就是斑马。你知道斑马长什么样子，并且这些动物看起来就是那样。你当然对于自己信念有充分的保证。但如果这些动物是斑马，那么紧跟着意味着这些动物不是被辛苦地且极具技巧地伪装成斑马的骡子。你的保证能够传递到后一个主张吗？一个强烈的直觉告诉我们，它并不能。你有足够仔细地检查这些动物来发现这个骗局吗？几乎显然地不。你拥有的对于"这些动物是斑马"的基础——本质上，即这些动物的外观——无法抵御这种可能性。

又比如，你看到一面墙并注意到它被涂为了红色。因此你具有了认为它是红色的保证。但它是红色蕴含着它不是一面通过隐藏的灯光将其精巧

客体（objective-involving）。但是，这对于选言（disjunctive）观点而言将是一个坏消息，如果它具有是我不能梦到圣诞节或者我母亲前来做客的效果的话。

① 一个典型的段落是 McDowell（1994：112-113）。读者可能吃惊于 McDowell 在其中透露的一个粗糙甚至具有讽刺性的对怀疑论诸论证的概念化。实际上，它们仅仅被视为一种对我们自己的可错性（fallibility）的未经重建的迷恋。

② 参见 McDowell（1982：388 & 393-394 结尾段）。

③ 当然，我是从 Dretske（1970）中借取的。但如前述，我对 Dretske 自己表述这些例子的方式表示反对，他将它们视为闭合失败的例子。

地照射为红色的白墙。因此，你是否获得了对**上述**（*that*）想法的保证？再一次，强烈的直觉告诉我们"不"。你通过看到墙获得的保证——毫无疑问如果这面墙真的是红色的，那么你做了足够多，但你所作所为单纯地没有考虑到具有欺骗性的隐藏光照的可能性。

在上述描绘的语境里，当你形成对斑马和墙的颜色的信念时，你的方法的有效性需要外部的前提条件；而这方法就是日常观察，你极有可能不会做出任何特殊的行动去确保它的满足。伪装的骡子和狡猾的照明包含着那些前提条件的挫败。你获得的诸保证能否合法地被传递到声称那些前提条件已**被**满足的主张中？或者至少它们在那些特定的方面并没有受挫？看上去它们显然不能。当你理所应当地（无疑也是非常无可厚非地）认为诸情况一般而言通过日常感官工具是能够获得可依赖的信息时，假装你已经**获得了这么想的理由**（*gained a reason for thinking so*）将是荒唐的——至少在那些你不需要考虑伪装的骡子和具有欺骗性的照明的特定方面——如果这些想法的来源是那一点点事实，即那些特定的不幸的可能性在逻辑上被那些你现在确定了的、来源于你的背景假设的信念所排除。

为了普遍化起见，假设我将自己视为已经——通过一些认知能力或者其他——获得了对一个命题 A 的一个非推理性的（non-inferential）保证。并且使问题在于这个保证是否能够传递到一个特定的 A 的结果，即 B 中。然而，使 C 成为一个命题，它描绘一个特定的情景，在其中我们所涉及的官能的可靠运作将会受挫；更进一步，这个命题将在那些我们**主观上无法区别**（*subjectively indistinguishable*）于我确实处在的情景的情况下为真；并且假设 C 不蕴含 B，但如果 B 为假时 C 为真。因此，这个设定【即**选言模板**（*the disjunctive template*）】是：

（Ⅰ）A 蕴含 B。

（Ⅱ）我对 A 的保证在于：我处在一个主观上无法区别于相关的 C 为真的状态的状态中。

（Ⅲ）C 描绘了一个普遍的情况，其中它与产生对 A 的假定保证包含的认知能力的可靠运作不相容（incompatible）；[①]并且

[①] 在我早期的作品中——例如在 Wright（2000）中——我提出过这个情况的一个先驱。该情况中 C 并

（Ⅳ）C 将会为假，如果 B 为真。

假设我知道上述所有情况。关键问题在于，在上述的情况下，我能为认为自己获得了对 A 的保证做辩护吗？何不保留判断并且持有更具尝试性的选言命题呢，即（我拥有的保证）不是支持 A 就是支持 C？——因为当我考虑主观上呈现给我的事物时，无论哪个选言项（disjunct）为真都是一样的。这个回答必然在于，这将会看上去是：我以某种方式被**额外地**（additionaly）赋予忽略选言项 C 的资格。情况可能是，我拥有了反对 C 的额外信息；或者是，出于这个或者那个理由，我不再被要求去考虑 C。但无论如何，为了使我有资格忽略 C 并且使得选言倾向于 A，我必须被赋予资格去忽略对 B 的否定，并且因而有资格接受 B；因为在假设中，如果¬B 为真，那么 C 将为真。①因而，看起来我必然**已经**（already）获得了用于确认 B 的一些可观的资格，该资格独立于并且先于我对于 B 蕴含于 A 的认识，如果我想要首先主张对于接受 A 有保证的话。因而，从 A 到 B 的推理并不服务于有力地产生对 B 的确信，并且我的保证并不传递。

将动物园和红墙的例子套入这个模板是直截了当的。让 A 成为那个命题，即我们所面对的动物是斑马；B 是由此被蕴含的命题：它们不是被辛苦地和精妙地伪装成斑马的骡子；而为了合适的 C，我们只需要一个对 B 的否定的普遍化：例如，我们面对的动物不是斑马而只是看上去像斑马。如此选出的 C 满足条件（iv）。它同时满足条件（iii）：显然，如果我们现在必须处理动物的外表具有欺骗性的情况，那么条件就不适用于相关认知能力的可靠运作——那些条件包含于通过日常观察其外观辨认动物的种族。或者再次，使 A 成为那个命题，即墙是红的，B 是由此被蕴含的命题：这墙不是一面通过隐藏的灯光将其精巧地照射为红色的白墙；并且 C 是"这不是一面红墙但看上去像是红的"这一命题。C 满足了条件（iv）。它同时满足条件（iii）：再一次，如果我们现在必须处理事物显现的颜色具有欺骗性的情况，那么诸条件就不适用于相关认知能力的可靠运作——那些条件

不是与产生对 A 的保证所包含的认知能力的可靠运作不相容，而是与 A 本身。如 Brian McLughlin 的观察（只是将 C 视为¬A）所言，这导致此模板阻止了对 A 的任何非推理性保证（无论 B 是什么）的传递中与 A 的虚假性所一致的主观占有。

① 这当然是一个**闭合**（closure）的步骤。

包含于通过日常观察物品的外观辨认其颜色。然而，条件（ii），即看到斑马和看到仅仅像是斑马的动物的经验在相关的主观性上是无法区别的；同样，看到红墙和看到仅仅像是红色的墙的经验也是无法区别的。因而，将我的状态视为分别感知到斑马或者红墙，我暗示着忽略不合时宜的具有欺骗性的替代项 C。并且现在，无论我这么做的保证是什么，它都必须**已经**（*already*）存在；并且它必须为选择 B 提供保证，而不考虑相应选项 A 的蕴含关系。

九 摩尔的证明作为传递失败的案例（二）

装备有这个模板，接着想象我们必须处理一个 McDowell 版本下的 G.E.Moore，他反对最大公因数的经验概念、反对将拥有感知视为"对现实布局的直接认识（acquaintance）"，并且坚持认为他在恰当的语境中主张自己正在感知一只手的保证是非推理性的。这个保证现在能够被传递到存在一个质料世界的结论上吗？更精妙的怀疑者应该主张这仍然是不行的——只是现在传递被"证明"所举例说明的第二个传递失败模板阻碍了。更具体而言：将 A 视为"这是一只手"，B 是其结果："存在一个质料世界"，并且 C 是"我是一个幻想状态的受害者"。对一只手的幻想可以被主观上无法区别于真实感知到一只手，即条件（ii）。幻觉是一个与人的感知能力的可靠运作不相容的状态，即条件（iii）。并且当然，如果不存在质料世界，那么一种幻觉状态就恰恰是我必须所处的状态，即条件（iv）。

在一般意义上，纵使感觉被视为一种直接认识的方式，事实仍然不会改变，即感官状态可能在主观上无法区别于梦境状态或是幻觉。[①]（这就是为什么意识到"在我们的日常思维中人们视为感官性的东西，实际上以这或那的方式是幻想"这件事是可能的。）因而，一个**尝试性的选言命题**（*tentative disjunction*）对于某些对这样激进的诸可能性保持谨慎的人而言始终是可用的（available）。如果情况看上去值得谨慎对待，那么我可能会提

[①] McDowell（1982：第三章）承认了这点，当然他认为这个观点是无害的，鉴于它不能被用作恢复"最大公因数"概念。但是我将要给出的观点是怀疑的论证（特别指 I-II-III 论证），并不需要"最大公因数"的概念。

出一个选言命题：例如不是这里有一只手在我面前就是我正处在某种幻想的状态，而不是冒险地提出关于直接周围环境的感官的主张。然而，显然对一个感官主张的保证的平凡日常概念单纯地**跳过**（go pass）第二类选言项；除了在特定的情况下，它被视为我们有资格不予考虑的。更不必说，我们并未被要求担心某些更加宏大的怀疑思想——例如，完全不存在可以被日常感知的质料世界！——这些思想将在任何特定情况下蕴含着"实际上是不相宜的选言项被实现了"。如果那是正确的，那么鉴于对能够运用于日常情况的感官主张的保证的获取的诸条件**预设**（presuppose）一个将怀疑可能性不予考虑的资格，那么毫无疑问存在一个保证，它由上述条件的支持能够传递到那些怀疑可能性所包含的否定的情况下给出。

两个传递失败的模板的确在一个更深层次上能够统一起来。这个统一性思想，即诸保证（推理性的和非推理性的）都典型地（charateristically）是**有条件的**（conditional）：推理性的经验保证典型地在附带信息上是有条件的——Quine 的观点——而非推理性的保证，假设来源于一些恰当的认知能力的直接运作，其条件要求这个运作真的发生（相比：一些主观上无法区别的替代品的发生），同时该情景对于所提到的可靠运作有利。在上述两个情况下，对一个信念的保证都不能传递给进入相关诸条件的后果——人必须为了这个后果首先给自己一个先在的保证，才能合理地主张其本源的保证。非常简单地，为了一个信念 A 的保证 w 不能传递给任何后果 B，如果在语境中人需要一个对 B 的资格（获得的或者固定的）才能够捍卫这个主张，即为了获得 w 的诸条件都被满足了。这是我们所有例子的共同特征。

十　修复 I-II-III 怀疑论

因此：对感官经验的一个选言概念并不能帮助修复摩尔"证明"中的传递性问题。再次指出，这个观点自身（per se）不是怀疑论的。但现在我们可以轻易地向修复怀疑论证前进。

关键点在于选言主义者（disjuntivist）做了一个有偏向的假设，他们假设将获取感官经验视为对现实的直接认识的形式就自动地排除了下述观念，即排除了在为感官陈述做辩护时任何比感官陈述弱的主张有任何地位。只要被给定，感官和幻想可以在主观上被区分，那么**存在**（*is*）一个更弱的主张，按照人们一般的假设，当它相对应的感官主张是正当的（justified），那么这个更弱的主张也是正当的。这恰恰就是选言命题：

不是（*either*）我正在以这样的方式感知这个，**就是**（*or*）我正处在某种幻想状态中。

当然，一个选言命题会被视为正当的，无论其哪一个选言项被视为几乎不引人注目的。相反，具有意义的是在这种情况下，是我们的实践来决定当选言命题整体被视为正当的时，哪一个特定的选言项是正当的（例如，左手边这个）并且另一个选言项**没有任何证据**（*no evidence*）！这是一个显然的错误，除非情况是我们有一个**固定理由**（*standing reason*）将缺少认为对第二个类型的选言项的重要辩护视为忽视这个选言项的理由。并且——一个怀疑论的观点将会是——除了事先（a prior）获得的对"幻想很鲜见"的信念的资格外，发现能够被算作固定理由的条件是很困难的。但这相当于相信，至少就事情的表面而言，存在着一个物质世界，这个世界由我们所认为的正常清醒体验所揭示。因此，怀疑论者将会争辩道：即使对感官概念做了选言性的调整后，广义概念（borad conception）再一次出现并成为我们实践的理性前提；并且其被保证性（warrantedness）依赖于哪个保证可以使我们按现有方式前进而被给予。鉴于它不能通过借助对特定感官主张的保证而被保证——摩尔的证明在这个设定中并不比之前好多少——怀疑论者现在可以专注于对它的任何直接保证的显然不可能性，并且其辩证性可以像之前一样延续。

简言之：我们的感官功能是否直接参与质料世界是一个问题，而通过一个可辩驳的推理基础给出对感官主张的标准辩护则是另一个问题。目前为止，一个人有自由对**两个**（*both*）问题都采取积极的态度。并且当我们这么做时，I-II-III的论证模式又会通过这些话重新出现：

（I）不是我正在感知在我面前的一只手，就是我在某种幻想状态中。
（II）这里有一只手。
因此，
（III）存在质料世界（鉴于我的手是一个存在于空间内的质料客体）。

伴随着（Ⅲ），如之前一样，可争议地认为需要额外的信息前提，其保证将Ⅰ展现的证据视为（Ⅱ）展现的针对在场可感知物的命题的基础。因而，一个怀疑论者可以对经验的宣言性重新概念化表示充分的友好——按照我试图指出的观点，这样的行为实际上是相当正确的。①

其中的寓意是，除非我们驳倒了如此计划了的（so schematised）感官主张的辩护结构，否则选言性的重新概念化完全不能解构"传统认识论"②或者"造成一整片哲学海洋的停息"。③

参考文献

Dretske, F., 1970: "Epistemic Operators", *Journal of Philosophy*.
Hinton, J. M. , 1973: *Experiences*, Oxford: Clarendon Press.
McDowell, J., 1982: "Criteria, Defeasibility and Knowledge," originally published in the *Proceedings of the British Academy* 68, pp. 455-479; reprinted in his anthology, *Meaning, Knowledge and Reality* (Cambridge, Mass.: Harvard University Press 1998) 369-394.
____, 1994: *Mind and World*, Cambridge, Mass.: Harvard University Press.
Moore, G. E., 1918: "Some Judgements of Perception," originally published in *Proceedings of the Aristotelian Society* and reprinted in Moore (1922) at pp. 220-52. 67 (1970), pp. 1007-1023.
____, 1959: *Philosophical Papers*, London: Allen and Unwin.
____, 1922: *Philosophical Studies*, London: Routledge.
Pryor, J., 2000: "The Skeptic and the Dogmatist," *Nous* (34): 517-549.
Snowdon, P., 1981: "Peception, Vision and Causation," in *Proceedings of the Aristotelian Society* LXXXI: 175-192.
Wright, C., 1985: "Facts and Certainty," *Proceedings of the British Academy* (71): 429-472, reprinted in Michael Williams, ed., 1993: *Scepticism*, in the International Research Library of Philosophy series (London: Ashgate), pp. 303-346.
____, 1991: "Scepticism and Dreaming: Imploding the Demon," *Mind* (100): 87-116.
____, 2000: "Cogency and Question-Begging: Some Reflections on McKinsey's Paradox and Putnam's Proof," *Philosophical Issues* 10 (2000): 140-163.
____, Forthcoming: "Wittgensteinian Certainties," in D. McManus, ed., *Witfgenstein and Scepticism*, London: Routledge.

---

① 尽管人们需要做更多来保障它，而不只是检查洛克式观点中所谓的"非强制"自然（McDowell，1994：113）。
② McDowell（1994：112-113）。
③ McDowell（1982：389）。

斯多亚哲学
Stoic Philosophy

"斯多亚哲学"专题导言

Introduction to "Stoic Philosophy"

刘玮（LIU Wei）*

在整个古希腊哲学的传统中，斯多亚学派是一个非常丰富、高度体系化、学术传承源远流长的学派。但是由于大量早期文本失传、学派内部存在大量争论、历史时代变迁、希腊和罗马截然不同的语境等诸多问题，使得研究斯多亚学派的思想变得困难重重。因此我们特别编辑了这个"斯多亚哲学专题"，包括了四篇译文和三篇原创论文，希望为读者粗略地勾勒斯多亚学派的一些主要关切。我们希望有更多的中国读者了解斯多亚学派丰富和精深的理论，同时也希望有更多学者和学生投入关于斯多亚学派的研究之中。

我们知道斯多亚学派将全部哲学分成三个部分，逻辑学、物理学和伦理学（当然，这三个分支彼此之间的关系是一个争议很大的问题）。这个"专题"里收录的七篇文章涉及了斯多亚哲学中的这三个分支。

塞德利和章雪富的文章讨论了斯多亚学派关于逻辑学的一些基本问题，并且形成了很有趣的对立。**塞德利**的论文讨论了斯多亚学派对柏拉图主义"普遍物"学说的批评，斯多亚学派取消了柏拉图主义中居于核心地位的"理念"这种普遍物的实体地位，而将"人"这样的普遍物当作"心灵的虚构"看待，这背后是斯多亚学派的基本学说，即只有个别的"东西"才

---

* 刘玮，中国人民大学哲学院副教授（LIU Wei, Associate Professor, School of Philosophy, Renmin University of China, Beijing）。

是存在的。**石敏敏**和**章雪富**的论文则讨论了新柏拉图主义者普罗提诺对斯多亚学派基本范畴的批判，这个批判正是针对塞德利论文中提到的普遍物问题，根据普罗提诺的看法，从斯多亚学派的四个基本范畴中，恰恰可以推论出一个普遍物的范畴，从而与斯多亚学派认为只有个别物真实存在的学说相矛盾。

福格特和蒂勒曼的论文则关于斯多亚学派的物理学。**福格特**认为，斯多亚学派认为只有物质性的东西才存在，在这个意义上讲，他们确实是柏拉图《智者》中提到的"大地之子"，而且是没有被驯服的最坚定的大地之子。斯多亚学派并没有将"什么是存在？"当作哲学研究的首要问题，而是将一切存在的研究都还原成了物理学，在他们那里是否有"形而上学"都是需要小心处理的问题。同时他们又是"精致的大地之子"，因为他们用物质性的方式给出了整个宇宙运行的基本论述。**蒂勒曼**的论文讨论了斯多亚学派的心理学。心理学一方面属于物理学的范畴，因为在斯多亚学派看来，灵魂是物质性的，灵魂中的各种性质也是物质性的；但同时心理学又为伦理学提供了基础，因为人的幸福最终是灵魂的状态。蒂勒曼的论文广泛讨论了有关斯多亚学派创始人芝诺"心理一元论"的证据，认为我们确实有理由认为斯多亚学派从一开始就持有"心理一元论"的看法，而且这种一元论同样也是植根于斯多亚学派将整个宇宙看作一个连续体，人是其中一个有机部分的思想。同时他强调，这种一元论并没有导致斯多亚学派无法解释诸如情感和不自制的现象，因为他们虽然坚持灵魂之内并没有理性与非理性的区分，但是承认灵魂与肉体之间的区分，肉体（而非灵魂的非理性部分）可以扰乱灵魂。

朗、陈玮、于江霞的三篇论文都讨论了斯多亚学派的伦理学内容，这三篇文章也有重要的共同之处。**朗**的论文从宏观上讨论了斯多亚学派的"幸福论"在继承希腊的幸福论传统之外，有什么突出的特征，特别将斯多亚学派的伦理学置于他们的神学与物理学的视阈下去考量，认为"神治论预设"是斯多亚主义幸福论最突出的特点，只要能够接受这个预设，我们就能够很好地应对人们对斯多亚学派伦理学的两个常见的批评。这篇论文还特别强调了斯多亚学派与康德伦理学的差别。朗的论文主要用爱比克泰德作为斯多亚学派的主要代言人，而**陈玮**的论文用马可·奥勒留作为代表，讨论了斯多亚学派的"至善"如何将自然、宇宙、政治共同体和人结合成一个整体。她力图表明，奥勒留的伦理学对物理学和宇宙论的依赖并不是绝对的，在奥勒留的理论内部存在一个"双重框架"，从而将人一方面置于宇宙的宏观背景之中；另一方面也牢牢地系于政治共同体，从而强调奥勒留哲学整全的视阈。**于江霞**的论文讨论了斯多亚学派伦理学中的核心概念 *oikeiōsis*（亲近）的内在一致性。与朗和陈玮的论文的一个共同之处在于，她的论文也强调了斯多亚学派思想的整全性，她反对将这个概念区分为个人性的与社会性的两种，而是认为只有同一种 *oikeiōsis*，从个人出发扩展延伸到宇宙城邦（因此也有重要的神学和宇宙论背景），并且论证这个学说与亚里士多德那里从自爱发展到友爱的基本思路一致，但是斯多亚学派将这个思路推进到了更宽阔的层面。

最后，我要感谢宋继杰和蒋运鹏两位老师在《清华西方哲学研究》中设立这个关于斯多亚学派的专题，感谢章雪富、陈玮和于江霞三位老师接受我的邀请，为这个专栏专门撰写论文，感谢塞德利、福格特、蒂勒曼和朗四位教授帮忙联系或直接授予四篇译文的版权。

斯多亚学派的普遍物理论[*]

大卫·塞德利（David Sedley）[**]

刘玮（LIU Wei）/译（trans.）[***]

摘要： 学者们通常不认为斯多亚学派有关于普遍物的理论，但是我们可以从有限的资料里重构这一带有原创性的理论。斯多亚学派将普遍物看作"方便的虚构"，因为对于斯多亚学派而言，只有个别物才是真实存在的。这些普遍物并不是观念，而是思想构建和虚构出来的对象，即概念。但是这些概念在逻辑和形而上学上的边缘地位，并不妨碍它们在认识论上起到重要作用，从而在辩证法中使用这些概念。

关键词： 普遍物；个别物；观念；概念

The Stoic Theory of Universals

Abstract: It is generally accepted that the Stoics does not develop a theory of universals. However, through the scant resrouces remained, we can reconstruct their original theory. They see the universals as "convenient fiction." For them, only particulars exist, and universals are not conceptions (*ennoiai*), but the objects of conception, i.e., concepts (*ennoêmata*). The logic and metaphysical outlawing of universals does not deny the important epistemological value in dialectic analysis.

Keywords: Universals; particulars; conception (*ennoia*); concept (*ennoêma*)

---

[*] 译自 Davdi Sedley, "The Stoic Theory of Universals," *The Southern Journal of Philosophy*, Vol. 23 (1985), supplement, 87-92。

[**] 大卫·塞德利，剑桥大学古典哲学教授（Davdi Sedley, Emeritus Laurence Professor of Ancient Philosophy, Christ's College, Cambridge University, Cambridge）。

[***] 刘玮，中国人民大学哲学院副教授（LIU Wei, Associate Professor, School of Philosophy, Renmin University of China, Beijing）。

人们通常并不知道斯多亚学派有一个关于普遍物的理论。我们必须承认，关于这个理论的证据非常稀少而且很难解读。[①]但是我认为，我们至少可以用概要的方式让这个理论重见天日。关于普遍物的讨论在柏拉图和亚里士多德的著作中占据了重要位置，我希望本文可以表明，斯多亚学派的这个理论是柏拉图和亚里士多德理论的后续，而且这种后续还很有意义。[②]斯多亚学派的这个理论非常经济，而且高度原创，与其说这个理论向前回溯到4世纪的先驱，不如说它预见了更加晚近的理论，尤其是英国经验论哲学家的概念主义（conceptualism）。[③]

我要首先说明，这里的"普遍物"是什么意思。有些哲学家认为，任何普遍词项每次出现都表达了一个普遍物，比如当我说"苏格拉底是人"的时候，我就提到了普遍的"人"。但是我更愿意认为（这既是我的看法也是斯多亚学派的论述使然），普遍的人是一个种类，在"人是理性有朽的动物""老虎是人自然的敌人""人到过月球"（这个例子争议更大），这样的句子里才得到了更好的例示。说"苏格拉底是人"里面涉及了这个普遍的人并不怎么合理，虽然我们或许可以论证说，这句话使用了"人"这个普遍词项，也就预设了普遍的人这个实在。简而言之，斯多亚学派的方案是，将这些普遍物还原为"方便的虚构"（convenient fiction），而不会威胁到普遍词项的含义。

斯多亚学派的世界里只有个别物（particulars）。[④]这是理解他们的关键所在，他们认为最基本的形而上学范畴是"某个东西"（*ti*, something），[⑤]这里不仅包括了存在的东西，比如物体和非物质性的东西，比如昨天，[⑥]还包

[①] 我在本文中给出的是对斯多亚学派立场的一个并不那么正式的论述，仅仅提到了一些主要的文本。对于这些文本的翻译和讨论，参见 A. A. Long and D. N. Sedley, *The Hellenistic Philosophers*, Cambridge: Cambridge University Press, 1987, 第30节。虽然在这里讨论的观点主要文责在我，但是我在每个阶段都和朗有所讨论，并从他的评论中获益良多。

[②] 斯多亚学派对柏拉图主义理念的批评与亚里士多德的批评有共同之处。但是他们自己的那种概念化的理论与亚里士多德关于普遍物的观点是否在重要的方面一致，却很难说。关于如何阐释亚里士多德的成熟观点，学者们几乎没有任何共识，因为亚里士多德并没有给出特别完整的讨论。看起来，希腊化哲学家并不比我们了解的好很多，与柏拉图的理论不同，就我所知亚里士多德的理论从未进入古代述传统。

[③] 尤其比较洛克：《人类理解论》3.3。

[④] 参见 SVF 2.361。

[⑤] 塞克斯都（Sextus）将"时间"列在非物质性的种之中（M 10.218 = SVF 2.331）。我认为时间的个别部分可以算作非物质性存在；但时间本身是一个种，一个普遍概念，关于这一点，参见下文的讨论，尤其是第90页脚注⑤（原文注释19）。

[⑥] SVF 2.332.

括了像"人马"这样的虚构的东西。因为如果人马是个"东西",那么这并不会与斯多亚学派所说的"什么都没有"对立,而是和"不是某个东西"(outi)对立。就我们可见的证据而言,他们仅仅将"不是某个东西"这个奇怪的说法,应用在普遍概念上。①这样看来,一个人马,虽然并不真实存在,但依然符合某个"东西"的界定,因为它是一个个别物。

那么他们为什么认为普遍物"不是某个东西"呢?我们很快会看到,这个说法里面包含着某种反柏拉图主义的观点。但是我们要首先讨论斯多亚学派如何从形式上证明这一点。这个证明包含在被称为"不是某人论证"(outis)的悖论之中。②正如我们上面提到的,在这里他们使用了普遍的"人"这个例子,这也是在古代批判传统里,柏拉图理念的标准例子,③虽然在柏拉图自己的存在论中从来没有得到强调。我们可以这样来重述这个论证。如果你错误地假设普遍的人是柏拉图意义上的抽象的个体,换句话说,你将这个普遍的人看作"某人",那么你就无法反对下面这个明显错误的三段论:

(1) 如果某人在雅典,那么他就不在麦加拉;
(2) 但是人在雅典;
(3) 那么人就不在麦加拉。

这里不当的步骤显然是在小前提里,用"人"代替了大前提中的"某人"。但是如果想要做出修正,就只能否认普遍的人是"某个人"。④因此普遍的人不是某个人。

这样看来,柏拉图意义上的普遍的人,就仅仅是一个准个体(quasi-individual),在存在性上,它甚至不如人马,因为它无法符合基本的逻辑规则。对现代读者来讲,一个很容易的比较是另一个准个体"平均意义上的人"(the Average Man)。"平均意义上的人"毫无疑问是为了进行

---

① SVF 2.278, 359; 另参见 SVF 1.65, 2.330, Diogenes Laertius (DL), 7.60-61。
② SVF 2.278 = Simplicius, *In Ar. Cat.* 105; DL 7.82, 187, 197; Elias, *In Ar. Cat.* 178; Philoponus, *In Ar. Cat.* 72, scholion。
③ 人作为理念的代表,不仅在"第三人论证"这个柏拉图的批评者非常喜欢的例子中出现,也贯穿亚里士多德对这个理论讨论的始终,还出现在学述传统的著作中,比如可参见 Stobaeus, 1.135.23-136.2。
④ 主词 *anthrôpos* 也可以翻译成"一个人"。在希腊人听起来,这个差别可能并不大,但是辛普里丘和埃利亚斯【参见本页脚注②(原文注释 8)】帮助我们清楚地看到,这里的全部困惑就在于将普遍的人当作了个别的人。

统计而做的方便的虚构。为了防止将它看作个体,我们只需要想想,假如确实有这样一个人,他可能会有 2.4 个孩子。这样看来,我们理解"平均意义上的人有 2.4 个孩子"的方式,就是直接与实际的诸多个人有关的。与此类似,根据斯多亚学派的分析,我们可以接受像"人"这样的普遍物,但是它们只是为了语言使用上的方便,说话的人要意识到,关于它们的谓述不过是对于主词不确定的条件句的缩写。因此他们认为,"人是理性有朽的动物"这个定义,就一定要被理解成,"如果有某个东西是人,那么他是理性有朽的动物"。①类似分析也适用于将属划分为种的时候,这是另一个重要的语境,在其中辩证法会讨论普遍的种类,好像它们是具体的事物。②

至此,斯多亚学派对普遍物的讨论看起来是唯名论式的(nominalistic)。但是他们事实上并不认为普遍物仅仅是一个语言上的工具。他们首先将它置于思维的领域之中。一个人关于"人"的普遍想法是一种心理状态,斯多亚学派称这种状态为 *ennoia*(观念)。到这里都还没有什么问题,因为某种心理状态是一种在形而上学上可以得到认可的东西,也就是一个物体,事实上,它是(物质性的)灵魂处在某种状态之中;心灵状态也是一种在认识论上可以得到认可的东西,因为普遍观念,或者说"前见"(*prolêpseis*),在我们关于世界的经验中自然产生,是理性的本质组成部分,也是真理的首要标准。③

但是,这些心理状态本身与普遍物并不相同。正如柏拉图在《巴门尼德》一段非常著名的文本中指出的,如果有人认为理念不过是灵魂中的一个思想,那么我们就可以这样回答:一个思想必然是对某物的思想,不管思想的对象是什么,说它是理念都是更好的选择。④因此,对于斯多亚学派而言,不是观念(*ennoia*, conception)与柏拉图的理念对应,而是观念的对

---

① Sextus, M 11.8-11 = SVF 2.224.
② 在塞克斯都的记载中,他引用克吕西普(Chrysippus),说他将"存在之中,有些是好的,有些是坏的,有些居间"这句话分析成"如果有些事物(*tina*)是存在物,它们或者是好的,或者是坏的,或者是中立的。"这句话里的"存在物"是种,不是个别事物,这一点并不那么明显,但是当这个分析进行到最后的时候,这一点就很清楚了,比如 SVF 3.95, 106; 另参见 DL 7.61。似乎没有任何对第三种命题"人在雅典"的分析流传至今。(根据亚里士多德在《范畴篇》和《解释篇》中的理论,这样的命题只要对任何一个人成立,这个命题就是真的。)而斯多亚学派的分析可能会说:"并非:没有人在雅典。"
③ 尤其是 SVF 2.83。
④ 柏拉图:《巴门尼德》132b-c。

象。他们转变了这个词的语法形式，称这些对象为概念（*ennoêmata*, concept）。不管怎样，普遍的人并不是我对于人的普遍思想，它是当我有这个思想的时候所想的那个东西。

因此，普遍的人是一个概念。柏拉图主义会认为，这个普遍概念在存在的等级上先于个别的人，但是斯多亚学派的看法与此大不相同，他们认为，它仅仅是一个思想上的构建，是从已经存在的个体的人的经验中合成的，与现实中的任何东西都不能完全对应。此外，它还是一个非常可疑的思想中的构建，因为它诱使我们将它当作一个特殊的个体，从而犯下逻辑错误。这就是柏拉图主义的错误。因此斯多亚学派毫不犹豫地表明它是个冒牌货，将这样的概念说成是"既不是某些东西，也不是得到限定的（qualified），而是心灵的虚构，不过是准–某个东西，和准–得到限定的"①。这个批评的力度不容低估。因为，"虚构"（*phantasmata*）被定义为虚妄印象带来的虚假对象，典型的例子是梦中人和疯子错误地想象出来的事物。②

在这里，我们似乎进入了一个悖论。虽然将普遍的人仅仅看作理性灵魂的创造，将它贬到逻辑和形而上学的边缘地带，但是斯多亚学派又在辩证分析中给了它重要的位置。柏拉图主义中将对象划分为"属"和"种"也是斯多亚哲学方法中的重要部分。③事实上，柏拉图会说个别的事物"分有"（*metechein*）理念，斯多亚学派也会用相同的术语说，我们这些个别的人"分有"人的概念。④在我看来，这么说的意思是，我们属于人这个"种"，或者是这个"种"的成员。⑤至少在进行划分的辩证语境下，概念是他们非常看重的分析工具。我们看到，概念还是定义的形式主词。但是即便在这个语境下，这些"种"本身还是被描述为"心灵的虚构"和"准某个东西"。⑥

这是一个真正的矛盾吗？我认为不是。概念在逻辑上和形而上学上的不合法地位，并不能够否认它们的认识论价值。这是对我们的一个警告，不要像柏拉图那样将它们实体化。只要我们不会受到这个诱惑，我们就可

---

① SVF 1.65; DL 7.60-61.
② SVF 2.54.
③ 参见 DL 7.61-62。
④ SVF 1.65.
⑤ 从 DL 7.60-61 中看得很明显，*ennoêma* 或多或少与"种"的意思相同。严格说来，更加正确的描述"种"的术语 *eidos* 在那里也有使用。差别在于，在最"具体"的用法上，*eidos* 可以用于个体，而 *ennoêma* 总是普遍的。
⑥ DL 7.60-61.

以像好的斯多亚学派哲学家那样,将概念作为我们的哲学装备。因为它们是事物客观结构的一个方便的(即便不是不可或缺的)概括。这些概念对应的观念,并不是我们强加给一个混沌的世界的随意划分。这个世界由一个内在于它的神塑造,这个神通过"种子一般的原理"塑造这个世界,这些原理是一切自然物生成的原因,而我们的那些观念不过是对这个秩序的经验认识。只要我们坚持认为概念是这些观念的投射,而不是这个或别的世界中独立的事物,我们就不会犯错。

斯多亚主义者和柏拉图主义者同样认为,我们的普遍观念是理解世界的基本资源。柏拉图主义者进一步认为,如果普遍观念不是空洞的,它们所呈现的那些概念必然有客观的存在性。这个带有欺骗性的步骤正是柏拉图主义的核心,不管是古代还是现代的柏拉图主义无不如此。而斯多亚学派则非常巧妙地躲开了这个陷阱。他们同意柏拉图主义者的看法,也认为进行定义和划分的辩证过程,要求我们讨论和思考普遍的人。但是他们进一步问,当我们进行那样的辩证法时,从严格的逻辑上讲,我们在处理什么样的命题?他们的答案是,如果我们想要在逻辑上自洽地讨论普遍的人,那么我们就不过是在说一系列条件命题,这些命题里有一些不确定但是个体性的主词,这些主词包括了所有个体的人。这样,他们就可以认可人的观念,而无须将它实在化成意向对象,也就是那个带有欺骗性的普遍的人。重要的是,不是"人"的客观存在,而是"人们"的客观存在。

附 录

在上面的论述中,我有意尽可能少地诉诸斯多亚学派理论中技术性的方面。但是斯多亚学派自己非常努力地要将他们说的"概念"区别于至少三个其他的对象,[①]这必然要涉及一些技术性的讨论。他们做出这些区分的方式是,讨论个体与不同的形而上学对象之间的关系。

[①] 这些区分最清晰的清单在 Simplicius, *In Ar. Cat.* 209.10-14 中,但是在那里这些区分没有被归于斯多亚学派,而是归于某些"学园派"【或许是欧多鲁斯(Eudorus)的学派?】,这里显然渗透了斯多亚形而上学的词汇。

（1）我们看到，一个概念本身是思想的虚构，是一个准-个体。个别事物"分有"（*metechein*）它，也就是作为种的成员属于它。

（2）共同的名词（*prosêgoria*, common noun），比如"人"或者"智慧"（在古代语法中，形容词并没有完全区别于名词），是一个词。个体的人"承担"（*tunchanein*）它。①它意指一个有着共同限定的个体（commonly qualified individual）或者一个共同的属性（见下文）。②

（3）共同的属性（*koinê poiotês*, common quality）是气息（*pneuma*）的一部分灌注和刻画一个物体，比如（名词的）智慧。因此它本身是一个物质性的个别物。它的占有者就是在严格意义上"拥有"它，也就是说作为一个物理部分拥有它，③这个占有者就得到了"共同的属性"（*koinôs poios*）。让苏格拉底在共同属性的意义上智慧的是他拥有智慧。这并不是说普遍的概念"智慧"在任何意义上存在于他之中。而是说，参考那个概念，我们说某个属性是"智慧"。

（4）谓述（*katêgorêma*, predicate）是一个非物质性的对象，粗略地说，就是动词意指的东西，比如"是智慧的"（*phronei*）。它"属于"（*huparchein*）一个个体，或者是一个个体的"偶性"（*sumbebêkenai*），也就是真正谓述他。

可能还有作为谓述的普遍概念，但是我们从现有资料里没有看到这一点。在整个古代传统中，都是实词和形容词的实词化，作为普遍物的典范。

上面的这些区分清楚地表明，我在本文一开头为什么说，斯多亚学派并不认为在一个通常的谓述（比如"苏格拉底是人"）中，"人"是普遍物。"人"在这里是一个共同的名词，意指以共同的方式限定的苏格拉底这个个体。

---

① SVF 1.65. onomatos/*prosêgoria tunchanein* 在晚期希腊语里是常见的表示"承担"一个名字或者描述的方式。另一个词 *ptôsis*（拥有）在 SVF 1.65 的使用导致了一些不必要的麻烦。它仅仅表示属，所有的实词和准实词（包括代词）都从属于它。

② 比如 SVF 3.75, 91。

③ Simplicius, *In Ar. Cat.* 222.30-33 = SVF 2.378（我将 hen noêma 读为 ennoêma，223.6 确认了这个读法）：一个 *ennoêma*（就它是一个共同性质而言）和一个特有的属性（peculiarity，就它是特有性质而言）决定了一个性质（quality）。

普罗提诺的本体观念及其对斯多亚学派的批评*

石敏敏（SHI Minmin） & 章雪富（ZHANG Xuefu）**

摘要：本篇文章讨论《九章集》第六卷第1章第24—30节的文本。在这7节文本中，普罗提诺对斯多亚学派的范畴论展开了批评。本文揭示了普罗提诺批评的三个方面：（1）依据斯多亚学派的四范畴论，会引出第五个范畴 koinon ti（某个共有物），而这与斯多亚学派主张的所有事物都是具体特殊的观点矛盾；（2）斯多亚学派把 hupokeimena（基质）完全理解成 hulê（质料）是错误的，因为作为原理的基质必须是形式；（3）普罗提诺对 hulê 展开批判，认为 hulê 只可能是潜能，而潜能不能作为本体性原理。据此，普罗提诺阐释了他自己的本体观念，就是从主体性实体展开其 hupostaseis（本体）的内容，而与传统的柏拉图主义和亚里士多德的实体性本体存在区别。

关键词：基质；质料；范畴；本体

Plotinus' Idea of Ontology and His Criticism of Stoicism

Abstract: This essay discusses Plotinus' texts: *Enneads* VI.1.24-30, which criticizes the Stoic theory of category. It presents the following three points: First, it draws the fifth category *koinon ti* (some common property) from the theory of four categories of Stoicism, which is opposed to the view of

---

* 本文系国家社科基金重点项目"新柏拉图主义哲学基本经典集成及研究"（17AZX009）的项目成果。
** 石敏敏，浙江工商大学马克思主义学院教授（SHI Minmin, Professor, School of Marxism Studies, Zhejiang Gongshang University, Hangzhou）。
章雪富，浙江大学哲学系教授（ZHANG Xuefu, Professor, Department of Philosophy, Zhejiang University, Hangzhou）。

the Stoics that everything is specific. Second, it is false for the Stoics to understand *hupokeimena* (substratum) as *hulê* (matter), because the former as the principle has to be a form. And third, Plotinus insists that *hulê* could only be potentiality which is no way as the principle of ontology. Based on these points, Plotinus elaborates his own concept of ontology, namely his *hupostaseis* in the view of subjective-substance, which is different from the traditional substance-ontology in Platonism and Aristotelianism.

Keywords: *Hupokeimena* (substratum); *hulê* (matter); category; ontology

普罗提诺的《九章集》共六卷，有关"是/存在"的讨论将近一卷，也是除灵魂、理智和太一之外篇幅最大的章节。在谈论普罗提诺的本体观念时，学者们多讨论所谓的 *hupostaseis*（本体），少有关于"是/存在"的专论。然而，正是在普罗提诺有关"是/存在"的文章之中，可以看到从柏拉图和亚里士多德的哲学主题在罗马时期的直接延伸，并在更晚期扩展成逻辑学主题。普罗提诺有关"是/存在"的讨论，实则是有关范畴的阐释，相反普罗提诺所谓的 *hupostaseis* 却并不是柏拉图和亚里士多德哲学的主题。有意思之处正在于，普罗提诺的"是/存在"的主题才真正延续了希腊哲学的范畴论或者说存在论，其富有诱惑性的 *hupostaseis* 观念却超出了柏拉图和亚里士多德哲学的主题。

这也是《九章集》颇让人费解的方面。纵观《九章集》，可以看到普罗提诺并不热心于纯粹概念的思辨。整体地讲，《九章集》是一部神秘主义色彩浓厚的著作，普罗提诺的思想也极具宗教性的方面。一般而论，范畴论是希腊哲学中最形式化的部分，无论柏拉图的《智者》《泰阿泰德》和《巴门尼德》，还是亚里士多德的《形而上学》，有关范畴的讨论都极其抽象，属于单纯概念范围内的思辨。普罗提诺有关"是/存在"及相关范畴的讨论与他有关 *hupostaseis* 的讨论以及其他哲学思想有什么关联，这些问题都急需研究者的回答。

这又意味着需要把普罗提诺的"是论/存在论"放在其哲学整体之中加以讨论。《九章集》分三章讨论"是的种类"（*peri tôn genôn tou ontos*），第一章主要批判了亚里士多德和斯多亚学派的范畴论，第二章和第三章则依照柏拉图的文本诠释了普罗提诺所主张的柏拉图主义范畴论。可以说，《九章集》"论是的种类"的第一章是第二章和第三章的预备，普罗提诺对亚里士多德和斯多亚学派范畴论的批评有其自身哲学的考虑，也可以看成是普罗提诺论述其他哲学主题的概念论基础。由于范畴论与"是论/存在论"紧密相关，普罗提诺有关亚里士多德和斯多亚学派的范畴的批评，实则也是他对亚里士多德和斯多亚学派的"是论/存在论"的批评，由此则可以清晰地看出柏拉图主义或者说新柏拉图主义的思想特质。

本篇论文单纯讨论普罗提诺有关斯多亚学派"是论/存在论"的批评。普罗提诺在"论是的种类"的第一章中，批评斯多亚学派的章节并不多，集中在第六卷第一章的第 24-30 节。在这 7 节文字中，普罗提诺的批评主要集中在两个主题：一是有关质料；一是有关 ti（这个）。这两个主题可以说是斯多亚学派范畴论的基础性概念，而质料和 ti 又紧密相关，共同构成斯多亚学派的范畴论。斯多亚学派用其颇具特色的范畴论思想，一方面指出人们的思想所应该把握的是具体的、特殊的事物；另一方面又论证只有质料所构成的事物才可能真正地是特殊的。普罗提诺有关斯多亚学派质料和 ti（这个）的批评，显然又是为了论证新柏拉图主义所谓的抽象的东西才真实存在的思想，展现其新柏拉图主义的一贯立场。

一

斯多亚学派的"是论/存在论"主要包含四个范畴，它用它们描述事物及其属性。依照希腊哲学的"是论/存在论"观念，斯多亚学派认为这四个范畴足以揭示万事万物的根源、运动和实存。这四个范畴分别是基质、属性、事物所处的状态和事物所处于的关系。斯多亚学派有关"是"的范畴不同于柏拉图的五大范畴：是、同、异、动和静，普罗提诺使用的则是柏拉图的范畴类型。普罗提诺对斯多亚学派范畴论的批评，又主要集中在"基质"这个范畴上：基质能否作为范畴被列入"是论"？如果基质能够作为一个范畴，就意味着在希腊哲学的高阶概念中，基质是一个最基本的"是"。由于斯多亚学派认为基质是四范畴中最基本的，基质又是始基性的，那么哲学的其他部分也就奠基于自然哲学之上。显然斯多亚学派的这个观念无法为柏拉图主义者所接受，因此，普罗提诺的批评也可以说是自公元前 6

世纪到公元 2 世纪希腊自然哲学的"是论"和柏拉图的形式－是论之争的一个回应。普罗提诺之所以有这样一个专门的回应，原因或许是希腊化罗马时期是自然哲学复兴的时期，并且斯多亚学派是这个时期影响最大的哲学。无论伊壁鸠鲁还是斯多亚学派，他们都把"是"奠基于质料之上。斯多亚学派的论述尤其清晰。就此意义而论，普罗提诺对斯多亚学派范畴论的批评，是古典希腊哲学是论（存在论）之争在希腊化罗马时期的延伸。

这里先就斯多亚学派的四个范畴作些解释，我们得说普罗提诺对斯多亚学派的重述和解释是基本准确的。普罗提诺有关斯多亚学派范畴论的讨论比较分明。他先是指出斯多亚学派有"基质""属性""事物所处的状态"和"事物所处于的关系"四个范畴。事物的"基质"指的是事物的质料，可见普罗提诺认为斯多亚学派是把质料作为四大范畴的始初范畴，这就如同柏拉图主义的"是""同""异""静"和"动"五个范畴中，"是"相对于其他四个范畴处在核心的、始初的地位，无论就实体而言还是描述的逻辑而言，其他四个范畴都要透过"是"这个范畴进行结合。斯多亚学派也不例外。所谓的"属性"必是基质的属性，所谓的"状态"和"关系"也是某种基质的状态和关系。就如普罗提诺所说"动"和"静""异"和"同"不能直接结合，斯多亚学派所谓的属性、状态和关系，彼此之间也不能直接结合。人们不能说属性是一种什么样的状态，不能说属性是一种什么样的关系，也不能说状态是一种什么样的关系，例如不能说白色是一种左右关系等等。可见，普罗提诺把斯多亚学派的"基质"理解为"是"，或者作为"是"的基础性内容，在这一点上是准确的。

依照《九章集》第六卷第一章文本所展开的逻辑，可以看到普罗提诺的批评是其思想逻辑的延伸，但即使如此，他对斯多亚学派的批评仍然不失其准确性。普罗提诺意识到斯多亚学派所谓的基质（*hupokeimena*）并非亚里士多德哲学意义上的质料，更不是柏拉图哲学意义上的质料。在他的阐释之下，斯多亚学派的 *hupokeimena* 包含两个方面：1.它是某种团块状的存在（*ogkon*）（6.1.25.31）;[①] 2. 这种 *hupokeimena* 是一种具体的特殊的存在物。普罗提诺意识到斯多亚学派所谓的基质的更合适的一种表达是"某个

[①] 普罗提诺：《九章集》，石敏敏译，中国社会科学出版社 2009 年版；同时参见 Plotinus, *Ennead* VI, trans., A. H. Armstrong, Cambridge, MA.: Harvard University Press,1988。

事物"（*to ti*）（6.1.25.9）。但是这里可能包含着普罗提诺本人对斯多亚学派的理解。基于他对斯多亚学派的 *hupokeimena* 的理解，也就是斯多亚学派的 *hupokeimena* 是 *to ti*，普罗提诺下面的批评才具有合理性。普罗提诺批评说，斯多亚学派在基质、属性、状态和关系之上又构想出一个为前面四个范畴所"某个共有物"（*koinon ti*）这样的范畴（6.1.25.4），这第五个范畴就是 *to ti*。在这里，普罗提诺对斯多亚学派 *hupokeimena* 的引申也可以作另外的解释，如果把斯多亚学派所谓的 *koinon ti* 理解为就是 *to ti*，进而就是 *hupokeimena*，那么就不存在普罗提诺所谓的斯多亚学派的"第五个范畴"。

普罗提诺在理解斯多亚学派的范畴论上，争议最大的是他对"是"的描述。斯多亚学派在描述所谓的 *to ti* 时，使用的相关语词是 *hulê*，而不是《九章集》第六卷第一章所用的 *hupokeimena*。当普罗提诺使用 *hupokeimena* 指斯多亚学派的"是"的范畴时，已经完全是在使用他自身的哲学观念，而不是在使用斯多亚学派本有的观念。*hupokeimena* 是普罗提诺经常使用的一个术语，他通常在如下双重含义上使用这个术语：一是指"基质"（substrate），具有类似于存在物支座的某种含义；二是 Armstrong 英译本翻译为 subject 所包含的意思。Armstrong 把 *hupokeimena* 译为 subject，颇有引人误解之处。如果把 subject 译为"主体"，那么普罗提诺就是把斯多亚学派所谓的本体理解为某种主体性的存在了，然而这却不是斯多亚学派"是论"本有的内容。斯多亚学派只是就事物的基质讨论宇宙的有形性本体，却没有进一步认为这个本体是主体。由于普罗提诺的"是"包含着强烈的主体性，当他使用 *hupokeimena* 描述斯多亚学派的本体思想时，可见他旨在把古典哲学引向主体性本体。在这个意义上，普罗提诺不仅与斯多亚学派，还与柏拉图和中期柏拉图主义都存在根本分别。

二

在总论了斯多亚学派的质料本体观念后，普罗提诺进行了种种具体反驳。这些具体的反驳，既可以考查普罗提诺对斯多亚学派范畴论理解的准确性，也可以看到普罗提诺本人的"是论"内容。可以看到，普罗提诺有关斯多亚学派的所有批评其实是阐释其自身"是论"思想的一部分。这里先罗列出普罗提诺批判斯多亚学派范畴论的要点。

1. 斯多亚学派假设了一个共同物（*koinon ti*），把它作为居于万物之上的属（*genos*/genus）（6.1.25.4）；
2. 斯多亚学派没有赋予这个共同物（*to ti*）任何特性（*diaphora*），他们自己也没有办法把它分辨（*diairein*）出来（6.1.25.7-8）；
3. 斯多亚学派的共同物或者存在，或者不存在：（1）如果共同物存在，如果它存在，它就成了种（*eidê*/species）之一（6.1.25.9）；（2）如果共同物是"非是"（*mê on*），那么把"非是"归到"是"（*to on*）显然是错误的（6.1.25.10）。

普罗提诺接着批评斯多亚学派范畴论分类方法的错误。他认为斯多亚学派分出四类范畴的方法是错误的，根本错误是斯多亚学派把基质作为范畴，这是所有其他错误的原因。由于普罗提诺认为斯多亚学派的基质范畴引出了他所谓的"共同物"这第五个范畴，也就是引出了一个居于万物之上的属，因此普罗提诺对他所认为的斯多亚学派的基质（*hupokeimena*）这个范畴展开了连续的批评。普罗提诺的批评要点如下：

4. 斯多亚学派把基质（*hupokeimena*）放在首位，也就是把质料（*hulê*）放在其他事物之先（6.1.25.12）；
5. 斯多亚学派这样做就等于把在先的事物与在后的事物列在同一层级（*tên prôtên autois dokousan alchên suntattousi tois meta tên archên autôn*）（6.1.25.13-14）。在此，普罗提诺又分两个方面批评斯多亚学派：（1）斯多亚学派把在先的事物（*proteron*）与在后的事物（*husteron*）作为同一个属是错误的，因为在后者从在先者那里获得属性（6.1.25.17-19）。由于斯多亚学派把在先的事物和在后的事物放在同一层级，就没有办法引出先后观念。（2）斯多亚学派把基质（*hupokeimena*）作为一个属是错误的，因为在普罗提诺的理解来说，基质是主体。普罗提诺的这个批评并不是基于斯多亚学派对 *hupokeimena* 的理解，而是基于他自己的理解。在普罗提诺看来，由于斯多亚学派把 *hupokeimena* 理解为具体的事物（*ta onta*），那就不能把它作为属（genos），因为属是具体事物的原理（archai tôn ontôn），而任何原理都不应是具体事物（6.1.25.21-27）。

6. 斯多亚学派的"是"不是原理，而是具体事物。普罗提诺认为在谈论像"是"这样的范畴时，应先区分作为实体的事物（ousia）和作为感受性（pathê）的事物。但是斯多亚学派现在称某个事物为主体（hupokeimena），而把其他事物（ta alla）作为属性放在这个主体里面，并称这样的主体是原理，这是不合理的。因为在谈论具体事物时，涉及事物的感受性，感受性来自于质料（ta d'alla pathê），而原理却是形式，不包含感受性，不是质料。因此，斯多亚学派把质料作为"是"这样的原理是错误的（6.1.25.25.-29）。

7. 斯多亚学派错误地理解了 hupokeimena。斯多亚学派认为可以把某些事物放在 hupokeimena 这些事物里面，然而普罗提诺认为，由于 hupokeimena 是一，它不包含任何差异性，也就把其他事物置于 hupokeimena 之中。斯多亚学派则称 hupokeimena 是复数，称它是一个连续的（sunechê）团块，因此普罗提诺认为这是不合理的，他认为应该把 hupokeimena 视为单数。

从 1–7 的论辩中，我们可以看出普罗提诺对斯多亚学派范畴论的批评主要集中在 hupokeimena 上，由此又可以看出普罗提诺对 hupokeimena 这个语词的两种理解：

1. hupokeimena 主要的含义不应该是作为质料的基质，它应该是形式，它作为形式而是万物的基质；
2. 在作为形式的基质上，才能够真正理解万物原理的含义，即形式作为原理的含义，因此原理必须是形式，而不可能是质料。

普罗提诺又据此引申出他对于"是"的理解。这种理解不仅不同于斯多亚学派，也不同于柏拉图和中期柏拉图，或者说不同于整个古典时期的哲学。普罗提诺认为形式是实体，但它不是古典希腊哲学意义上的作为基质的实体，而是作为一个主体意义上的实体，或者说普罗提诺认为的"是"实则是主体性实体。Armstrong 的英译本也是在这个意义上把 hupokeimena 译为

subject。因此普罗提诺批评斯多亚学派，其实主要是表述他自己对"是"的理解。而他对"是"的理解，又与他对 *hupokeimena* 的理解相关，也就是说他重新理解了 *hupokeimena*。在这一点上，普罗提诺甚至超出了古典希腊和希腊化时期的哲学。他虽然采用了亚里士多德的 *hupokeimena* 这个语词，然而他不是在谓述的意义上使用 *hupokeimena*。亚里士多德在谓述的意义上使用 *hupokeimena* 时，也是把它作为实体使用。而普罗提诺不在实体论上使用 *hupokeimena*，则意味着离开了古典希腊的实体本体思想，在某种意义上他意味着一种新的"是"的观念，这才是普罗提诺所要赋予 *hupostaseis* 的内涵之一。

普罗提诺从与亚里士多德的实体论思想的区隔中清晰地呈现出他对 *hupokeimena* 的主体性理解，又用这个主体论观念批评斯多亚学派的质料性实体观念。在普罗提诺看来，质料性实体是被动的，被动的事物不能够承担本体性原理。因此，普罗提诺在 *hupokeimena* 这个语词中分疏出两种含义：基质和主体。他认为斯多亚学派只在基质的意义上使用 *hupokeimena*，而实际上他认为还应该在主体的意义上加以使用。

三

循着这样的思路，普罗提诺继续批评斯多亚学派的作为基质的质料观念。在斯多亚学派有关作为"是"的基质的论述中，主要都是基于质料的。只不过普罗提诺用他自己的术语即 *hupokeimena* 来描述斯多亚学派所谓的质料，借助 *hupokeimena* 这个语词批评斯多亚学派的质料（*hulê*）。然而由于普罗提诺的批评是在不同的哲学立场中展开的，因此通常来说他的批评只是一种外部批评，因为它不是从斯多亚学派哲学本身的逻辑进行的批评。而任何所谓的外在批评，充其量只是一个显示普罗提诺本人哲学立场的批评。普罗提诺也意识到这一点，为了进一步增加他的说服力，他展开了对斯多亚学派作为基质的质料观念的批评。这里不妨列出普罗提诺对于斯多亚学派质料思想的批评要点：

1. 现实在事物之先，质料（*hulê*）只是潜能（*dunamis*），把潜能放在现实（*energeian*）之先是荒谬的（6.1.26.1-3）；

2. 现实必在潜能之先，斯多亚学派则让潜能在现实之先。潜能如果在存在之先存在，那么潜能就不是潜能，因此把潜能作为存在原理是错误的。"如果潜能者据存在者原理的位置，那它甚至不可能成为现实，因为它肯定不会使自己成为现实，现实者必在它之前，因此这个潜能就不可能是原理"（*oude gar esti to dunamei eis energeian elthein pote paxeôs archên echontos en tois ousi tou dunamei*, 6.1.26.3-5）。

3. 如果认为潜能和现实都是原理，由于潜能是偶性的，那么就是把原理作为偶性（*tuchais*）了，而这是错误的（6.1.26.7）；

4. 现实不可能出于潜能（*oud' ek tou dunamei energeia*），有性质的不可能出自无任何性质的（*apoios to poion*）。现实如果出于潜能，那么原理就是潜能的，而这是错误的（6.1.26.10-11）。

5. 斯多亚学派把神看成后于质料。如果神是质料和形式的复合，那么神的形式来自何处？因为形式不会来自质料，按照斯多亚学派的本体学说，就不能够解释形式的根源。

普罗提诺在批评斯多亚学派的质料性基质观念时，也注意到了斯多亚学派范畴论的一个特殊方面，从而很可能是从对斯多亚学派"是"的观念的批评中，引申出了他有关"是"的思想的极富争议或者说独特的方面，这就是普罗提诺所谓的可理知质料（intelligent matter）。普罗提诺在批评斯多亚学派时指出事物是由形式和质料生成的，形式不是来自于质料的，质料也不来自于形式。以此而论，具体事物既有形式又有质料，那么具体事物的质料如果不是来自形式，它来自于什么地方？它是否有着"是"的根源？如果质料也具有本体性，这岂不意味着质料也有"其是"，那么什么是质料的"是"？普罗提诺在批评了斯多亚学派所谓的质料性本体或者神圣质料观念之外，引伸出了他自己的神圣性质料。本文不讨论普罗提诺的神圣质料，只讨论他对斯多亚学派的神圣质料的观念。普罗提诺从斯多亚学派的思想中区分出两种神圣质料，并指出其所谓的神圣质料的不可能性，进而指出斯多亚学派所谓的作为基质的质料的不可能性。这里，也先列出普罗提诺对斯多亚学派所谓的神圣质料的批评要点。

1. 斯多亚学派认为万物由质料构成，那么依次推论，神也由质料构成（6.1.26.13）；
2. 如果神具有形式却没有质料，那么神就是原理性的存在（6.1.26.13-14），而斯多亚学派显然不接受这个观点；
3. 如果神无质料然而其本性仍然是复合的，凡复合的都具有形体，那么必须引进一种神圣的质料（6.1.26.15-17）；
4. 如果质料是一种形体，凡形体都是多，因为形体由质料和形式构成，因此形体是多；如果斯多亚学派认为他们所谓的形体具有不同的意义，那么他们就只能模棱两可地称形体为质料（6.1.26.19-20）；
5. 如果斯多亚学派认为形体的共性是三维性（*trichê diastatou*），然而三维性的定义不包含质料（*hulê*）；因为三维性具有大小（*megethos*）的含义，而质料不包含大小的内容（6.1.26.25-27）；
6. 斯多亚学派把体积（*ogkon*）作为万物的第一性质（*protattein*）是错误的，因为占据第一位置的是不具有体积的东西，那就是一（*hen*）（6.1.26.28-32）。
7. 所有其他的事物都源自于一（*hen*），尺寸（*megethos*）之所以是一不是因为它自身，而是因为它分有一。尺寸是生成性的一（*ê pôs hê sumbasis*）（6.1.26.32-34）。

普罗提诺透过推论引申出有关斯多亚学派的许多两难批评，其主要方面也是集中在质料的形成上。普罗提诺认为如果斯多亚学派持存在所谓的神圣质料的观点，那么斯多亚学派就得承认神圣质料是无形体的，也就是无大小的，这样才能保证第一原理是单纯的存在。然而如果按照这个定义去思想第一原理，那么质料就不可能是第一原理。因为如果是这样的第一原理的话，我们就无法理解斯多亚学派的质料观念，因为斯多亚学派认为质料是形体性的，因此斯多亚学派的质料不可能是第一原理。

普罗提诺反驳斯多亚学派的第二个推论是，如果斯多亚学派认为第一本体质料是有形体的，那么就可以把形体理解为三维；如果质料具有三维性，也就意味着质料有体积有大小；如果质料有体积，这就有悖于希腊哲学有关质料的共识，因为希腊哲学认为质料没有任何大小；再者它也违背希腊哲学有关"是"的定义，因为"是"不应该具有大小，它应该是单纯的。在这种情况下，斯多亚学派也会陷入两难推论之中。

普罗提诺用以上两个推论论证斯多亚学派的质料性本体或者质料性的"是"的不存在。如果依赖于质料性的"是"，要么就造成斯多亚学派有关质料与本体这两个概念之间的矛盾，要么则造成斯多亚学派与希腊哲学有关质料理解上的不一致性。在这个意义上，质料都不足以构成"是"的核心内容，也不能够把它作为"是论"的范畴。由此普罗提诺推论说，真正的"是"必须是单纯的。在这里，普罗提诺提出了有关"是"的一个很重要补充。在希腊哲学传统而言，"是"是无形体的，然而普罗提诺认为无形体性不可能是"是"的首要属性，也不能够把无形体性作为原理的属性，因为质料也是无形体性的，当然质料的无形体性只是复合物的派生（6.1.27.1-18）。如果把质料作为无形体的实体或者某种主体，那么就必然有其他事物作用于其上，这种事物存在于质料之外。这就没有办法保证一元论的哲学论证，因此斯多亚学派也没有能够从范畴论提供完整一致的本体论论证。

щ# 大地之子：
斯多亚学派是形而上学的野蛮派吗？*

卡恰·玛利亚·福格特（Katja Maria Vogt）**

刘玮（LIU Wei）/译（trans.）***

摘要：本文要论证斯多亚学派关于物质性事物的论述，让他们关于物体的理论同时成为关于原因、能动性和理性的理论。本文意在给斯多亚学派与柏拉图《智者》的关系提供新的视角。对斯多亚学派来讲，研究物质性的事物，而非研究"存在"，才是对实在最基本的研究，在这个意义上，他们确实是《智者》中说到的"大地之子"。但他们是一种更精致的大地之子，因为他们发展出了一种更加复杂的关于物质性事物的理论。这个理论中至关重要的一环是，物质性的神充盈在通常的物体之中，从而使那些物体获得了个体性。物质性的神是宇宙中一切运动和行动的唯一原因。

关键词：斯多亚物理学；斯多亚行动理论；物质性的事物/物体；柏拉图的《智者》；存在

Sons of the Earth:
Are the Stoics Metaphysical Brutes?

Abstract: This paper argues that the Stoics develop an account of corporeals that allows their theory of bodies to be a theory of causation,

---

* 译自 Katja Maria Vogt, "Sons of the Earth: Are the Stoics Metaphysical Brutes?" *Phronesis*, vol. 54 (2009), 136-154。
** 卡恰·玛利亚·福格特，哥伦比亚大学哲学系教授（Katja Maria Vogt, Professor, Department of Philosophy, Columbia University, New York）。
***刘玮，中国人民大学哲学院副教授（LIU Wei, Associate Professor, School of Philosophy, Renmin University of China, Beijing）。

agency, and reason at the same time. Through this analysis, the author aims to shed new light on the Stoics' engagement with Plato's *Sophist*, and points out that the Stoics are "Sons of the Earth" insofar as, for them, the study of corporeals — rather than the study of "being" — is the most fundamental study of reality. However, they are sophisticated "Sons of the Earth" by developing a complex notion of corporeals. A crucial component of this account is that ordinary bodies are individuated by the way in which the corporeal god pervades them. The corporeal god is the one cause of all movements and actions in the universe.

Keywords: Stoic physics; Stoic theory of action; corporeals/bodies; Plato's *Sophist*; Being

斯多亚学派有时候会让学者们想起柏拉图的《智者》里面提到的一群人，柏拉图称他们为"大地之子"。① 这些大地之子主张这样一种世界观，只承认物体是存在的，柏拉图甚至很犹豫要不要称他们为"哲学家"，认为他们的观点太低俗、太野蛮。在本文中，我想要论证，斯多亚学派是精致的大地之子。他们认为神、灵魂、灵魂的所有状态（比如智慧或者愚蠢），以及灵魂的所有运动（比如印象、认可、冲动，也包括情感），都是物质性的（corporeal）。我认为，他们对于物质性事物的关注，对他们的整个哲学体系来讲至关重要。这不仅与他们的物理学、伦理学和逻辑学有关，而且解释了斯多亚学派为什么没有柏拉图或者亚里士多德意义上的那种形而上学。此外，这一点还解释了人类的能动性在什么意义上是一个物理学的论题。斯多亚学派有关物体的一个核心论题是，只有物体才能成为原因。更进一步来说，事实上只有一个原因，那就是物质性的神、宇宙的理性。这样看来，斯多亚学派的物质主义（corporealism）与他们关于原因和能动性的理论密切相关。斯多亚学派的物质主义是对完美的理性宇宙的基本运行方式的论述。

这篇论文首先给出斯多亚学派的一些关键前提（第一节），论文的主体部分讨论斯多亚学派物理学对物质性事物的关注与斯多亚的本体论有什么关系（第二、三节），最后讨论对物质性事物的关注与能动性理论的关系（第

---

① 参见 Brunschwig（1988/1994）的重要讨论。

四节）。①

一 物体

下面是斯多亚物理学中的一些核心主张。②根据斯多亚学派的看法，有两个原理共同构成了物理实在：一个是主动的，一个是被动的；换句话说，就是神和质料。③它们二者都是永恒的，既不生成也不毁灭。④作为物质性的存在，它们是三维的，具有抗拒力（resistance）。⑤质料这种被动性的原理，完全没有限定，在任何时间点都必然与某种性质联系在一起。⑥通过充盈在质料之中的主动原理，物体得以拥有了个体性并得到限定。⑦质料是可分的，但是本身并不能分成部分。正是因为质料可以被主动的原理以各种不同的方式限定，才有了各种复合物，也就是元素和各种物体。根据斯多亚学派的看法，一个物质性的存在就是可以施动或者受动的东西，这里的"或者"要理解为"和/或"。质料是物质性的，因为它可以受动；神是物质性的，因为他可以施动。复合物是物质性的，因为它们既可以施动也可以受动。

神、质料，以及神与质料的复合物，就是物体。⑧但是在一个全面的关

---

① 在我的论证中，我会讨论到柏拉图的《智者》《斐莱布》和《斐多》。就斯多亚学派的物理学而言，《蒂迈欧》得到了广泛的讨论，比如 Sedley（2002），D. Frede（2002），M. Frede（2005），Reydams-Schils（1999）。我希望通过讨论其他柏拉图对话，对这些讨论进行补充。整体而言，我并不想说，柏拉图的任何对话是斯多亚学派的**资源**，我的基本假设是，斯多亚学派以哲学的方式阅读柏拉图对话。
② 在本文中，我主要关注早期斯多亚学派（而不对早期斯多亚哲学家之间的不同观点进行区分）。关于这些核心问题的更详细讨论，参见 Bobzien（1998：16-21）；另参见 Algra（2003），White（2003）。
③ 参见 DL 7.134（= SVF 2.300, 2.299 = LS 44B）。
④ DL 7.134; SE M 9.75-76（= SVF 2.311 = LS 44C）; Calcidius 292（= SVF 1.88 = LS 44D）; Calcidius 293（= LS 44E）。
⑤ 关于物质性存在的三维属性，参见 DL 7.135（= SVF 3 Apollodorus 6 = LS 45E）。关于抗拒力，参见 Galen, On Incorporeal Qualities（SVF 2.381 = LS 45 F）。我们很难确定斯多亚学派的不同成员在物质性实在是否有抗拒力这一点上，意见是否一致【参见 113 页脚注④（原文注释 37）】。参见 Brunschwig（1988/1994：210-211）；另参见 Cooper（2009），尤其是注释第 10 和注释第 11。
⑥ 我在这里不讨论世界被大火吞没的情况。"在任何时间点"指的是"在世界存在的任何时间点"。
⑦ DL 7.134; Calcidius 292, 293. M. Frede（2005：219-221）讨论了斯多亚学派的质料概念与柏拉图在《蒂迈欧》中的质料概念之间的异同。
⑧ 虽然我们有很多证据表明在斯多亚学派那里，神和灵魂都是物质性的，但是这一点并非完全没有争议。一个非常重要的证据是 DL 7.134，这个文本将斯多亚学派的两个原理，即神和质料，说成是 *sômata*（物体或物质）。但是 DL 7.134 中的观念也保存在文艺复兴的资料中【《苏达辞书》（*Souda*）】。但是在这里神和质料被说成是非物质性的（*asômatous*）。还有另一个文本似乎说斯多亚学派称神为质料。从卡尔西迪乌斯那里，我们了解到，对斯多亚学派来讲，神是质料或者是与质料不可分割的属性（Calcidius 294, 289 = SVF I 87）。参见 Frede（2005：213）关于这个问题的讨论。

于实在的理论中，并非一切都是物体。这样一个理论必然要包括非物质性的东西，因为物理学需要地点、时间和虚空。对斯多亚学派而言，因果关系是一种三边关系：一个物质性的东西施动于另一个物质性的东西，结果是一个谓述。①比如，一把刀施动在一张纸（刀和纸都是物体），而结果就是"纸被切割"（一个谓述）。在给这个谓述归类的语境中，克里安特斯（Cleanthes）引入了 *lekton* [可说的东西]这个词。②因此，根据斯多亚学派的看法，有神、质料、复合物，也有非物质性的东西——地点、时间、虚空，以及可说的东西。这些都可以归入的最高的属，就是"某些东西"（somethings）。

斯多亚学派的物质性事物的概念，包括了彼此截然不同的物质性事物：神、质料、神与质料的复合物。在这些复合物中，我们应该区分出元素（它们已经得到了限定）、灵魂（火一样的气息）、通常的物体，以及世界整体。我们需要注意，这个物质性事物的观念，不同于任何始于身体与灵魂二分的观念。直觉上讲，我们或许会说，斯多亚学派认为，理性或者灵魂，制造了所有的复合物，将通常的事物以及宇宙整体变成"有灵魂的物体"（ensouled bodies）。③

斯多亚学派认为，某个东西要成为原因，它就必然是一个物体，并且必然是主动的。④这么看来，就只有一个原因，就是主动的原理。⑤复合物之所以是原因，是因为主动的原理充盈其中。是神的行动使得复合物成为主动的原因。我们可以更详细地看看这么说是什么意思。神，或者说那个主动的原理，可以在两个意义上被说成是世界的灵魂。⑥严格说来，神是理

---

① SE M 9.211; SE PH 3.14; Clement, *Strom.* 8.9.26.
② Clement. *Strom.* Ⅷ.9.26. 参见 Frede（1996：137）。
③ 柏拉图的《斐莱布》在这里构成了一个有趣的对比。《斐莱布》包括了一个关于宇宙的简短论述，将宇宙看作是有秩序的和由理性指引的（28d-30e）。这段文本的目的是要确定，理性是一个原因，斯多亚学派当然会认可这个观点。这个简短的关于自然哲学的离题话中有很多内容看起来都非常像斯多亚学派的观点，当然也有一些细节并非如此。特别是，根据这段话的说法，理智（*nous*）、明智（*phronêsis*）和智慧（*sophia*）主导着这个宇宙（而斯多亚学派会说 *logos* 是主导）。但是《斐莱布》这段话中最有趣的是，理性规范着一切这个观点会带来一个推论，理性或灵魂，将火、土、水、气组织起来，从它们里面制造出**有灵魂的**物体。人类是有灵魂的物体，整个世界也是。
④ SE M 9.211; Seneca, *Ep.* 65.4.
⑤ 塞涅卡写道："但是我们所寻求的是首要的和普遍的原因。这个原因应该是简单的，因为质料也是简单的。我们是不是要问什么是原因呢？当然，它就是行动中的理性（*ratio faciens*），也就是神。人们提到的那些事物并不是很多不同的原因，相反，它们都依赖这一个主动的原因。"（*Ep.* 65.12）
⑥ 参见 Cicero, *De natura deorum* 2.23-24, 28-30（= LS 47C），1.39（= SVF 2.1077 = LS 54B）；DL 7.147（= SVF 2.1021 = LS 54A）。神是充盈宇宙的力量（SE M 9.75-76），他是世界秩序的制造者（DL 7.137）。

性，也就是支配世界的力量那个意义上的灵魂。①在宽泛的意义上，神可以被等同于作为气息（pneuma）的灵魂，这种气息来自支配性的能力，并且维持着整个世界。这个火一样的气息是工具，理性利用它发挥规范性的力量。②理性和灵魂构成了一种原因性的力量，它运作的方式是充盈和统治一切。在宽泛意义上的灵魂，也就是这个气息，维持着一个复合物，不管这个复合物是宇宙还是植物、动物或者人。③由于这个火一样的气息组成方式不同，就有了不同的存在物——石头、植物、动物和人。④宇宙的这些部分能够成为整体，并且彼此区分，是因为气息充盈它们的方式不同。⑤人充盈着构成了理性灵魂的气息，动物充盈着那种构成了动物灵魂的气息等等。⑥事物运动的特有方式，也是通过气息充盈的方式不同来解释的。在最弱的意义得以维持的具体事物，比如木材或石头，只能从外部被推动。植物和动物由另一种气息维持，这给了它们"自然"或灵魂。植物拥有"自然"，它们可以"自己运动"（在生长的意义上）。动物也有灵魂，它们也是"自己运动"。气息在最高的意义上充盈着理性的存在者（包括人在内），他们有理性，通过理性实现运动。⑦

  对于斯多亚学派来讲，宇宙是一个巨大的活物，它的运动要被理解为一个理性的活物的运动。宇宙在最严格的意义上是一个活物：它是一个行动者，它的运动就是行动。⑧如果我们严肃看待这个说法，那么它会严重贬低我们以及宇宙中的其他具体事物的地位。⑨粗略地讲，我们以及其他通常

---

① 参见 Aetius 4.21.1-4 (= SVF 2.836 = LS 53H)，这里将灵魂与统治能力相等同；DL 7.134 说到神是质料中的理性（logos）。从斯多亚学派的角度看，我们是不是承认神的力量，并不依赖我们是否将神看作非物质性的实在。相反，一切都依赖于我们是否将理性、神和神意看作原因。关于斯多亚学派和伊壁鸠鲁学派的差别，参见 Long（2006）。
② 这就是 Cooper（2009）解释这个关系的方式，Long（1996）在讨论这个区别的时候考虑到了人的视角。
③ SE M 7.234 (= LS 53F); Calcidius 220 (= SVF 2.879 = LS 53G)。
④ Plutarch, *On Stoic Self-Contradictions* 1053F-1054B (= SVF 2.449 = LS 47M); Galen, *Medical Introduction*, 14.726.7-11 (= SVF 2.716 = LS 47N); DL 7.138-139 (= SVF 2.634 = LS 47O); Philo, *Allegories of the Laws* 2.22-23 (= SVF 2.458 = LS 47P); Philo, *God's Immutability* 35-36 (= SVF 2.458 = LS 47Q)。
⑤ Alexander, *On Mixture* 223.25-36 (= SVF 2.802 = LS 47R); Simplicius, *On Aristotle's Categories* 214.24-37 (= SVF 2.91 = LS 28M)。
⑥ 参见 Colvin（2005）。
⑦ Origen, *On Principles* 3.1.2-3 (=SVF 2.988 = LS 53A)。
⑧ 参见 Cicero, *De natura deorum* 2.58 (= LS 53Y)："就像其他自然实体，由它们各自的种子生成、生长和维持，世界的自然也有意志、冲动和欲求的运动，希腊人称之为 *hormai*，这个世界的自然展示着与这些相一致的行动，就像我们被情感和感觉推动一样。"
⑨ 关于人是宇宙整体的一部分，参见 Vogt（2008，chs. 2 and 3）。

的物体，要被理解为整体的部分，是复合物和黏合而成的东西。斯多亚学派需要一种力量，它可以贯穿所有的事物，并且给物质性的具体事物各自的黏合力量，因此，这些具体事物至少在一个意义上是"一"，但是这个力量又将具体的事物联结成一个整体的部分。①神，以及由它延伸出来的世界灵魂，就是这个力量。

二 《智者》：物体 vs. 存在

现在让我们暂时离开这些细节，从宏观的角度问：斯多亚学派将物质性概念置于哲学中心位置，其重要性何在？要理解这个问题，我要讨论柏拉图《智者》中的一段文本，就是所谓的"巨人之战"（245e6-249d5）。②

柏拉图表现了交战的两派，一派是所谓的"理念的朋友"；另一派是"大地之子"。在传统上，大地之子让学者们想到赫西俄德《神谱》中属地的泰坦神族，他们与属天的奥林匹亚诸神战斗，大地之子也让人想到斯多亚学派。他们就像柏拉图的大地之子一样保持着一种很低的视阈，他们关注物质性的东西，从而错失了很多更好东西，也就是那些在其他古代理论中发挥重要作用的非物质的和超越的存在物。

大地之子的两个核心主张是：

（1）只有能够触摸到的东西才存在（246a7-b2）；
（2）物体和存在是同一的（246b1）。

但是大地之子被描述得非常野蛮，根据埃利亚访客的说法，他们甚至不能对自己的主张给出解释（246c-d）。因此，埃利亚访客与他的对话者决定，提出他们的问题，从而驯服大地之子。被驯服的大地之子坚持认为，既然只有物质性的东西才存在，那么灵魂必然是物质性的。但是当被问到他们是否认为正义和智慧存在时，他们犹豫了。这些东西显然既不可见又不能够触摸。但是它们可能在一个人身上存在，而在另一个人身上不存在，这

---

① 关于人和其他存在物在什么意义上是"统一的"，参见 Long（1996）。
② 早期的斯多亚学派成员很可能认真地阅读了柏拉图对话（斯多亚学派的创立者芝诺至少是这样，他在柏拉图的学园里做了很长时间的学生）。斯多亚哲学中的很多细节，甚至是例子的用词，都表明他们至少认真研读了一些柏拉图的对话。

样看来，它们确实**存在**。因此，被驯服的大地之子感到困惑。他们不能说正义和智慧这样的东西不存在，但是他们也不敢说它们是物体。他们只好承认物质性的和非物质性的东西都**存在**。这样一来，他们就要面对这样的问题：说它们都存在是什么意思？他们需要对存在给出新的论述（而不能继续坚持他们之前的看法，即物体和存在是同一的）。埃利亚访客给他们提供了一个新的论述（246e-247e）。一切有某种力量或能力（*dunamis*）的东西，不管是施动的能力，还是受动的能力，就都存在。存在就是力量。被驯服的大地之子接受了这个论述。

在给出这个新的关于存在的论述之前，埃利亚访客强调，**真正的**大地之子，也就是最野蛮的那些，会乐意承认智慧之类的东西也是物体。对他们而言，只有那些他们能够用手摸到的东西才存在。在我看来，斯多亚学派是没有被驯服的、但更加精致的大地之子。说他们没有被驯服，是因为他们毫不犹豫地将灵魂，以及灵魂的状态（比如智慧），描绘成物质性的，他们坚持认为，只有物质性的东西才存在。他们也是精致的，因为他们修正了"大地之子"那种野蛮的关于物质性的概念，也就是将物质性系于可见与可触。①

最重要的是，斯多亚学派在下面这一点上不像被驯服的大地之子，他们不接受存在就是力量的看法。②斯多亚学派的理论认为，一切存在物，也就是物体，都有导致某种结果或者经受某种作用的能力。因此，传统学者认为，我们可以很确定地认为，他们也持有存在就是力量的观点。但是，虽然斯多亚学派同意存在就是力量，但是他们并不认为这是他们对于"存在是什么"这个问题的答案。他们是在解释物体和原因的过程中持有这种观点的。（被驯服的大地之子需要修正他们开始的观点，即物体和存在是相同的，因为他们对埃利亚访客做出了让步，允许物质性的和非物质性的东西都存在。而斯多亚学派并**没有**说物质性的东西和非物质性的东西都存在。

---

① 他们或许赋予可触性一定的重要性，因为他们认为物体有抗拒力；参见 Brunschwig（2003: 210-211）。
② 虽然我的讨论在很多地方与 Brunschwig（1988/1994）和 Brunschwig（1993）一致，我在这一点上与他不同，而我认为这一点非常重要。因为这意味着，斯多亚学派首先要给出的并不是关于存在的论述。我认为布伦什维克已经很有说服力地反驳了一种我没有讨论到的观点（这种观点由策勒[Zeller]引入论辩，也就是早期斯多亚学派将"存在"作为最高的属，只是到了晚期才将"东西"当作最高的属。假如策勒的重构是正确的，那么我这里的讨论就是完全误导性的。我赞同布伦什维克的观点，即早期斯多亚学派已经把"东西"当作了最高的属。

他们说的是这两者都是某种东西。因此斯多亚学派与被驯服的大地之子的立场并不相同,他们不需要解释这样一种存在的概念,它允许物质性的和非物质性东西都存在。)

大地之子看着大地,他们关注的就是大地。斯多亚学派也是。他们理解的物理学是一种关于原因和物质性原理的理论,这个理论让我们可以深刻理解现实。因此,很重要的一点就是,我们不要将斯多亚学派的理论理解成始于"存在就是能力"的观念。斯多亚学派并不认为,自己首先是在进行关于存在的研究。他们认为自己在进行关于自然的研究,研究原因、物体、理性,等等。斯多亚学派没有这样一种理论,旨在回答柏拉图在《智者》中提出的那个"什么是存在?"的问题,在柏拉图讨论它的时候,这个问题已经有了一些讨论。柏拉图致力于对存在的研究,关于存在的问题,和物理学与我们所谓的"形而上学"的关系有某种联系,但是斯多亚学派并没有这样一种在物理学与形而上学之间关系的看法。斯多亚学派将物理学看作是给出关于实在的最基本的解释,而"物体"是斯多亚学派认为物理学一定要处理的五个问题之一。[1]

事实上,我们是否能够将任何"形而上学"理论归于斯多亚学派是一个非常困难的问题。当然,在一定程度上,这个问题取决于我们如何理解"形而上学"这个词,毕竟在古典时代,任何哲学家都没有用过这个词。布伦什维克认为,在古代有两种意义上的"形而上学",它们都与亚里士多德有关,也都可以用来阐释斯多亚哲学的某些方面。[2]首先,我们可以用这个词指代关于第一原理或第一原因的科学。布伦什维克认为,斯多亚物理学的五个论题都涉及"首要实体":物体,原理,元素,神,限定、位置和虚空。就它们都与第一原理有关而言,我们可以说对它们的讨论是某种研究第一原理或第一原因的形而上学。[3]有人认为这个理解更好,因为古代哲学的研究者熟悉这样一个形而上学的概念,因此即便是年代错置地使用亚里士多德的观念,只要我们乐意承认这一点,也可能是有帮助的。但是也有理由认为这个看法并不好,因为它使得斯多亚哲学与柏拉图/亚里士多德

---

[1] DL 7.123 (= LS 43B). 这个区分被说成是"具体的"区分:物体,原理,元素,神,限定、位置和虚空。还有一个三重的"普遍的"区分:世界,元素,关于原因的研究。
[2] 参见 Brunschwig(1993:206-209)。
[3] Brunschwig(1993:208).

传统的差别不那么可见。如果我们的目的是阐明一个理论的独特之处，以及它和其他理论的差别，我们就有理由在这里感到犹豫。斯多亚学派在原因和原理之间做出了截然的区分（只有一个原理，也就是主动的原理，才是原因），因此一种与原理和原因都有着密切关系的形而上学，对于斯多亚学派的理论来讲就是非常陌生的。此外，我们不清楚，将物理学的五个论题说成是关乎首要实体，是不是在一定程度上预设了，这个理论框架依然是在研究存在，特别是不同种类的存在（实体）。

　　亚里士多德的研究者可能会进一步认为，形而上学可以被理解为研究作为存在的存在（being qua being），这种研究也可以被称为存在论。当然，斯多亚学派没有用亚里士多德的概念。但是正如布伦什维克指出的，斯多亚学派在他们哲学涉及的各种问题中都运用了存在论上的区分。在逻辑学中，他们指出，印象是物质性的，而 *lekta*［可说的东西］是非物质性的；在伦理学中，他们说智慧是物质性的，而"是智慧的"（也就是一种谓述）是非物质性的，等等。就斯多亚学派强调这些问题而言，我们可以说在物理学、伦理学和逻辑学中的这些讨论加在一起构成了斯多亚学派的存在论。[①]但是，我们需要用一种比较弱的方式来说它。虽然很多斯多亚学派的讨论足以被称为"存在论的"，但是我们不清楚，他们的动机是不是要讨论，"一个对象存在是什么意思"这样的问题。因为这还可以被说成是关于"什么是存在"的问题（虽然不是柏拉图意义上的关于存在的问题），也就是超出物理学的层面，给出对于实在的某种更深的理解。因此我认为，我们应该比布伦什维克更加谨慎。如果谈论"斯多亚学派的形而上学"，那么很可能还是我们，或者后代哲学家，通过柏拉图主义或者亚里士多德主义哲学来看待斯多亚学派的结果。[②]讨论"斯多亚的存在论"显然更有文本依据，但是即便如此，我们也需要记住，我们并不是在讨论一种独立于物理学、逻辑学、伦理学的研究，或者这个研究能够提供比这些研究更深刻的对于实在的理解。

[①] 这是 Brunschwig（1993：209）的看法。
[②] 参见 Sedley（2005）。

三 东西、存在、非存在

假设我的看法是正确的,斯多亚学派想要远离这样一种哲学,它认为有一种研究"什么是存在"的科学,这种科学能在某种意义上给我们对于现实最深或最本质的理解。如果这就是斯多亚学派想要做的,那么他们似乎可以从柏拉图的《智者》的一个论题中,获得一个哲学上的动机。那个论题就是,存在与非存在同样令人困惑,虽然乍看起来,后者显然比前者更成问题(245e)。学者们很久以来就认为,斯多亚学派很细致地研究了《智者》。如果确实如此,那么看起来,这一点引起了他们的兴趣。换句话说,如果有一种哲学想要远离"什么是存在?"这个理论框架,那么它很可能也想要远离前人以**区分**存在与非存在为起点的理论框架。

埃利亚的访客论证说,如果我们可以将某物说成某物(ti),那么它就是存在的(237d)。①显然,斯多亚学派没有接受这个论证。②恰恰相反,斯多亚学派最高的属"东西",确实是最高的属;"存在"甚至都不是更高的属。埃利亚访客在考虑非存在的时候提出了上面的看法。根据《智者》中的讨论,非存在是令人困惑的,因为我们可以讨论它。而如果我们讨论它,那么看起来我们就是在指某物(ti)。但这看起来很不合理,因为"非存在"并不存在(237b-e)。而斯多亚学派的理论就没有遇到关于非存在的熟悉难题,因为它并不在存在与非存在的区分之下讨论问题。只有物质性的东西存在,我们不能把这句话翻译成,非物质性的东西**不存在**。③虽然斯多亚学派给了物体、非物质性的东西以及概念不同的本体论地位,但是他们并没有说任何东西不存在,或者什么都不是。④英伍德认为,在"主流斯

---

① 参见《理想国》V 最后的著名讨论,在那里意见(doxa)指称什么的问题被提了出来。意见不可能什么都不指,因此它必然指某物(ti)(478b)。但是在这段文本中,并没有推出,它必然指存在。
② 参见 Brunschwig(1988/1994: 118)。正如布伦什维克说的,我们需要注意,柏拉图在引入存在与生成的区分时,并没有说有一个更高的属,可以被区分为存在和生成。学者们讨论《蒂迈欧》27d 是不是斯多亚学派读到或者误读的一个文本,认为他们其实是从柏拉图那里得到了"东西"的概念。但是这个观点意味着对于斯多亚学派理论并不准确的重构;参见 Brunschwig(1988/1994: 117-118)。
③ 它们持存(huparchein)。Galen, On Medical Method 10.155.1-8 (= SVF 2.322 = LS 27G)。到底要如何确切地阐释这个概念存在很多困难的问题,超出了本文要讨论的范围。对我们的目的而言,至关重要的是,斯多亚学派讨论非物质性的东西、概念等等,而没有在存在与非存在之间做出区分。
④ 参见 Brunschwig(2003: 213-227)。概念的存在论地位格外困难,参见 Brunschwig(2003: 220-227)和 Caston(1999)。布伦什维克论证认为,概念"不是某个东西"(not-something),而卡斯顿认为他们是"非存在的东西"(non-existent somethings)。在此我不可能讨论这些困难的问题。在布伦什维克与卡斯顿之间的分歧来自斯多亚学派对柏拉图主义的理念和普遍概念的态度。对于我的论证而言,重

多亚理论中，'存在'被等同于'物体'，因此'非存在'必然被等同于'非物质性的东西'"。①但是我们应该反对这个推论。早期斯多亚学派的首要区分是在物质性的东西和非物质性的东西之间做出的（随后加上了只有物质性的东西存在），还是在存在与非存在之间做出的，其实非常重要。第一种理解可以在塞克斯都·恩皮里科（Sextus Empiricus）那里看到，他引用了斯多亚理论最粗略的纲要，只提到了"东西"作为最高的属，在物体与非物质性的东西之间的区分，以及非物质性的东西的清单。此外，还可以加上阿弗罗迪斯阿斯的亚历山大（Alexander of Aphorodisias）的一段话，他说斯多亚学派"规定"，"存在"只能用来表述物体。②第二种理解是塞涅卡给出的，如果他是在描述我们这里讨论的早期斯多亚学派的理论，那么他的描述就是带有误导性的。

　　英伍德在评注塞涅卡的《书信》58 时提出了上面的观点。在这封信里，塞涅卡反对另一种不同的斯多亚学派观点（我们需要注意，这种不同的观点也不是本文关注的"正统"的早期斯多亚学派观点）。在给出他自己的立场时，塞涅卡说，"我将'存在'区分为物质性的事物和非物质性的事物，没有第三种可能性"（58.14）。也就是说，塞涅卡的起点是"存在"这个最高的属，并且认为物质性的和非物质性的东西都是存在。因此，塞涅卡严重背离了更早的斯多亚哲学。在英伍德看来，塞涅卡的背离并非正统，但是"与斯多亚学派物质主义的核心教义相一致"③。如果我前面的观点正确的话，那么塞涅卡的观点就和早期斯多亚学派不一致。因为斯多亚学派物质主义中的一个核心学说是，哲学并不从"什么是存在"这个问题开始。而这正是塞涅卡试图在《书信》58 中复兴的那种哲学。塞涅卡将他的研究看作是对存在的探究。有趣的是，他认为自己需要为此辩护。在这封信的开头，塞涅卡说到了拉丁语的贫乏，对很多东西都没有合适的词汇。他接着抱怨说，希腊哲学中的两个核心概念，*ousia*（实体）和 *to on*（存在），没有明显的拉丁文对应物。这在哲学上似乎并没有害处。塞涅卡经常说到技术化的哲学存在与否，换一种方式去讨论形而上学问题，可以是这个问

要的仅仅是，在讨论概念的存在论地位时，斯多亚学派没有引入一个"无"或者"非存在"的范畴。
① Inwood（2007：122）。
② SE M 10.218 = SVF 2.331 = LS 27D; *On Aristotle's Topics* 301, 19-25 = SVF 2.329 = LS 27B.
③ Inwood（2007：122）。

题的另一个版本。① 但是在这个地方，塞涅卡似乎做得更多：他将自己的哲学探究置于研究存在的框架之中，他也意识到自己需要做一些解释。塞涅卡认为，这封信的写作对象，或者说读者，会问他，为什么要写那么长的导言，来讨论拉丁语的缺陷。他说，他的目的是**想要**讨论 essentia 的问题，而这个问题就是"存在"（*to on*）的问题（58.17）。塞涅卡关于"存在"的讨论立刻就转向了柏拉图，随后他就将"存在"作为了最高的属。我认为塞涅卡的《书信》58（这封书信一直以来都被当作理解斯多亚存在论的重要见证）表明了我想要论证的要点：从斯多亚哲学的角度看，我们是否要将研究的主题设定为"存在"是一个至关重要的问题（早期斯多亚学派对这个问题的回答是"不"）。②

在论及他自己在最高的属这个问题上的立场时，塞涅卡说，既然我们从不区分"存在"与"非存在"，我们就没有必要找到一个比"存在"**更高的属**，也就没有必要接受其他斯多亚学派成员心目中最高的属——"东西"。塞涅卡这里的意思是，我们或许可以用"东西"作为最高的属，从而涵盖存在和非存在。但是这并不是斯多亚学派将"东西"作为最高的属引入他们哲学的原因。塞涅卡接着说，有另一种不同的斯多亚学派的观点，是他反对的，这派观点认为，首要的属是"东西"（58.15）。他继续说道："我会补充说明，他们为什么这样认为。他们说，依据自然，有些事物存在，有些事物不存在。"（58.15）③ 也就是说，塞涅卡明确将存在与非存在之间的区分，归于其他一些斯多亚学派的成员。我们在这里无须讨论塞涅

---

① 参见 Inwood（2007）"导论"与注疏。
② 在塞涅卡讨论完了术语、解释了最高的属、比较了早期斯多亚的观点之后，他的论证还没有完成。他转向了柏拉图的六种使用"存在"的方式（16—22），以及这些技术化的讨论为什么与他的主题相关（25—34）。在这之间，他分析了柏拉图为什么不说感觉的对象在严格意义上"存在"（22—24）。这个讨论成为了塞涅卡为自己对柏拉图的存在概念有兴趣进行辩护的依据；对他来讲这是柏拉图主义有益的方面。根据塞涅卡的描述，柏拉图的形而上学有一个非常重要的含义：身体和它的感觉，不管是痛苦还是快乐，事实上都是不存在的。这个观点可以用来应对人生的负担。这或许给了塞涅卡理由，在斯多亚学派内部去复兴对于存在的研究：如果我们采用这种柏拉图主义的研究框架，我们就可以接受（至少是在一定程度上接受），有些东西的存在等级较低。塞涅卡好像是一个温和的治疗师，称理念是柏拉图"个人的行李"（58.18）。他几乎把理念变成了柏拉图主义中某种古怪的偏差（eccentric aberration），但是整体来讲还是有用的。但是塞涅卡当然和我们一样知道，这样做会错失柏拉图形而上学的核心。
③ 他接下来说，"但是自然甚至也接受那些并不存在，而只出现在灵魂中的东西，如人马、巨人，以及所有其他由错误的思想过程塑造的东西，它们没有现实性，但是却开始拥有某种形象"（58.15）。关于塞涅卡这里归于斯多亚学派的推理过程是什么，有一些困难的问题，参见 Inwood（2007：120-123）和 Brunschwig（2003：220–222）。

卡指的到底是谁。我们需要关注的只是，早期斯多亚学派并没有使用存在与非存在之间的区分。如果塞涅卡将这个区分归于他们，那么他的这个论述就是带有误导性的。

这一点为什么重要呢？从塞涅卡自己的立场来看，他认为自己可以从存在的概念出发，而永远不必讨论非存在这个概念。我认为，塞涅卡的这个计划不同于柏拉图在《智者》中的计划：存在与非存在的概念一样复杂，并且紧密相连。根据《智者》的看法，如果我们想要将哲学当作对存在的研究，就不可避免要去面对非存在的难题。我们不可能确切知道早期斯多亚学派是否也有这个关切，但是在我看来，他们确实有。他们从"什么是存在？"的问题转向，就是不想让存在与非存在的区分成为他们理论的核心问题。

四 所有运动的唯一原因

根据我这里给出的阐释，斯多亚学派在一个隐喻的意义上是"大地之子"，他们眼看着大地，认为哲学所能给出的最基本的论述就是解释这个物理的宇宙。在这个物理的宇宙之中，运动随处可见。而对运动的解释是统一的：审视运动的原因。人类的行动必然要与这个统一的论述相适应。在本文余下的部分里，我会进一步讨论这个问题，也就是，斯多亚学派在某种意义上确定了宇宙中所有运动的**唯一**原因。

所有的运动只有一个原因的说法，可以在柏拉图的《斐多》中看到，苏格拉底提出了这样的看法。我们虽然很难确定斯多亚学派在多大程度上与《斐多》展开对话，但是我们可以合理地认为，柏拉图关于苏格拉底生平的记载对于斯多亚学派来讲有格外的吸引力。①

在《斐多》95c-99d 中，柏拉图给出了一段苏格拉底的伪自传（pseudo-biography）。苏格拉底坐在监狱里等待着自己的死刑，他给在场的朋友们讲起了他思想的发展历程。当他还年轻的时候，对于自然哲学家的理论很有兴趣。在他看来，那些人寻求生成与毁灭的原因非常重要。但

---

① 关于斯多亚学派与柏拉图《斐多》的渊源，参见 Sedley（1993）。塞德利认为，《斐多》对于斯多亚学派的苏格拉底形象至关重要，同时也和斯多亚学派关于原因的思想密切相关。

是他并不喜欢他们的观点,因为他们讨论的是水、火之类的东西。他们之中只有一个人的观点看起来还比较有希望,那就是阿那克萨戈拉(Anaxagoras),他说理智(nous)是事物的原因。这听起来非常正确,于是苏格拉底开始阅读他的著作,却大失所望。当阿那克萨戈拉讨论到细节的时候,他和其他自然哲学家的讨论非常类似,也是水、火之类的东西。

苏格拉底认为这显然是错误的。他坐在监狱里等着喝下毒酒(虽然他本可以逃跑)的原因,在他的理智之中,因为这是他认为最好的事情。他说,他坐在监狱里的原因并不能通过分析他的筋骨得到。他有筋骨是他坐在那里的必要条件,而不是原因。苏格拉底以一种惊人的方式,将对人类行动的解释与对宇宙中生成与毁灭的解释联系了起来。在这两类事件中,他只想要一种原因:理智。

斯多亚学派有很多理由可以反对苏格拉底在《斐多》中的论述,至于这部对话中的其他观点,他们的反对会更多,最明显的,斯多亚学派反对柏拉图的理念;同样重要的,斯多亚学派认为理性(logos)而不是理智(nous)才是原因,这个差别值得详细讨论。①此外,斯多亚学派对于动机和能动性的理论给了"好"一个不同于苏格拉底自传中的角色。但是苏格拉底的说法中有一个关键特征构成了一个挑战,而斯多亚学派接受这个挑战:那就是我们要对宇宙中的一切运动找到**唯一一种**原因。这是一个非常惊人的说法,而斯多亚学派接受了这个说法,而且这一点成了他们理论中的一个核心特征。对于斯多亚学派来讲,理性(logos)或神,就是一切运动的唯一原因,不管是人类的活动还是宇宙的运动。但是如果那是我们想要的原因,就意味着宇宙中的一切都充盈着理性和灵魂。如果一切都充盈着灵魂,那么我们就需要一个有等级的灵魂的理论,因为很显然物体是以不同的方式运动的。而这正是斯多亚学派给出的图景。②

斯多亚学派坚信理性是原因,这一点对于柏拉图主义者来讲肯定非常奇怪,但却是理解斯多亚学派物质性概念的关键。苏格拉底的直觉是,只有一种原因。并不是在某个层面上,理智是原因,而在另一个解释的层面上,筋骨是原因。我们有筋骨仅仅是理智成其为原因的必要条件(99a-b)。

---

① 我感谢库珀在评论我这篇论文之前的版本时强调这一点。
② Origen, *On Principles* 3.1.2-3 (= SVF 2.988 = LS 53A),参见上文第一节。

理智作为原因必然可以解释苏格拉底为什么坐在监狱之中；而另一方面，我们无法否认，如果他移动自己的筋骨，那么就可以站起来或者走动，这样我们就必须要找到某种方式去解释走动或坐着是直接由理智导致的（或者按照斯多亚学派的理解，由理性导致）。对于斯多亚学派而言，这之所以可能，必然是因为灵魂（被理解为理性的延伸）在物理的意义上充盈着人的身体。正是在这个意义上，我们可以理解一段看起来有些奇怪的证言，关于斯多亚学派内部针对"走"产生的争论：

> 克里安特斯与他的学生克吕西普在走是什么的问题上存在分歧。克里安特斯说走是 pneuma（气息）从灵魂统治的部分一直延伸到脚，而克吕西普说它就是灵魂统治的部分本身。①

这个争论也反映了斯多亚学派讨论神的两种方式之间的区别。同样的区别也可以应用在灵魂之上。根据克里安特斯的看法，是气息意义上的灵魂推动了双腿。而根据克吕西普的看法，是灵魂统治的部分，也就是理性，推动了双腿。克吕西普为什么要提出这样一种明显更加极端的看法呢？当然，我们只能猜测。一个可能的理由是，如果我们想要强调，是理性的认可给出了行动的冲动，因此理性才是行动的原因，那么我们可能就想要聚焦于理性也**控制着**它的延伸。当苏格拉底移动双腿的时候，这不仅包含了严格意义上理智，而且包括了一直延伸到双腿的气息。但是这个气息也是由理智控制的，因此最终是理性推动了苏格拉底的双腿。

正如前面说的，我们并不知道早期斯多亚学派是否以及在多大程度上是在直接回应《斐多》。但是我们可以想象，克里安特斯与克吕西普之间的分歧，是在对苏格拉底做出回应。②在讨论能动性的时候，还有什么例子比苏格拉底的例子更让人困惑吗？他明明有机会逃跑，但是却决定留在监狱。苏格拉底或坐或走，这不是件小事。如果选择走，就意味着他接受了逃离死刑。

最重要的是，克里安特斯与克吕西普对于能动性的解释都非常重视苏

---

① 塞涅卡：*Ep.* 113。Inwood（2013：285-286）简要讨论了对于这段话此前的理解。之前的讨论集中在塞涅卡这封信的语境上，也就是灵魂是一个动物（这导致一个困难的问题，即灵魂是不是以及如何是人这个动物之中的另一个动物）。
② 关于苏格拉底和苏格拉底之死作为斯多亚思想中的重要例子，参见 Sedley（1993：316-318）。

格拉底在《斐多》的伪自传中提出的挑战。他们都提出了行动的解释，这些解释都符合宇宙中生成与毁灭的普遍论述。他们都认为，在某个具体的行动中，是行动者的理性导致了他的运动。但是行动者的理性仅仅是宇宙理性的一部分，而宇宙的理性是宇宙中一切运动的原因。这样看来，斯多亚学派关于物体的思想与他们关于理性的思想紧密联系。我希望这给我的论题增加了进一步的证据。在我看来，斯多亚学派是大地之子，但他们是更加精致的大地之子。他们的哲学始于关于物质性的复杂概念，这个物质性的概念与斯多亚学派的理性概念密切相关。[1]

参考文献

Algra, K. , 2003:"Stoic Theology," in Inwood (2003), pp. 153-178.
Bobzien, S.,1998: *Determinism and Freedom in Stoic Philosophy*, Oxford: Clarendon Press.
Brunschwig, J.,1988/1994: "The Stoic Theory of the Supreme Genus and Platonic Ontology," in Brunschwig, *Papers in Hellenistic Philosophy*, Cambridge: Cambridge University Press, pp. 92-157 (originally published as "La théorie stoïcienne du genre supreme et l'ontologie platonicienne," in J. Barnes and M. Mienucci eds., *Matter and Metaphysics*, Napoli: Bibliopolis, 1988, pp. 19-127.
——, 2003: "Stoic Metaphysic," in Inwood (2003), pp. 206-232.
Caston, V., 1999: "Something and Nothing: The Stoics on Concepts and Universals," *Oxford Studies in Ancient Philosophy*, vol. 17, pp. 145-213.
Colvin, M., 2005: "Heraclitus and Material Flux in Stoic Psychology," *Oxford Studies in Ancient Philosophy*, vol. 28, pp. 257-272.
Cooper, J. ,2009: "Chrysippus on Physical Elements," in R. Salles ed., *God and the Cosmos in Stoicism*, Oxford: Oxford University Press, pp. 93-117.
Frede, D. ,2002: "Theodicy and Providential Care in Stoicism," in Frede and Laks (2002), pp. 85-117.
Frede, D. and Laks, A. (eds.),2002:*Traditions in Theology*, Leiden: Brill.
Frede, M.,2005: "La Théologie Stoïcienne," in G. Romeyer Dherbey and J.-B. Gourinat eds., *Les Stoïciens*, Paris: Vrin, pp. 213-232.
——,1996: "The Original Notion of Cause," in M. Frede, *Essays in Ancient Philosophy*, Minnesota: University of Minnesota Press, pp. 125-150.
Inwood, B. (ed.), 2003:*The Cambridge Companion to the Stoics*, Cambridge: Cambridge University Press.
——,2007: *Seneca: Selected Philosophical Letters*, Oxford: Oxford University Press.
Long, A. A. ,2005: "Platonic Souls as Persons," in Salles (2005), pp. 173-191.

---

[1] 我感谢在密歇根和巴尔的摩的听众给我的评论，以及匿名评审的意见。本文两个重要的论题之一，早期斯多亚学派并没有将哲学理解成对存在的研究，得到了卡斯顿很有价值的反馈。在2007年巴尔的摩召开的全美哲学会议上，库珀是我这篇文章的评议人。他很慷慨地给了我他评论的文字稿。我从他的评论以及在巴尔的摩的讨论中获益良多。

——,1996: "Soul and Body in Stoicism," in Long, *Stoic Studies*, Cambridge: Cambridge University Press, pp. 224-249.

——,2006: "Chance and Laws of Nature in Epicureanism," in Long, *From Epicurus to Epictetus*, Oxford: Clarendon Press, pp. 157-177.

Long, A. A. and Sedley, N. D. ,1987:*The Hellenistic Philosophers*, Cambridge: Cambridge University Press.

Plato,1997:*Complete Works*, ed., J. M. Cooper, Indianapolis: Hackett.

Reydams-Schils, R.,1999:*Demiurge and Providence, Stoic and Platonist Readings of Plato's Timaeus*, Turnhout: Brepols.

Salles, R. (ed.),2005:*Metaphysics, Soul, and Ethics in Ancient Thought: Themes from the Work of Richard Sorabji*, Oxford: Oxford University Press.

Sedley, D.,1993: "Chrysippus on Psychophysical Causality," in J. Brunschwig and M. Nussbaum eds., *Passions and Perceptions*, Cambridge: Cambridge University Press, 1993, pp. 313-331.

—— ,2002: "The Origins of Stoic God," in Frede and Laks (2002), Leiden: Brill, pp. 41-83.

—— ,2005: "Stoic Metaphysics in Rome," in Salles (2005), pp. 117-142.

Vogt, K. M.,2008:*Law, Reason, and the Cosmic City: Political Philosophy in Early Stoa*, Oxford: Oxford University Press.

White, M.,2003: "Stoic Natural Philosophy (Physics and Cosmology)," in Inwood (2003), pp. 124-152.

芝诺与心理一元论：
关于文本证据的一些观察*

梯恩·蒂勒曼（Teun Tieleman）**
于江霞（YU Jiangxia）/译（trans.）***

摘要：从创始人季蒂昂的芝诺开始，斯多亚学派就发展了一种通常被称为"一元论"的人类心灵或理智模型。这个术语是现代历史学家发明的，但它的灵感却来自古代资料，尤其是盖伦和普鲁塔克。他们的证据显示，斯多亚学派拒绝柏拉图和亚里士多德的模型，根据该模型，除了理性之外，还有解释情感和心理冲突的其他非理性部分或能力。斯多亚学派反对这种能力进路，并发展了以动机统一为特征的完全且同质的理性理智的概念。通过研究之前被忽视的有关芝诺的残篇和证据，本文对斯多亚学派的心理一元论提出的原初动机和本质进行了细致的考察。我认为，芝诺关于人类在宇宙中位置的观点引发了斯多亚学派的心灵模式，即个体的理智是更大的整体的部分，这使得它与作为理性之源泉的神的交流成为可能。斯多亚学派的思想英雄——色诺芬描述的苏格拉底，可能在这里一直发挥影响。此外，芝诺在灵魂和身体之间做出了基本的区分，身体是欲望和其他受动的来源，这与柏拉图《斐多》中苏格拉底的人类学观点相一致。综上所述，我们必须充分重视斯多亚学派的物质主义和整体论的物理学：我们人类是

---

* 译自 Teun Tieleman, "Zeno and Psychological Monism: Some Observations on the Textual Evidence," in T. Scaltsas & A.S. Mason eds., *Zeno of Citium and His Legacy: The Philosophy of Zeno*, Larnaca: Municipality of Larnaca, 2003, 187-219. 本译文为国家社科基金后期资助项目"技艺与身体：斯多亚派治疗哲学研究"（项目号：16FZX019）的阶段性成果。中国人民大学哲学院刘玮副教授认真校对了译文。
** 梯恩·蒂勒曼，荷兰乌得勒支大学哲学与宗教研究系教授（Teun Tieleman, Professor, Department of Philosophy and Religious Studies, Utrecht University, Nederlands）。
***于江霞，哲学博士，浙江财经大学伦理研究所副教授（YU Jiangxia, Ph.D, Associate Professor, Zhejiang University of Finance & Economics, Hangzhou）。

一个连续整体中的粒子。

关键词：斯多亚学派；季蒂昂的芝诺；理性；心灵模式；宇宙论

Zeno and Psychological Monism: Some Observations on the Textual Evidence

Abstract: The Stoics, starting with their founder Zeno of Citium, developed a model of the human mind, or intellect, which is usually called "monist." This term was coined by modern historians, but inspired by ancient sources, notably Galen and Plutarch. Their evidence shows that the Stoics rejected the Platonic and Aristotelian model, according to which there are, besides reason, other non-rational parts or powers explaining emotion and mental conflict. Rejecting this faculty approach, the Stoics developed a conception of a wholly and homogeneously rational intellect marked by motivational unity. This article takes a close look at the original motivation and the nature of Stoic psychological monism through focusing on neglected fragments and testimonies connected with Zeno. It is argued that the Stoic model of mind is motivated by Zeno's view of man's place in the cosmos, viz., of the individual intellect as part of the greater whole, which makes possible communion between it and God as the source of rationality. The Stoic intellectual hero, Socrates, as presented by Xenophon, may have been influential here. Further, Zeno posited a basic distinction between psychê and the body as the source of appetite and other affections, in line with the anthropology ascribed to Socrates in the Platonic Phaedo. With all this discussed, this article comes to the conclusion that we should give fair weight to Stoic corporealist and holist physics and their view: We humans are particles of a continuous whole.

Keywords: Stoicism; Zeno of Citium; rationality; models of mind; cosmology

一　序言

盖伦（Galen）一直以来强烈地影响了我们将所谓的心理一元论（psychological monism）当作克吕西普（Chrysippus）的学说，并且认为他令人遗憾地偏离了此前芝诺（Zeno）和克里安特斯（Cleanthes）的学说。[1]

---

[1] 参见盖伦《论希波克拉底与柏拉图的学说》(*On the Doctrines of Hippocrates and Plato, PHP*)，尤其是 IV 和 V。盖伦提出的证据大部分被 Pohlenz（1938，1948）所接受。盖伦声称克吕西普将情感等同于

然而，今天的大多数历史学家会赋予其他资料更多的权重，尤其是西塞罗和普鲁塔克。他们对于盖伦吵吵闹闹制造出来的那个根本分歧一无所知。①当然，我们没有理由在当前的怀疑与盖伦立场的对峙中沾沾自喜。有记载的证据仍然布满各种未解的难题。尽管盖伦将很多偏见带进了这场争论，他仍然是我们最主要的资源，即便仅仅是因为他提供了很多对克吕西普的忠实引述。即使我们打消了疑虑，做好准备将"心理一元论"追溯到斯多亚学派的创始人那里，我们还是不该急于认为，我们已经充分理解了这个标签通常指的那种学说的本质和最初动机。

本文的目的是要重新考察芝诺对灵魂的看法。我并不想关注斯多亚学派这一思想领域中最明显、得到最广泛研究的资料，即盖伦的《论希波克拉底与柏拉图的学说》、普鲁塔克的《论道德德性的进步》和西塞罗的《图斯库兰论辩集》。相反，我要强调一些其他的资料，我相信这些资料提供了更宽广的学说背景，可以帮助我们阐明芝诺的立场。这也让我们能够评估现代人所炮制出的"一元论"这个斯多亚立场的标签是否恰当。

当我们说到"（心理）一元论"时，到底是什么意思呢？这个表达通常指斯多亚学派的如下观点：灵魂的主宰部分（hêgemonikon）或理智（dianoia）②完全地、同质地仅仅是理性而已。也就是说，它不包含一种或更多的不可还原的非理性能力。③这就使得斯多亚学派的立场与柏拉图和亚里士多德的立场截然不同，后者确实应用了这些非理性的部分或能力，即欲望和意气的部分（柏拉图），或者欲求（orexis，亚里士多德）。我们主要的资料——普鲁塔克和盖伦（并非西塞罗，这一点令人吃惊），即使没有相当于"一元论"的术语，也描绘了沿着这些思路产生的分歧。他们认为，斯多亚的模型不能解释诸如灵魂的受动（pathē，即激情或情感）和不自制（akrasia）等现象。这些作者用他们自己的灵魂能力进路来批评斯多亚学

错误的价值判断，而芝诺则将情感定义为紧随着这些判断发生的物理效应。盖伦将后者等同于理智中独立的非理性因素的效应，比如 *PHP* 4.3.2, 5.1.4（*SVF* 1.209）。人们经常忽略，盖伦在 *PHP* 5.6.40-42 中宣称对于芝诺立场的无知，说他还没有在后者的某篇论著中去查阅它。总体上，盖伦想当然地认为克里安特斯跟随老师的脚步，而炮制了【来自波希多尼乌斯（Posidonius）】一篇用诗体写成的理性与愤怒之间的对话来作为证明，但这是不足为信的，*PHP* 5.6.35（*SVF* 1.570）。

① 参见 Cic. *Ac.* 1.38, *Tusc.* 3.74; cf. 4.11, 15; Plut. *Virt. mor.* 441C（*SVF* 3.459）。芝诺对德性的定义也以一元论模型为前提，参见 Plut. *Virt. mor.*441A（*SVF* 1.201）。
② 关于这个等同，参见 Plut.*Virt. mar.* 441C（*SVF* 1.202）; Stob. *Ecl.* II p. 65.2-3（*SVF* 3.306）。
③ 参见 Inwood（1985：28）。

派。当今的历史学家要确定，想要弄清斯多亚学派立场的真正特征，到底在多大程度上还有一些盲点。例如，古代的能力进路以柏拉图–亚里士多德式的本质主义来处理诸如"能力"（δύναμις）和"部分"（μέρος, μόριον）这样的词汇。但同样的词汇在早期斯多亚心理学中却发挥着不同的作用。① 总体上讲，那些论战性的资料忽视了这个事实。进一步而言，能力进路要求我们将灵魂作为一个自足的存在物（self-contained entity），即用来解释心灵事件的能力的集合体。这适合将灵魂当作主体性的寓居之地，与外部世界相对立。② 而斯多亚学派将世界视为一个连续的整体。这在斯多亚学派的研究者当中是共识。但是我并不非常确定，我们是否总是很清楚这一点对于他们的道德心理学具有什么样的意义。下面我会在两个方向上进一步发展这一连续体的思想：首先，灵魂与它所处环境（最终是整个宇宙）之间的连续性（第二节）；其次，灵魂与身体的连续性（第三节）；最后，我将回到芝诺所谓的一元论问题，并试图根据本文主体部分所讨论的证据来给出答案（第四节）。

二　人与神圣的世界

按照塞克斯都（Sextus）在《驳学问家》（*M.*）901–903（= *SVF* 1.113a，部分）的说法，芝诺对一个苏格拉底式的证明进行了调整，以此来证明"宇宙是理性的"：就像我们从宇宙中获取构成我们的物质元素，我们也一定从中获得了我们的理性。芝诺的版本是这样的：

> 季提昂的芝诺（Zeno of Citium）将色诺芬③作为他的出发点，论证如下："投射有理性之物的种子的事物自身也是有理性的；但是宇宙投射有理性之物的种子；因此宇宙也是某种有理性之物……"（*M* 9.101,

---

① 芝诺划分的"部分"（parts）是心灵的普纽玛（*pneuma*）的不同部位（portions），即主宰的部分加上控制感觉、言语和繁殖的气息，比如可参见 *SVF* 1.143。δύναμις 这个词原本在整个灵魂产生张力（τόνος）的意义上指"能力"。参见 Plut. *Virt. mor.* 441C (*SVF* 1.202; 3.459); Stob. *Ecl.* II p. 74.1-3 (*SVF* 3.112); cf. Alex. Aphr. *De an. Mantissa* p. 118.6ff. Br. (*SVF* 2.823)。

② 这样，能力进路更适合我们以一种（相当截然的）内/外之分的术语来理解主/客之分的习惯。然而，还有其他一些文化并不采用内/外之分；参见 Tayor（1988）。

③ 参见 Xen. *Mem.* 1.4.8; cf. Cic. *ND* 2.18（不在 *SVF* 中）和第 125 页脚注①。

SVF 1.113，第一个文本）①

冯·阿尼姆（Von Arnim）在这里结束了这则残篇。但是接下来的语境也应该考虑在内。②这里塞克斯都附上了对这个三段论前提的解释：说"投射有理性之物的种子"是什么意思？到底怎样将这一点应用于宇宙？这个得到更充分论证的说法明显是斯多亚学派的，而且我认为是芝诺式的，它给上述三段论增添了连贯性，从而增强了其说服力：③

（102）这个论证的说服力显而易见。人们相信，每一种自然和灵魂中运动的本原都来自主宰的部分（ἡγεμονικοῦ），所有被送进整体中的部分（τὰ μέρη τοῦ ὅλου）的能力（δυνάμεις）都像来自一个源头一样来自主宰的部分，因此存在于部分中的每一种能力也存在于整体中，因为它是从主宰的部分里（即在整体中）被传输（διαδίδοσθαι）出来的。所以从能力方面来看部分有什么，整体必然首先拥有什么。

（103）因此，如果宇宙投射了一个理性动物的种子，它这样做并不是像人一样，通过有泡沫的排放，而是像含有理性动物的种子一样；但是它含有的方式，并不是我们说葡萄藤"含有"葡萄（也就是说"包含"）的方式，而是由于种子理性原因（λόγοι σπερματικοί）被含在里面。④因此这个论证是这样的：宇宙含有理性动物的种子的原因；因此宇宙是理性的。

我们在这里看到的是在苏格拉底的源头中所缺少的在微观宇宙与宏观宇宙之间的类比。再者，宇宙灵魂被描述为一个由**部分**，即个体的人类理智，构成的**整体**。鉴于这种关系，宇宙的主宰部分或理智，也就是神，⑤被称为"每一个灵魂和自然中运动的本原"；也就是说，它发起了人类个体内的认

---

① 这个三段论与 Cic.ND 2.22（SVF 1.113，第二个文本）记载的芝诺的三个三段论中的第二个类似。西塞罗的版本加上了世界是有灵魂的这一性质（这一点在塞克斯都那里仅仅是暗示）。第一个三段论确立了世界是有感觉的这一结论（SVF 1.114），第三个确立了它是有灵魂的和智慧的（SVF 1.112）。显然，这三个论证——一个有秩序的序列——按照同样的路线进行，即原因必然具有其结果拥有的性质这一原则；进一步参见 Schofield（1983：44）。
② 参见 Defilippo and Mitsis（1994：263）。
③ 看起来芝诺的三段论不是意在靠自身让人信服，而是以这里所提供的此类辩护为前提。因此它们的功能可能是对一个更长的辩证论证过程的概括，这使得斯多亚学派的信条变得更容易记忆，甚至是听起来绝妙无比；参见 Schofield（1983），尤其是 p.49ff。
④ 葡萄虽然由藤所"包含"，但在性质上是不同的，而人类和宇宙都是理性的。参见 Defilippo and Mitsis（1994：264）。
⑤ 关于神作为世界的主宰部分（hêgemonikon），比如可参见 Cic. ND 1.39。

知过程。①这是通过传输（διαδίδοσθαι）发生的，该词在斯多亚学派（和芝诺主义）的知觉生理学中是一个核心概念。因此盖伦告诉我们：

> 芝诺、克吕西普，以及他们所有同伴的意思是，事物从外部作用于一个身体部位所产生的运动（κίνησιν）被传输（διαδίδοσθαι）到灵魂的主导中心（ἀρχήν），这样动物就可以感知到了（αἴσθηται）（*PHP* 2.5.35, *SVF* 1.151）。

针对芝诺的这个著名论证，即通过将主宰部分等同于语言的来源，规定主宰部分的位置——他认为是心脏（*PHP* 2.5.8, *SVF* 1.148），②盖伦主要关心的是听觉。这个论证以芝诺的这一观点为前提：心灵的表象（φαντασίαι）是印在心灵的普纽玛（*pneuma*）上的，并作为观念概念在那里储存起来。③在说话时，这些印象通过声音外化出来，声音作为一种气息被视为是心灵的普纽玛的一种延伸。④印象通过我们自身内外气息的连续性（pneumatic continuum）而传递，也在进行交谈的人与人之间传递。我会在之后回到气息连续性功能这个话题上（即作为意义的载体）。目前我想提出以下观点，这里所说的对人类理智的神圣影响，或许可以与人和人之间的口头交谈进行类比（它们当然也有明显差异，前者没有语音被附加到语义上）。确实，克里安特斯在他著名的《宙斯颂》（*Hymn to Zeus*）中提到聆听神的声音（以及沉思他的作品，*SVF* 1, p. 122；II. 20-21）。除了将这理解为聆听一种内在的声音，无声地传递意义之外，还可能是其他什么呢？

除了灵魂的感觉和交流能力以外，塞克斯都还提到了灵魂的生殖功能，这将我们的理智呈现为神的理智的后代。在他处，芝诺将人类的精子说成人类灵魂的一部分（μέρος）和分离的部分（ἀπόσπασμα），对应于两个连续

---

① 大体相同的图景，参见 M.Aur.xii.2，他说神看到所有不带身体累赘的主宰部分，"因为它仅仅用它自己的思想，只与从它自身发出的东西和被转入那些部分[即主宰部分]的东西相接触"。另参见 Epict.*Diss*.1.14.9。

② "声音来自气管；但是如果它是来自于大脑，它就不会从气管中出来。现在声音与说出的语言（λόγος）来自同一地方。但是说出的语言（λόγος）来自思想，所以思想不是在大脑中……"（而是在心脏中；这一点参见来自巴比伦的第欧根尼 [Diogenes of Babylon] 的版本，9-13 和克吕西普，14-20）。

③ Euseb. *Praep. Ev.* 15.20.2 (*SVF* 1.141 后文有引述)；Sextus *M.* 7.227, 372 (*SVF* 2.56)，参见 230, 236 (*SVF* 1.58)，DL 7.46 (*SVF* 2.53)；关于心灵表象（φαντασίαι）与讲话之间的联系，尤其见 DL 7.49 (*SVF* 2.52)。

④ Aët. *Plac.* IV 21.4 (*SVF* 1.150)：τὸ δὲ φωνᾶεν ὑπὸ τοῦ Ζήνονος εἰρηνένον, ὃ καὶ φωνὴν καλοῦσιν, ἐστι πνεῦμα διατεῖνον ἀπὸ τοῦ ἡγεμονικοῦ μέχρι φάρρυγγος καὶ γλώττης καὶ τῶν οἰκείων ὀργάνων. 参见 *PHP* 3.1.11-15 (*SVF* 2.885)。芝诺阐述了这一更古老的观点：将思想作为内在话语，将说出的语言作为外化的思想，这可以回溯到柏拉图和亚里士多德，参见 Pl. *Th.* 189e-190a, *Soph.* 263e; Arist. *EN* H 6.1149b9f, *MA* 7.701a31ff., *De an.* G 11.434a16-21; cf. *APo.* A 10.76b24-25。

的阶段，即射精前和射精后（SVF 1.128）。这里我们有同样的区分，尽管从微观层面看精子是从父母的灵魂中分离出来，但塞克斯都强调宇宙灵魂并非如此，实际上也无法喷射出它的种子，而是永远含有它。①

西塞罗在《论神性》（ND）2.57-58（SVF 1.172）中将本质上与塞克斯都相同的微观/宏观类比归于芝诺。在这里我们也看到了宇宙自然包含一切的思想，这暗示了整体/部分关系。②另外，如塞克斯都所言，神圣的理智有其自身的运动和过程，这可以类比其他生物由于它们的"种子"（seminibus）而经历的，即**它们**从无处不在的神圣理智中获得的种子的原理（spermatic principles）。西塞罗首要关注的是自然的神意**活动**，强调神圣理智的自愿运动或意动（斯多亚学派的 ὁρμαί）。不过他也将知觉列为涉及微观/宏观类比的功能之一。西塞罗告诉我们，芝诺将自然定义为一种**提议**和**预见**所有关切和重要之事的带有技艺的火。③

显然，部分/整体框架对恰当理解芝诺的人类学至关重要。理解这个框架的一个主要文本是第欧根尼·拉尔修（Diogenes Laertius, DL）在 7.87-88 就斯多亚学派关于最高善或目的（τέλος）的构想所做的说明。在《论人的自然》（On the Nature of Man）中，芝诺将"按照自然生活"与"按照德性生活"等同起来，因为"自然引导我们达到它（即德性）"。据说克吕西普接着将按照德性生活（即芝诺的观点）解释为"按照我们对于自然发生之物的经验生活"。他在《论目的》第一卷中这样说，之后的论述（一直到 88 末尾提及他的学生第欧根尼和阿奇德穆斯 [Archedemus] 为止）似乎从中引申出来，包含对芝诺的引用。接下来我们听到了更多芝诺式的回响，尤其是他将幸福定义为一种"生命的美好流淌"（εὔροια βίου），④即"一切都依据和每个人之中的守护神（δαίμων）相和谐的方式而做，这同时也是宇宙统治者的意志"（注意双关语 εὐδαιμονία-δαίμων）。⑤克吕西普将此解释为把我们的个体自然纳入宇宙自然，作为部分与整体联系起来。于是我们就有了这样的生活，"在这种生活中，我们不做普遍法则通常禁止的

---

① 相似地，在 Cic.ND 2.22 (SVF 1.112) 记载的论证中，芝诺让我们将世界想象成一棵树，我们在上面作为果实生长出来。
② [natura] ipsius mundi, qui omnia conplexu suo coercet et continet...
③ natura ...plane artifex a Zenone dicitur, consultrix et provida utilitatum opportunitatumque omnium.
④ 参见 SVF 1.184 集中起来的文本。
⑤ 与此相似，Posidonius ap., Gal. PHP 5.6.4 (Fr. 187 E.-K.)。

事情，普遍法则即是渗透于万物的正确理性，并等同于宙斯、主宰和万物的统治者"这一表达方式也反映了芝诺的定义。①

　　第欧根尼的概括似乎回到了克吕西普对芝诺定义的解释，我们看到了与塞克斯都和西塞罗大体相同的论述，尽管这三个资料有各自强调的重点。对我们而言重要的一点是，神在我们生命中给予持续的指引，这是部分/整体关系的一个直接后果。就像爱比克泰德所言，神的神意超越了我们在理性方面与他相同这一点，他将我们托付给一个守护神（δαίμων）来指引，它神在我们自身之内的显现（*Diss*. 1.14, 12-14）②（整个《论说集》1.14 可和我们刚刚讨论过的塞克斯都、西塞罗和第欧根尼的文本进行比较）。③如果我们接受伊彼法尼乌斯（Epiphanius）的证据，那么就能明确将理智（或主宰的部分④）等同于神这一点归于芝诺。⑤这一点解释了一个奇怪的事情，即守护神-理智并不与"我"相重合，而是被描绘为他物，这一点在第欧根尼对存在于每一个人*之内*的神的提及中也有所暗示。

　　由于第欧根尼的视角是道德的，因此我们了解了所有这些东西对于我们生活中实践行为的意义。他只是提到禁令，我们似乎也可以期待他提到积极的指令。除非这一特点缘于他资料的高度浓缩，⑥我们可以对照苏格拉

---

① 另参见 Cic. *ND* 1.36, *SVF* 1.162。
② 关于我们自身之内的守护神与（正确的）理性和理智的相同，尤其参见 M.A. v.27, ii.13.1, ii.17.4, iii.16.3, iii, 6, 2（注意这里对苏格拉底的提及），iii.7.2, iii.12.1, viii.45.1。另参见波西多尼乌斯【第 127 页脚注⑤（原文注释 21）】。
③ 实际上，它将我已经强调的西塞罗、塞克斯都和第欧根尼文本中的所有要点汇集成一种协调一致的论述：部分和整体构架，确保了灵魂与神相互联系，或"触碰"（συναφείς）（6）；将灵魂的功能归于神圣的心灵，比如看和感知（6, 7, 8, 10）；以及神的理智与人的理智通过传输（διάδοσις）进行交流，（9）。关于神作为看着和触碰着我们的主宰部分（或诸理智）另参见 M. A. xii.2.
④ 参见第 123 页脚注②（原文注释 3）。
⑤ Epiphanius; *Adv. haeres*. III 2.9 (*DG* p. 592,21-29, *SVF* 1.146)给出了这样一个论述 芝诺关于灵魂（和神）的观点与来自芝诺《国家篇》的可耻意见交替进行: Ζήνων ὁ Κιτιεὺς ὁ Στωικός ἔφη μὴ δεῖν θεοῖς οἰκοδομεῖν ἱερα, ἀλλ' ἔχειν ἐν μόνῳ τῷ νῷ, μᾶλλον δὲ Θεὸν ἡγεῖται τὸν νοῦν. ἔστι γὰρ ἀθάνατος. [另一个关于葬礼和性的令人震惊的陈述]…ἔλεγε δὲ πάντα διήκειν τὸ θεῖον.伊彼法尼乌斯不能算是一个一流的资料。他的可靠性相当不稳定，但是他似乎没有篡改以上教义来适应他带有材料中的基督教偏见；毫无疑问它们本身是足够客观的。我们也没有必要怀疑将这一点归于芝诺：这里与芝诺的一篇论著有特别的关系。关于对伊彼法尼乌斯作为资料来源的评价，参见 Diels, *DG*. 175 ff.；尤其是涉及芝诺的 177（partim recta sunt, partim ita ira studioque mutata ut scriptoris consilium pateat）。值得比较的还有另一个学述传统：Aët. IV 5.11 (=Stob. *Ecl.phys*. I 48.7 [περὶ νοῦ]), p.317.15-6 W.):Πυθαγόρας, Ἀναξαγόρας, Πλάτων, Ξενοκράτης, Κλεάνθης, θύραθεν εἰς κρίνεσθαι τὸν νοῦν。将克里安特斯包括进来或许反映了斯多亚派学说中理智的神意；不同的意见可参见 Tieleman (1991：124)。因此外在理智这一表达本身自然是亚里士多德的回响，Arist. *De an*. G 5；另参见 *GA* B 3.736b22-29; *EN* 10.7-9.
⑥ 克吕西普在他的《论法》中对"共同法"的定义包括了命令和禁令；参见 *SVF* 3.314。

底的守护神（daimonion）同等消极的功能，即警告他不要做某些事情的内在声音。①众所周知，苏格拉底是斯多亚学派第一代成员主要的哲学范本，那时芝诺自己还没有承担起这一角色。②对于斯多亚学派对苏格拉底那个守护神的解释，值得比照卡尔希迪乌斯（Calcidius）在《蒂迈欧注疏》ch. 168 的讨论，他总结了斯多亚学派关于激情的原因和预防所做的论述（chs. 165-168）。③在 ch.168 处卡尔希迪乌斯的斯多亚资料告诉我们如何避免社会和身体对灵魂的扭曲：

> ……首先需要神圣的协助去感受最高的善，尽管这些最高的善为神性所特有，但却通达人类。对身体的关心也应该与灵魂的能力一致，以使它的（即灵魂的）努力得到延续。而且好的老师们以及我们每一个人已经获得的这种神圣力量也应该足够。因为据说苏格拉底从年幼时开始，就有一个守护神（daemon）作为他的同伴教他应该做的事情，不是在敦促他做事情，而是告诫他不做那些没有益处的事情。也是由于这个原因，这种事情在人的能力之内，如果不明智地行动，即使做它们是有用的，也会带来灾难，仁慈的神圣力量就是让苏格拉底远离这些灾难。

卡尔希迪乌斯保存下来的论述没有明确提到芝诺，而且在这里是以一种例证的方式提出来的。有没有直接的证据证明芝诺在关于人和神圣世界沟通的问题上拥有相似的观点呢？类似于来自塞克斯都的文本当然会让我们期待这种想法。在一些讨论通过梦境占卜的文本确实能够瞥见这个思想，但我认为它们具有更广泛的重要性。毕竟，斯多亚学派由神意决定的世界，没有为神施加任意的恩惠留下空间；也就是说，我们会认为，关于占卜的思想也内嵌于一种普遍、协调一致的世界观中。首先，我想看一下普鲁塔克在《论道德德性的进步》第 12 章（p. 82F=*SVF* 1.234）中保存的芝诺的说法：④

---

① Pl. *Ap.* 40a-c, *Phaedr.* 242b8-cl, *Tht.* 151a, *Euthphr.* 3b, *Theag.* 128d. Xen. *Mem.* I. 1.2,4. 苏格拉底与斯多亚学派关于我们之中的守护神的看法之间的关系，参见 M. A. iii, 6,2。
② 参见 Long（1998）；另参见 Döring（1979；6）。
③ 冯·阿尼姆将 chs. 165-167 作为 *SVF* 3.229，而在他的汇编中完全忽略了 ch.168。然而，如瓦辛克（Waszink）（*ad* 198.20）正确指出的，对斯多亚学派学说的论述延伸到了 ch.168, p.199, 6 *numen*。
④ 普鲁塔克提到芝诺 30 多次，然而在学说内容方面并没有提供太多东西。当前的文本之所以显眼是因为它再现了芝诺的一个特定表述（虽然与普鲁塔克的习惯不同，是以间接的方式表述的）；参见 Babut

那么也考虑一下芝诺的观点。因为他认为，每一个人从梦中感到他自己的（道德）进步，如果在睡觉时，他看到他自己既不从可耻的事情中取乐，也不赞成或陷入任何可怕或不恰当的事情之中，而是在理性的影响下冷静下来——就像在平静的海面透明的深度中，灵魂的想象和情感（τὸ φανταστικὸν καὶ παθητικόν，这里指的是能力？还是方面？）透射出光芒。①

普鲁塔克在这个旨在显明道德进步就是控制激情（即使在睡眠中理性对它们的控制有所放松之时）的论证中，呈现了芝诺的这个观点。普鲁塔克给出的灵魂模型是柏拉图/亚里士多德式的二元论，他把想象和情感说成是某种不同于，并且潜在地与理性相反的东西。这样来看，这个证据的第二部分与其他斯多亚学派文本里的内容都无法相符，它仅仅适合普鲁塔克在这里捍卫的论题。另外，一些涉及睡眠作为生理过程的证据也确证了，普鲁塔克调整了原有的文本，以适应他自己的目的（并因此写了一个很不清楚的句子）。对芝诺而言，在睡眠中有所放松的是灵魂的知觉部分，即那些连接主宰部分与感觉，并通过它们连接外部世界的心灵的普纽玛的部分。②由于它对身体和外在世界的参与减少，主宰部分（或理智）可以不受通常的纷扰影响。这种宁静和随之而来的自我感知在平静的海面这个意象中得到了很好的概括，这很显然是一种真正的芝诺式的特征。

普鲁塔克在《论苏格拉底的守护神》588C-D 中对睡眠提出了同样的看法，也用到了平静的海面这个意象。在这里，睡眠打断了影响理智的激情流，因而使得它可以恢复与神圣根基的联系，而且获得了一种更高级的洞察力：

……苏格拉底的守护神不是幻象，而是对某种声音的知觉，或者以某种奇怪的方式达到他的用语言表达的心理直觉。在睡眠中也是没有语言的，但当接收到印象或对某些陈述的直觉时，一个人会想象听

（1969: 220）及本文所在文集（Scaltsas & Mason eds., *Zeno of Citium and His Legacy*）中基德（Kidd）的论文。

① ὅρα δὴ καὶ τὸ τοῦ Ζήνωνος ὁποῖόν ἐστιν· ἠξίου γὰρ ἀπὸ τῶν ὀνείρων ἕκαστον ἑαυτοῦ συναισθάνεσθαι προκόπτοντος, εἰ μήθ᾽ ἡδόμενον αἰσχρῷ τινι ἑαυτὸν μήτε τι προσιέμενον ἢ πράττοντα τῶν δεινῶν καὶ ἀτόπων ὁρᾷ κατὰ τοὺς ὕπνους ἀλλ᾽ οἷον ἐν βυθῷ γαλήνης ἀκλύστου καταφανεῖ διαλάμπει τῆς ψυχῆς τὸ φανταστικὸν καὶ παθητικὸν διακεχυμένον ὑπὸ τοῦ λόγου.

② Cic. *Div.* 2.119, DL7.158（*SVF* 2.766）：τὸν δὲ ὕπνον γίνεσθαι ἐκλυομένου τοῦ αἰσθητικοῦ τόνου περὶ τὸ ἡγεμονικόν. 参见 Aet. *Plac.* V 24.4（*SVF* 2.767）。关于芝诺对灵魂各部分的划分，参见第 124 页脚注①（原文注释 5）。

到人们正在说话。但是其他人实际上在睡眠中有这类洞察力，因为身体正在休息，并且是平静的，而当他们醒着时，他们的灵魂几乎听不到那些更好的灵魂（即守护神），并被激情的骚乱和分心之事所淹没，让他们无法倾听和注意这个信息。然而苏格拉底有一种纯粹的理智，它免于激情并且仅仅为了必要的目的才与身体略微混合，它非常敏锐和精细，立即受到触及他的事情的影响。我们可能会猜测，达到他的不是说出来的语言，而是守护神并未说出的言语，它仅仅借助思想的含义与他做无声的接触。①

一元论和多元论之间的差异在这一语境下不是问题。相反，理智与身体之间存在着一种基本对立，当身体变得像平静的海面时，就能让理智重新发现它的神圣根基，即它的守护神。注意苏格拉底的独特之处在于，他对身体的控制非常强，因此他在清醒的时候也有这种经历，而一般人只有在睡眠时才会有机会。普鲁塔克在这里可能用一种比《论道德德性的进步》更本真的方式呈现了芝诺的立场（进一步的讨论参见附录）。

这样睡眠给未受扰乱的心灵活动，特别是理智集中注意力时的自我知觉就提供了一个特殊的机会。但是为什么芝诺会特别提到对道德进步的知觉呢？看起来，这里讨论的这种洞察力需要一种更高的视角，即德性本身的视角。只有这样才能使我们认识到什么是在道德上要反对的。但是仍在通往德性路上的人（通常）不可能有这种视角。②他们需要的是对通常的主观看法的超然态度。在早期斯多亚学派的语境下，这需要来自神圣世界的帮助——而不是理性去评估某一种非理性能力，就像普鲁塔克在《论道德德性中的进步》82F 中所说的。

---

① ...τὸ Σωκράτους δαιμόνιον οὐκ ὄψις ἀλλὰ φωνῆς τινος αἴσθησις ἢ λόγου νόησις εἴη συνάπτοντος ἀτόπῳ τινὶ τρόπῳ πρὸς αὐτόν, ὥσπερ καὶ καθ᾽ ὕπνον οὐκ ἔστι φωνή, λόγων δέ τινων δόξας καὶ νοήσεις λαμβάνοντες οἴονται φθεγγομένων ἀκούειν. ἀλλὰ τοῖς μὲν ὡς ἀληθῶς ὄναρ ἡ τοιαύτη σύνεσις γίγνεται δι᾽ ἡσυχίαν καὶ γαλήνην τοῦ σώματος, ὅταν καθεύδωσι, μᾶλλον ἀκούουσιν, ὕπαρ δὲ μόλις ἐπήκοον ἔχουσι τὴν ψυχὴν τῶν κρειττόνων καὶ πεπνιγμένοι γε θορύβῳ τῶν παθῶν καὶ περιαγωγῇ τῶν χρειῶν εἰσακοῦσαι καὶ παρασχεῖν τὴν διάνοιαν οὐ δύνανται τοῖς δηλουμένοις. Σωκράτει δ᾽ ὁ νοῦς καθαρὸς ὢν καὶ ἀπαθής, τῷ σώματι (μὴ) μικρὰ τῶν ἀναγκαίων χάριν καταμιγνὺς αὑτόν, εὐαφὴς ἦν καὶ λεπτὸς ὑπὸ τοῦ προσπεσόντος ὀξέως μεταβαλεῖν· τὸ δὲ προσπῖπτον οὐ φθόγγον ἀλλὰ λόγον ἄν τις εἰκάσειε δαίμονος ἄνευ φωνῆς ἐφαπτόμενον αὐτῷ τῷ δηλουμένῳ τοῦ νοοῦντος.

② 在这里同一问题出现在针对斯多亚学派的论战性反驳中，即那些通往德性途中的人必然已经把握到了它，参见 Plut. *De comm. not.* 8, 1061F (*SVF* 3.542)；如果是这样，他们一定同时自认为面临巨大的恶并由此陷入激情，参见 Posid. *ap.* Gal. *PHP* 4.5.28, 4.6.7, 5.6.28 (=Posid. Frs. 164, 165, 174 E.-K.)。斯多亚学派当然否认这是不可避免的。他们的部分答案在于，向有德性的状态的转变会是瞬间和在无意识的情况下发生的。参见 Plut. *Prof. in. virt.* 75C (*SVF* 3.539，第二个文本), Stob. *Ecl.* II 7, p. 113 W. (*SVF* 3.540)。

还有，我们可能想要对芝诺在这些问题上的观点持更坚定的立场。普鲁塔克在后面文本中明确提到芝诺，但却隐瞒了原文中的很多内容，而《论苏格拉底的守护神》888C-D 只有在与前一文本比较的基础上才能被归于芝诺。但是我们还有额外的证据。考虑西塞罗《论占卜》2.119（*SVF* 1.130）：

> 他们（即斯多亚主义者）坚持认为我们的灵魂是神圣的，并从外部的源头发展而来；宇宙充满着众多和谐的灵魂；这样，由于它的神圣自然，以及与外在理智之间的关联，睡眠中的人类灵魂会认识到将要到来的东西。尽管如此，芝诺相信灵魂会收缩、消退和覆灭，睡眠恰好就是这样。①

西塞罗通过老套的辩论策略来使他的论敌彼此反对，在这里就是让斯多亚主义者反对他们的学派建立者。他的观点是，在芝诺看来，睡眠松弛了灵魂的张力，而这个张力决定了灵魂的能力——包括认识能力。②因此芝诺的睡眠生理学排除了（斯多亚学派后学所捍卫的）这一观点，即由于与外在理智的关联，睡眠使得更高级的洞察力成为可能。尽管如此，西塞罗在其他地方告诉我们，芝诺在斯多亚学派中点燃了对占卜的强烈兴趣。③普鲁塔克在《论道德德性的进步》82F 至少很确定地说到了这一点；芝诺还赋予睡眠中获得的洞察力以特殊的意义。

实际上，西塞罗反对的这两种观点属于同一种前后一致的理论。他（或他的资料来源）因为仅说到"灵魂"从而歪曲了芝诺的观点；其他的证据说明，只有将理智和感觉联系起来的那部分心灵的普纽玛才会在睡眠中松弛下来。④我们已经提到，这一思想似乎也是来自普鲁塔克的证据基础。另外，尽管西塞罗在这里将对灵魂神圣根源的信念归于其他斯多亚主义者，但我们可以回忆塞克斯都在《驳学问家》9.101-3 明确地将同样的信念归于芝诺。这本身并不证明芝诺接受了在睡眠中与外在理智，即守护神，相

---

① Divinos animos censent esse nostros, eosque esse tractos extrinsecus, animorumque consentientium multitudine conpletum esse mundum; hac igitur mentis et ipsius divinitate et coniunctione cum externis mentibus cerni quae sint futura. contrahi autem animum Zeno et quasi labi putat atque concidere et <id> ipsum esse dormire.
② 参见本文下面的讨论。
③ *Div.* 1.6 (*SVF* 1.173)；另参见 DL. 7.149 (*SVF* 174)。这些文本也清楚地表明只有帕奈提乌斯（Panaetius）由于质疑占卜的功效而偏离了他的**所有**前辈。
④ 参见第 130 页脚注②（原文注释 33）。还要注意这些资料中没有对应于西塞罗的 *labi* 和 *concidere* 的术语，这就强化了他想要制造出来的那个差异。

通的观点，但是普鲁塔克和塞克斯都的文本显然指向了那个方向。不管怎样，我们可以稳妥地推测，就西塞罗归于斯多亚主义者的那个思想而言，他们并没有严重偏离芝诺的原有学说。

西塞罗在塞克斯都的基础上有所增加的是，宇宙间充满了和谐（即有德性的和智慧的[①]）的灵魂，我们的灵魂可以通过梦与这些灵魂接触。也有记载说芝诺至少给一部分特殊的灵魂某种来世的生活（虽然并非不朽）。[②] 这些灵魂在人与神之间扮演了一种居间者的角色，它们代表着斯多亚学派对传统所说的守护神的理解。[③] 它们将智慧（包含预见未来的能力）分配给那些接触它们的人。

爱比克泰德《论说集》1.14 的一段话也论述了睡眠提供的这个特殊机会，他在那里论述了神意的问题。像我们在前面提到的，[④] 他的大意与塞克斯都《驳学问家》9.101-103 相似。但是下面这个文本在塞克斯都的著作中并没有对应，而是与来自普鲁塔克和西塞罗的证据一致：

> 他（即神）在每个人身边安排了作为护卫的守护神，并让他关心这个人，这个守护神从不睡觉，也不会被欺骗……因此，当你关上门，使内心变暗，记住永远不要说你是孤单的：因为你并不孤单，不，神在其中，你自己的守护神也在其中。他们何需光亮来看你在做什么。你也必须向这个神宣誓忠诚……

守护神看到"你正在做什么"，即一个人的道德状态。一个人可能回忆起普鲁塔克在《论道德德性的进步》82F 中所强调的道德评价，这一点正是从爱比克泰德对服从神的呼唤而来的。

斯多亚学派在他们学派的建立者芝诺的根基上继续构建他们的大厦。[⑤] 但是，区分哪些是我们的资料明确归于他的，哪些不是，依然至关重要。芝诺自己用了部分/整体的构架来解释人类理智和神圣理智之间的关系。他将此与微观/宏观的类比相结合，将相同的灵魂功能同样赋予神与人，使他

[①] *animorum... consentientium*：参见 Cic. *ND* 2.58 (*SVF* 1.172) 关于芝诺学说中提到的神圣理智的 *consentaneas actiones*；参见前文的讨论。

[②] *SVF* 1.146, 145.

[③] DL 7.156 (*SVF* 2.774), Cic. *Tusc.* 1.77 (*SVF* 2.822); 关于将它们等同于守护神，参见 Sextus, *M* 9.71 (*SVF* 2.1105), DL. 7.151 (*SVF* 2.1102), Aët. 1.8.2 (*SVF* 2.1101); Hoven（1971：44，58）。

[④] 参见第 124 页脚注③（原文注释 24）。

[⑤] 关于忠诚与权威在希腊化各学派中的主导作用，参见 Sedley（1989），关于斯多亚派的内容尤其在 p. 97f。

们的沟通成为可能。此外，有一些迹象表明，他借助更为具体的关于神–人相通的思想来补充这种普遍的世界观。不管怎么样，他将睡眠视为一种优越的状态，人在这种状态中可能获得某些道德洞察。至于这是否以无声的言谈为形式，以及被视为外在理智的守护神扮演什么角色，我们就没有那么确定了【对比它们对于色诺克拉底（Xenocrates）这位学园派掌门的重要性】。尽管如此，我没有为此而避免指出某些隐含之意。

三　身体

在我们迄今为止讨论到的证言中，身体似乎是将灵魂从神圣根基移走的潜在的扰乱性根源。这显然使得身体成为道德反思的题材。确实，芝诺《论人的自然》的题目，加上它里面希波克拉底式的回响，表明了他同时关注身体和灵魂。阿里乌斯·狄迪慕斯（Arius Didymus）报道了芝诺如何设想它们之间的关联：①

> 克里安特斯引用芝诺关于灵魂的学说来将他与其他自然哲学家进行比较，②他说，像赫拉克利特一样，芝诺称灵魂为有感觉的呼气。因为，赫拉克利特希望表明，灵魂被呼出的时候总是变得有智慧，他将它们比作河流，并这样说道："当人们踏进同一条河流，不同的河水流过他们。"而且灵魂也是从液体中蒸发出来的。③像赫拉克利特一样，

---

① ap.Eusebius, PE 15.20-2-3, p.384.15-24 Mras [=Ar.Did. fr. phys. 39b Diels, SVF 1 Zeno 141, Cleanthes(519)]。之前的背景呈现了芝诺的精子学（ibid., 15.20.1, SVF 1.128）。在接下来的部分（ibid. 4-7, SVF 2.821, 809）中，世界灵魂被说成与个体灵魂一样，由同样的物质构成，并以同一种方式得到保存（即通过在宇宙层面上的呼气）。另外，剩下的灵魂（即个体的灵魂）被说成是有机地附在（προσπεφυκέναι）世界灵魂上，而且生物体内的灵魂与那些在周围空间内的灵魂被区分开来。后一类进一步被等同为那些一直持存到宇宙大火的灵魂。而且那里明确说到，每一个灵魂（即包括宇宙灵魂）都具有一个以生命、知觉和冲动为标记的主宰部分。尽管尤西比乌（或他的资料来源阿里乌斯）没有将在§§4-7 中的这些观点归于芝诺或任何一个其他的斯多亚主义者，但值得注意的是，他们将这种表述与前面讨论过的塞克斯都的论述密切相联。他给塞克斯都增加的是，那些在死后仍然存在的灵魂的位置。对于那些可以归于阿里乌斯·狄迪穆斯的材料的新考察 参见 Runia(1996)，尤其是 p. 380f。

② 从芝诺的定义（和论证）出发，对于斯多亚学派的作者来说是必须的（对于现在讨论的问题而言，当然是芝诺关于灵魂的定义和论证）。克里安特斯被认为是老师的忠实追随者；比如可参见 DL 7.168。他的论著中有一篇名为《论芝诺的自然哲学》(DL 7.174)，在那里他可能已经将芝诺与前代学者进行对比了，就像阿里乌斯这里所说的。克里安特斯对赫拉克利特尤其感兴趣，还写作了单独的论著讨论他，即《对赫拉克利特的阐释》(Interpretations of Heraclitus，四卷，DL 7.174)；关于证据的讨论，进一步参见 Long（1975/6），关于这段文本的讨论在 p. 151f。

③ 蒂尔斯（Diels）在赫拉克利特的残篇中加入了这句话（DK B12）。但这似乎是克里安特斯的阐释，大概受到了赫拉克利特认为灵魂的来源是"湿"的启发，参见 B36。赫拉克利特或许确实将灵魂称为一种呼气，参见 Arist. De an. A 2.405a24（DK A15，第一个文本）。同一概念在宏观和微观两个层面的

> 芝诺宣称灵魂是一种呼气；但是他称灵魂是有感觉的，因为它的主宰部分能够借助感觉器官，将存在和在场的东西印刻在它之上，并能接受这些印记，因为这些东西为灵魂所特有。

这就是在尤西比乌（Eusebius）里面的阿里乌斯里面的克里安特斯所呈现的芝诺（和赫拉克利特）。① 我们最直接的关切是，芝诺将灵魂定义为"有感觉的呼气"或"蒸发"（αἰσθητική ἀναθυμίασις），它来自体液，尤其是心脏中的血液。② 通过这种呼气而得以维持的是灵魂的"气息"（πνεῦμα）。正是它热的性质③ 导致血液蒸发，进而补充了气息的物质。④ 这些思想更多地归于芝诺时代的生理学，而不是赫拉克利特（克里安特斯引入了赫拉克利特）。⑤ 在这个定义中形容词"有感觉的"指感觉，是在有气息的灵魂上留下刻印（τύπωσις）的过程，其他的资料证明了这确实是芝诺的学说。⑥ 印象直接和物理性地影响着灵魂的力量。因此需要对他们做出充分的回应。

阿里乌斯·狄迪慕斯保存下来的关于灵魂作为呼气的论述表明，有两种性质是主导性的，即热和冷，分别体现元素火和气的特点。⑦ 芝诺用传统的四元素或元素性质解释心灵状态，这一点得到了盖伦《论希波克拉底与柏拉图的学说》5.2.31-38（SVF 3.470，部分）的确认，在那里盖伦在与克吕西普的《论情感》（περὶ παθῶν）进行论辩。在他独立的《治疗学》（θηραπευτικόν）第四卷，也是最后一卷中，克吕西普在身体性与灵魂疾病之间，进而在医学与哲学各自的使命之间发展出了一种详细的、广为人知的类比。⑧ 这样，他就定义了心灵的受动（affection），即激情或情感（παθῆ），是由于失衡而发生，这是他从芝诺那里借来的思想。他引用了克吕西普的

讨论也可以在 Aët.4.3.12（DK A15，第三个文本）中找到，但这不能算作一个独立的证据，因为我们在这里处理的可能是斯多亚学派的阐释，参见下一个注释。
① 关于讨论和进一步的参考文献，参见 Long（1975/1976：151），Kahn（1979：259）。
② Gal. PHP 2.8.48, SVF 1.140；参见 SVF 1.102,第一个文本, 2.778, 781-783。
③ 因此有 Ruphus of Ephesus, Onom. §229, p.166, 10-11 Daremberg-Ruelle:θερμασίαν δὲ καὶ πνενῦα Ζήνων…τὸ αὐτὸ εἶναι φησιν (SVF I 127)。与此相似的是 Varro, LL V.59 (SVF 1.126), 135-138。将灵魂描述为火符合气息的热性，并使人想起他对于宇宙主动原则——或神——作为一种有技艺和创造性的火的论述（参见前文的讨论）。这也可能在提示赫拉克利特等人，参见 SVF 1.134; Tieleman（1991: 114, 120），以及进一步的注释。
④ 与呼气一起，呼吸作为灵魂的一种营养来源而被提到，SVF 1.137, 138。
⑤ 关于当时的科学背景，参见 Tieleman（1996: 83）。
⑥ DL 7.50 (SVF 2.55);Sext. M7.228ff. (SVF 1.484), 7.236 (SVF 1.58)；参见前文的讨论。
⑦ SVF 2.310, 442, 786, 841.
⑧ 关于这一类比及其内涵，参见 Kudlien（1968），Tieleman（1999）。

如下说法：

> （31）那的确是芝诺的论证为何应该这样展开的原因。灵魂的疾病与身体受扰动的状态最为相似。身体的疾病被说成是一种在其内的（事物），热与冷，干与湿，失去恰当比例的结果。
>
> （32）再往下："身体的健康是特定事物的一种良好的混合和比例。"①接下来又说，"因为在我看来，一种好的身体状况体现在上面提到的事物最好的混合。"
>
> （33）再之后："那些东西也被说成并非不适合身体，因为它的成分，即热、冷、湿和干，或成比例或不成比例，也就有了健康或疾病；在肌腱中的成比例或不成比例就是力量或虚弱，坚固或柔软；在四肢当中的成比例或不成比例就是美或丑。"

盖伦选择了多达四个文本来说明**身体**由四种元素组成。他接受这种四分法（他认为这原本是希波克拉底提出的），他也认可情感就像身体的病痛，是由**某种**失衡引起的。但是他批评芝诺和克吕西普没有确定哪些成分涉及心理的平衡（或相反的状态）。尽管如此，盖伦文本的第一个片段（31）清楚地说到，芝诺以及后继者克吕西普仅仅论证说，**心理的**健康也体现在物理元素的恰当平衡中；因此有了上面提到的相似性。②事实上，这也是盖伦在其他地方说到的斯多亚学派的立场。③这当然适合物质性的灵魂概念与身体的相互作用，因为它们由同样的元素组成。盖伦掩藏了直接说出这一点的文本，因为他希望强调自己的观点：心理事件只有用柏拉图式的灵魂能力学说才能解释，即一种是理性的，两种是非理性的。他给出来自克吕西普的四段文本，并且都表明同一个关于身体的观点，是他以不坦诚（不过很有代表性）的方式，来暗示斯多亚学派对于灵魂的健康与疾病未置一词（其

---

① 即热、冷、干和湿。
② 关于芝诺自然哲学中的四种元素，另参见 Ar. Did. *ap.* Stob. *Ecl.* I 17.3.p. 152.19ff (= fr. 38 Diels, *SVF* 1.102,第一个文本), DL 7.135, 136, 142 (*SVF* 1.102, 第二个文本)。各种自然进程，包括那些在生物中的，影响各元素相互之间的持续转化。这样，蒸发——灵魂由于这一过程而被滋养（参见前文的讨论）——就是从水到气的转换：Ar. Did. *ap.* Stob. *loc. cit.*。
③ Galen, *Quad animi mores temperamenta corporis sequuntur*, SM II pp. 45-6 Müller (*SVF* 2.787)涉及了与克吕西普在《治疗学》中讨论到的同一文本。由于语境不同，这次盖伦没有掩盖斯多亚学派利用四种元素及其基本性质来讨论灵魂状态这一事实。这个文本并非论战性的——盖伦列举了尽可能多的哲学家，包括斯多亚学派哲学家，证明关于四元素的普遍共识，他将这个基本信条回溯到希波克拉底。相比之下，在 *PHP* 中，斯多亚学派与希波克拉底的任何共同之处都会削弱他的论战目的。毕竟，整个作品都是致力于将希波克拉底与柏拉图结成联盟，共同反对斯多亚学派。

实是因为他们对此感到困惑）。①

关于心理健康与疾病的物理论述并不能排除一种用意向性的方式给出的替代性描述，即判断和它们的一致性或不一致性。实际上，斯多亚学派的文本既使用了意向性的词汇，又使用了物理主义的词汇来描述激情，并经常将它们结合在同一个定义中。②盖伦倾向于将这些物理性描述解释为涉及非理性状态，尤其是在芝诺那里。③但是在芝诺与克吕西普之间并不存在分歧。恰恰相反，以上文本表明克吕西普接受了芝诺的分析。在《论希波克拉底与柏拉图的学说》中，盖伦激烈地反对斯多亚学派的灵魂观念，而为柏拉图的灵魂三分（并且处在三个位置）的观点辩护。他的论证就是要指出，斯多亚派不可避免地陷入到各种困难之中，因为他们拒绝接受柏拉图式的非理性部分。从论战的角度看，芝诺和克吕西普给四元素赋予原因的角色是有些尴尬的，因为盖伦本人赞赏四种元素的学说。④

如果心灵的普纽玛代表了热和冷的混合，⑤它们正确的比例将会保证灵魂的稳定性，从而可以充分容纳印在其上的印象。相应地，芝诺也用（剩余的）热和冷来描述激情：快乐和欲求是"热的"，引起灵魂的松弛和扩张；而悲伤和恐惧是"冷的"，引起灵魂的收缩和萎缩。⑥

仍然悬而未决的是，芝诺是否将冷/热之间的比例与"张力"的概念，或者在很多斯多学亚派文本中发挥重要作用的"张力性运动"联系起来，尽管从来没有人明确将后面这个学说归于他。⑦不管怎样，他的学生克里安

---

① 盖伦很擅长严重歪曲，即使是在逐字引用对手的文字时，这一点我在讨论《论希波克拉底与柏拉图的学说》第二、第三两卷对克吕西普的《论灵魂》所做的处理时做了证明，参见 Tieleman（1996）。
② 比如 DL 7.114, Cic. *Tusc.* 4.66-7, Sedley（1993：329）。
③ 参见第 122 页脚注①（原文注释 1）。
④ 参见第 136 页脚注③（原文注释 58）。
⑤ 参见第 135 页脚注⑦（原文注释 54）。假定芝诺将心灵的普纽玛（宇宙的和个人的）作为他"完全混合"（κρᾶσις δι' ὅλων）概念的一个主要例子，虽然不无可能，但并无坚实的文本依据。参见 *SVF* 1.145（这是一个非常晚的证据，在这里芝诺的名字或许仅仅是斯多亚学派的标签）; cf. 1.102 (=Ar.Did. fr. 38)，在这里这一概念应用于元素的相互转化。混合概念的出现早于克吕西普，因为它曾经受到阿凯西劳斯（Arcesilaus）的攻击：Plut. *De Stoic Rep.* 1078B-D; Long/Sedley (1987vol. 1: 292); Mansfeld (1983)。
⑥ Gal. *PHP* 4.3.2, Cic. *Tusc.* 4.15.克吕西普认为依据冷/热的区别从一种情感转向相反的情感是不平衡的灵魂的典型特征：*SVF* 3.418。关于传统背景，参见 Zink (1962), Tieleman (1999)。
⑦ 对这一概念最早的明确引述，将它与克里安特斯的名字联系在一起: Stob.1.17.3 (*SVF* 1.497), Long (1975/6: 148)。此后的文本将"张力性运动"（τονικὴ κίνησις）定义为在相反方向上同时发生的运动——向内和向外 (*SVF* 2.451)，或者两个相反运动的交替 (*SVF* 2.450, 458)。普纽玛的主导性质，热和冷，同时产生了向内和向外的运动，因此产生了张力 (*SVF* 2.441, 442)；参见 Gal. *PHP* 5.3.8 (*SVF* 2.841, 部分)，盖伦记载并反对克吕西普的观点。

特斯，大量运用张力的概念来构成灵魂的力量，即灵魂充分回应不同事件的能力（SVF 1.563; cf. 575）。克里安特斯可能以芝诺关于物理元素之间比例的理论作为他的出发点。

芝诺在他关于情感（πάθος）一个定义中突出了情感不稳定的方面：

> 他也给出了以下的定义："情感是一种灵魂的颤动（fluttering）（πτοία）"，他将情感（状态？）的变化无常比作翅膀的运动。①

在某种情感状态中，灵魂的平衡被打乱，一种任意行动紧接着发生，像在恐慌中漫无方向地拍打翅膀的鸟儿一样。

由于我们的灵魂和道德状态会暴露在各种身体的影响之下，它至少在某种程度上可以通过饮食和训练得到调节，即古代医学中称为饮食法（δίαιτα）的部分。据记载芝诺对它有强烈的兴趣。②我们知道，因为芝诺性格暴躁、严厉，③他适量饮酒，由此可以变得温和一些，并成为可以更好相处的人。"白羽豆也是苦的，但是在浸泡之后就变成甜的"，他打趣道。类似的逸事，由于它们的妙语都来自大师，④因此不应该作为古怪或哲学上无关紧要的东西而被打发到一边。考虑到我们仅有的可怜证据，这些轶事也经常保存着学说真理的内核，值得严肃地对待。⑤这个轶事不仅反映了这位哲学家对饮食法的整体兴趣，还显示出他的真正信念：一个人的心理状态或品格，可以用四元素及其比例解释和处理。在这个例子中，热（愤怒）和干（严厉）这两种性质的过剩通过湿和冷得以治疗。这样，与犬儒学派相反，芝诺倡导对身体和灵魂的关心。在更可取的中性物（preferred indifferents）里，考虑身体与灵魂的关系，以及由此对我们的道德品性的直接影响，身体占据着一种特殊的，虽然不免有些模糊的位置。⑥

然而这些关于芝诺生活方式的有趣故事不仅仅反映了他的信条。据记

---

① Stob. Ecl. 7.1 (SVF 1.206); SVF 1.206; Chrys. ap. Gal. PHP 5.2.13-14 (SVF 3.465).
② 从 SVF 1.285, 286, 287 看来有一种对饮食法的兴趣。SVF 1.131, 132 表明了一般意义上的对医学的兴趣；参见 Chrys. ap. Gal. PHP 5.2.31-33（SVF 3.471）。关于斯多亚派的治疗包括了对身体的关照，进一步参见 Tieleman（1999）。
③ 这一描述或许意在将其归为一个冲动的人。冲动被认为是天才的标记，比如参见 [Arist.] Probl. XXX.1 和 Flashar（1966）。
④ 冯·阿尼姆在以《芝诺格言集》（Zenonis Apophthegmata）为题的部分刊印了这些文本。
⑤ 类似的轶事反映了这一思想，一个哲学家的生活和信条应该协调一致。关于这一主题在古代传记传统中的状况，参见 Mansfeld（1994: 179）。
⑥ 参见 Kudlien（1974）。

载芝诺的死法也别具一格（*SVF* 1.288）。有人说他通过屏住呼吸实施自杀，这样就凸显了空气和呼吸在斯多亚学派物理学思想里的重要性。① 他为何相信自己生命将尽，也反映了我在之前论述的一个观点。有一天他离开学园的时候，被绊倒并摔在地上，折断了一个脚趾。他用拳头捶击地面，并引用了一行悲剧：②

> 我来了，你为什么召唤我？

在某种层面上讲，他将他的意外视为一种召唤，来自被拟人化的大地，也就是他要回归的地方。③ 但是这个轶事也可能说明了一种更为根本的思想：既然没有无处不在的斯多亚之神的意志就什么事情都不会发生，那么我们就可以认为芝诺回应了神的声音。这个表面看来没什么大不了的意外还有另一点值得注意：它的真实意义，只有那些对神圣计划以及其中每个人的角色有一种更高的洞察力的人才能理解。这就是对伟大之人的赞美。

四 后记

我们在第二节对证据的考察表明，芝诺用来解释人在宇宙当中位置的两个模型的重要性：首先，他在微观宇宙与宏观宇宙之间的类比，使得我们可以将相同的灵魂过程赋予神和人的理智；其次，他设计出整体/部分框架来解释神与人的关系。他可能进一步借助这个框架理解人与神圣理智的交流。我们可以合理地假设，这种交流采取了一种无声的语言形式，通过灵魂气息的连续性进行传输，这与他整体的语言和思想的理论相吻合。毫无疑问，芝诺强调理智渗透于万物之中，这一思想如果得到遵守，就以特殊的方式展示了神意，并且可以引导我们。我们身上的这种神圣的要素并不与我们所谓的（整体）的人相符；相反，它更像是"更好的自己"：不仅仅是理性，而且是"正确的理性"。因此，这个人可能同时拥有了两个不同的视角。

---

① 我在这里依据的是保存在 DL 7.28 中的版本。Lucian, *Macrob.* 19 中的版本，说他回到家并饿死自己，这与我们在其他资料中看到的芝诺对于饮食法的兴趣一致，参见第 138 页脚注②（原文注释 67）。
② 来自《尼奥柏》（*Niobe*），提莫特乌斯（Timotheus）一部（逸失的）悲剧：*TGF* p. 51 Nauck。
③ 关于芝诺所言的人身体的原始来源，参见 *SVF* 1.124【参见第 140 页脚注②（原文注释 76）】。

来自身体状态的印象经常妨碍人们对正确的理性予以足够的注意。就此而言，我考察了一些针对睡眠这种特殊状况的证据。睡眠是一种优越的状态，因为我们醒着时很多会分散注意力的东西在睡眠中都不在了。梦（以及其他经验）在占卜中的功能广为人知。然而正确理性的运转并不局限于占卜这个狭窄的范围，而是属于事物的普遍秩序，即使我们对神圣存在的**意识**，需要一种认知和道德发展的高级阶段。①

此外，我们还发现了一种对身体的深刻关切（第三节）。芝诺认为身体是扰乱和情感的一个来源，因此非常重视控制和调控它，这样才能最好地维持我们的心理（和道德）健康。这样灵魂的治疗就关涉身体的治疗，这是灵魂物质性自然（即作为灵魂的气息），和芝诺关于四种物理元素相关的混合与变化思想的直接后果。

所有这些与本文开头提到的"心理一元论"问题有什么关系呢？这种描述芝诺心理学的标签并不是完全不合适，因为它表明在芝诺这里并不存在柏拉图-亚里士多德的灵魂能力学说里那种非理性的能力或部分。然而，当我们要追溯芝诺心理学的原初本质和意图时，这种表述并不是特别富有启发性。因为它在由身体限定的个人品格，与渗透于万物的神圣理智之间设置了一种基本的对立。②因此在某种意义上，我们也可以把这说成是特殊的二元论。这个模型也允许差别和冲突，因为一个人有可能会背离正确的理性。这种对立需要从整体/部分构架，而不是灵魂不同能力之间的区分得到解释。这里，芝诺开辟了自己的道路，虽然后来他的学说经常按照并不适合他的柏拉图-亚里士多德范式被讨论和评价。后来的辩论聚焦于灵魂**内部**有几个部分或者可以区分出几种能力，这就模糊了斯多亚学派的连续性思想，以及部分-整体关系的重要性。

我这么说并不表明，这里不存在前瞻性和影响。芝诺会着眼于他那个时代的哲学展开自己的立场。我们可以指出柏拉图《斐多》中的某些段落，

---

① 斯多亚主义中的意识（或缺乏意识）思想本身是一个非常引人入胜的话题，需要进行特别考察，我在这里无法做出，希望在以后的研究中可以讨论到它。

② Censorious, *De die natali IV*, 10 *(SVF* 1.124)把握到了芝诺人类学中的这个基本对立：*Zeno Citieus Stoicae* sectae *conditor, principium humano generi ex nova mundo constitutum putavit, primosque homines ex solo, adminiculo divini ignis id est dei providentia genitos*。这里我们也看到了分别代表我们身体的自然与理智的土壤和神圣的闪光被并置在一起。我们的理智是神意的礼物，因为神圣的心灵监督我们的行为，并可能帮助我们（注意 *adminiculo*）。参见 Epict. *Diss*. 1.14；关于这一点参见前文第128页脚注③（原文注释24）。

也讨论了身体要素与转向更高领域之间的对立（尤其是 79A-81E）。另外，在《蒂迈欧》86B-89D 也有从身体角度解释激情的影响深远的段落。看起来芝诺更倾向于一种在神学语境下更直接的灵魂/身体对立，而不是在其他柏拉图和漫步学派的作品中看到的更为详细的对灵魂内部进行划分的尝试。

附录：普鲁塔克：《论苏格拉底的守护神》第 20 章

在上面的论证中，我指出了普鲁塔克的《论道德德性的进步》第 12 章（p.82F = SVF 1.234）和《论苏格拉底的守护神》588D-E 之间的相似性。后者是关于苏格拉底的守护神更详细的讨论的一部分，来自于对话者之一西米亚斯（Simmias, ch.20, 588B-589F）。对话设置在苏格拉底一些更年轻的伙伴中间，他们在导师死后不久相聚于忒拜。这当然没有妨碍普鲁塔克利用新近的占卜理论，进而邀请他的读者就争论中的各个理论的价值进行比较。确实，在第 20 章中有很多内容让人想到斯多亚学派（因此并没有被忽视）。色诺克拉底残篇的第一个编纂者理查德·海茵茨（Richard Heinze），从色诺克拉底对守护神作为人与神的居间者这一为人熟知的角度研究了普鲁塔克的论文。解读到第 20 章时，他被其中大量的斯多亚元素震惊。这正是所谓的泛波西多尼乌斯主义（Panposidonianism）的盛期，因此海茵茨毫不犹豫地将波希多尼乌斯作为这里所阐释的占卜理论的来源。[①]

莱因哈特（Karl Reinhardt）在他的《波西多尼乌斯》中接受了这个归属，并对这一文本进行了仔细的研究。[②]但是总体而言，这个归属只赢得了很少的赞同。[③]由于后来将波西多尼乌斯看作罗马作家背后资料来源的倾向大为减弱，这个文本也就从斯多亚学派的研究中彻底消失了。我们关于斯多亚学派（包括波西多尼乌斯）的残篇汇编中，完全没有涉及这一章。尽管如此，我相信整个这一章都值得我们重新考察，包括它受到的影响。

正像前面指出的，588D-E 与卡尔希迪乌斯的《蒂迈欧注疏》ch.255 有非常近的平行关系。卡尔西迪乌斯不可能引用普鲁塔克。那么这两者都反

---

① Heinze（1892：102）。
② Reinhardt（1921：464），Reinhardt（1953：802）；Döring（1979：6）追随其后。
③ 在 Corlu（1970：56）中有所考察。

映了中期柏拉图主义的传统吗？① 确实在这个传统中语言与思想的联结，以及神的沉默之声被发掘出来（虽然这些思想的来源依然是很大的问题）。② 不管怎样，这里斯多亚学派元素的数量和一致性非常引人注目。在现有的柏拉图主义文本中没有这样的东西。我们还可以进一步考虑以下几点。

在 588E，"能力更高的理智"（ὁ τοῦ κρείττονος νοῦς，即守护神③）与人类灵魂相接触的方式，被解释成一种语言交流的形式。说出的语言有两部分：话语（即声音）和意义。这里说到的特殊的语言交流形式是在没有声音的情况下发生的，而在正常的（人与人之间的口头）交流中，必然包括这两个部分。随后（588E），这一点又用纯粹**物理**的语言得到了进一步的解释：（通常的）话语就像在空气中**吹气**（这是一个芝诺式的定义），④ 但是更高的能力用他的思想触碰我们这种更温和的方式与我们交流（另参见 589B）。据说它**引导**着有天赋的灵魂（gifted soul）。⑤ 神圣的触碰⑥以及引导我们灵魂的思想，也出现在我们提到的塞克斯都和第欧根尼的论述中。它与语言交流机制的关系依赖芝诺心灵表象（φαντασίαι）的学说，就像灵魂气息上的**印记**。⑦ 在 589C-D 背后显然是斯多亚的学说，希米亚斯/普鲁塔克再次提到了用无声的语言或纯粹的意义进行交流的主题：据说气被发出的声音印刻（τυπωθείς），意义就是盖章（ἐνσημαίνεται）。⑧

将思想作为内在的述说，将言语作为外在化的思想，可以追溯到柏拉图和亚里士多德。⑨ 但是我们在这里看到的是独特的斯多亚主义的版本，这

---

① 参见 Waszink p. LXXXVII f（另参考平行的文本）。
② 参见 Waszink *ad Calc.* p.153.23-5, 178.21 ff 及其参考文献。
③ 这一点在与之平行的 *De def. orac.* 431C 中得到明确讨论。
④ *SVF* 1.74, DL 7.55 (*SVF* 3. Diog. Bab. 17), DL 158（在关于听觉的论述中）。
⑤ 这是对形容词 εὐφυᾶ 的翻译，在斯多亚学派的文本中，这个词的标准用法是指那些在道德上有所进步的人，参见 DL 7.106-7 (*SVF* 3.127, 135)。克里安梯斯甚至写了一本《论天赋》（περὶ εὐφυίας，参见 DL 7.175 (*SVF* 1 Cl. 481)。进一步参见 Stob. *Ecl.* II, p. 107.14ff. W. (*SVF* 3.366), 93.14ff. (*SVF* 3.500); DL 7.129 (*SVF* 3.716); Plut. *CN* 1072F (*SVF* 3.719)。
⑥ 关于斯多亚派知识论中物理接触（"触碰"）的思想，参见 Chrysippus *ap.* Aet. IV 9.13, IV 20.2 (*SVF* 2.81, 387), Chrys. *ap.* Nemes. *Nat. hom.* 2, p. 22.3-6 Morani (*SVF* 2.790); Plut. *CN* 1072F (*SVF* 3.719)。
⑦ Euseb. *Praep. Ev.* 15.20.2 (*SVF* 1 Zeno 141); Sextus *M.* 7.227, 372 (*SVF* 2.56), 230, 236 (*SVF* 1.58); DL 7.46 (*SVF* 2.53)；关于表象与言说之间的关联，尤其参见 DL 7.49 (*SVF* 2.52)。
⑧ 参见 Chrys. *ap.* Gal. *PHP* 2.5.20(*SVF* 2.894):πιθανὸν δὲ ἄλλως, εἴς ὃ ἐνσημαίνεται τὰ λεγόμενα, καὶ σημαίνεσθαι ἐκεῖθεν, καὶ τὰς φωνὰς ἀπ᾽ ἐκείνου ...Diog. Bab. *ap.* Gal. *PHP* 2.5.12 (*SVF* 3 Diog. 29): καὶ ἄλλως δὲ πιθανὸν ὑπὸ τῶν ἐννοιῶν ἐνσεσημαμένον τῶν ἐν τῇ διανοίᾳ καὶ οἷον ἐκτετυπωμένον ἐκπίπτεσθαι τὸν λόγον...这些表达都发生在芝诺言说论证的诸版本中，暗示了被认为是口头语言来源的主宰部分的坐落处，即心脏(2.5.8, *SVF* 1.148)。
⑨ 参见第 126 页脚注④（原文注释 16）。

个版本之中嵌入了很多理论。①值得注意的是，守护神的讯息穿透**所有人**，不管他们是否意识到。具有决定意义的是，一个人的灵魂状态是否宁静、不被情感扰乱，只有这样才能够注意它们。②

在斯多亚学派心理学中，就像任何行动，语言的使用就是一种形式的意动或冲动（ὁρμή）。正是这一点被引入到后来的论述中（588F）。有天赋的灵魂可以回应更高的能力，"因为这放松和拉紧了它的意动——当情感向反方向拉扯时并不是强迫的"。③这里出现了一个根本性的对立，一方面是植根于更高领域的理性洞察；另一方面是植根于身体的情感。此处的关键概念是"张力"（τόνος）：冲动在张力的连续体中传递，引起运动。它也是 589A 在通常的人类行动与守护神在人身上所施加的影响之间那个类比的基础。就像冲动和情感（它是冲动的一个亚种）开始于理智，并用张力来操纵身体，更高级的能力发动了人的理智过程。④确实，正如这个论证说的，如果理智能让我们身体的惰性质料运动起来，那么神圣理智对我们的理智做同样的事情肯定还要容易得多。我们可以回忆，保存在塞克斯都《驳学问家》9.101–103 那里的芝诺式看法，将神看作心理能力的来源（通过传输过程达到我们的理智）。这里的差别在于，我们有守护神作为居间者，但这也是斯多亚学派的学说。两种证据都假定在神圣理智与人的理智之间存在某种形式的连续性。

在普鲁塔克出生之前很久，我这里强调的概念中的几个就已经出现在了通常的哲学讨论中，我们在这里见证了它们的存在。重要的并不是斯多亚学派原创性观点和术语的数量，而是它们的前后一致性，以及它们在知识、行动、话语以及人与神的沟通方面与独特的斯多亚理论是何等的相符。这些对应以及普鲁塔克的论述表现出的前后一致的程度，确实让我们有理由认为，这个表述本质上就是斯多亚学派的。

---

① Sext. *M* 8.275-6 (*SVF* 2.223 部分)；尤其参见 Long（1982：51），Long/Sedley（1987：Vol.1, 322）。
② 这种性质由 νήνεμον（无风的）来表示的，它经常与 γαλήνη（平静的）一同出现，比如 588D 和 *De prof. in. virt.* 82F 中。二者都属于同一个海洋的意象，比如参见 Pl. *Tht.* 153C, Timon of Phlius 64。
③ 588F: ἡ δ᾽ [scil. ψυχὴ] ἐνδίδωσιν αὐτῷ χαλῶντι καὶ συντείνοντι τὰς ὁρμὰς οὐ βιαίως ὑπὸ παθῶν ἀντιτεινόντων...
④ 589A: ...εἰς τὸ νοοῦν αἱ τῶν παθῶν καὶ ὁρμῶν κατατείνουσιν ἀρχαί, τούτου δὲ σεισθέντος, ἑλκόμεναι σπῶσι καὶ συντείνουσι τὸν ἄνθρωπον.

参考文献

Babut, D.,1969:*Plutarque et le Stoïcisme*, Paris: Presses universitaires de France.
Clark, S.R.L. ,1990: "Reason as daimôn," in Gill (1990), 193-204.
Corlu, A. ,1970:*Plutarque, Le démon de Socrate*, Paris: Klincksieck.
Defilippo, J.G. and Mitsis ,P. T. ,1994: "Socrates and the Stoic Natural Law," in P.A. Vander Waerdt ed., *The Socratic Movement*, Ithaca: Cornell University Press, 252-271.
Des Places, E.,1964:*Pangeneia. La parenté del' homme avec Dieu d'Homère à la Patristique*, Paris.
Detienne, M.,1963:*La notion de daïmôn dans le Pythagorisme ancient*, Paris: Les Belles Lettres.
Diels, H.,1879:*Doxographi Graeci*, Berlin: Reimer.
Döring,K.,1979:*Exemplum Sokratis: Studien zur Sokratesnachwirkung in der kynisch-stoischen Popularphilosophie der frlihen Kaiserzeit und im friihen Christentum*, Wiesbaden: Steiner.
Flashar, H.,1966:*Melancholie und Melancholiker in den medizinischen Theorien der Antike*, Berlin: De Gruyter.
Gill, C. (ed.),1990:*The Person and the Human Mind: Issues in Ancient and Modem Philosophy*, Oxford: Oxford University Press.
Hoven, R.,1971:*Stoïcisme et Stoïciens face au problème de J'au-dela*, Paris: Belles Lettres.
Inwood, B. ,1985:*Ethics and Human Action in Early Stoicism*, Oxford: Clarendon Press.
Kudlien, F.,1968, "Der Arzt des Körpers und der Arzt der Seele," *Clio Medica*, vol. 3, 1-20.
——,1974: "Die stoische Gesundheitsbewertung und ihre Probleme," *Hermes*, vol. 102, 446-456.
Long, A.A. ,1975/6: "Heraclitus and Stoicism,"*Philosophia, Yearbook of the Research Centre for Greek Philosophy at the Academy ofAthens*, vol. 5/6, pp. 132-53; repr. in Long (1996) 35-57.
——,1988: "Socrates in Hellenistic philosophy,"*Classical Quarterly*, vol. 38, 150-171; repr. in Long (1996), 1-34.
——,1996: *Stoic Studies*, Cambridge: Cambridge University Press.
Long, A. A. and Sedley, D. N. ,1987:*The Hellenistic Philosophers*, Cambridge: Cambridge University Press.
Mansfeld, J.,1983: "Zeno and Aristotle on Mixture,"*Mnemosyne*, vol. 36, 306-310.
——,1994: *Prolegomena. Questions to be Settled before the Study of an Author, or Text*, Leiden: Brill.
Pfeiffer, F. ,1976: *Studien zur mantik in der Philosophie der Antike*, Meisenheim: Hain.
Pohlenz, M. ,1938: *Zenon und Chrysipp*, Gottingen: Vandenhoeck und Ruprecht; repr. in M. Pohlenz, *Kleine Schriften*, Hrsg. H. Dorrie, Hildesheim: G. Olms, 1965, Band I, 1-38.
——,1948: *Die Stoa. Geschichte einer geistigen Bewegung*, 2. vols., Gottingen: Vandenhoeck und Ruprecht.
Runia, D.T. ,199: "Additional fragments of Arius Didymus on Physics," in K.A. Algra et al. eds. *Polyhistor: Studies in the History &Histonography of Ancient Philosophy Presented to Jaap Mansfeld*, Leiden: Brill, 363-381.
Schofield, M.,1983: "The Syllogisms of Zeno of Citium,"*Phronesis*, vol. 28, 31-58.
Sedley, D.N.,1989: "Philosophical Allegiance in the Greco-Roman World," in M.T. Griffin and J. Barnes eds., *Philosophia Tagata: Essays on Philosophy and Roman Society*, Oxford: Clarendon Press, 97-119 .

——,1993: "Chrysippus on Psychophysical Causality," in J. Brunschwig and M.C. Nussbaum eds., *Passions and Perceptions*, Cambridge: Cambridge University Press, 313-331.

Taylor,C.,1988: "The Moral Topography of the Self," in S Messer et al. eds., *Hermeneutics and Psychological Theory: Interpretive Perspectives on Personality, Psychotherapy, and Psychopathology*, New Brunswick: Rutgers University Press, 298-320.

Tieleman,T.L.,1991: "Diogenes of Babylon and Stoic Embryology. Ps. Plutarch, Plac. V 15.4 Reconsidered,"*Mnemosyne*, vol.44, 106-125.

——,1996:*Galen and Chrysippus on the Soul: Argument and Refutation in the De placitis Books II-III*, Leiden: Brill.

——,1999: "Chrysippus' Therapeutikon and the Corpus Hippocraticum: Some Preliminary Observations,"in D. Manetti and A. Roselli eds., *Aspetti della terapia nel Corpus Hippocraticum, Proceedings of the 1lth Colloque Hippocratique* (Pisa, 25-9 September 1996), 405-418.

Wachsmuth,C.,1860:*Die Ansichten der Stoiker über Mantik und Dämonen*, Berlin: Nicolaische Verlagsbuchhandlung.

Zink, N.,1962:*Griechische Ausdrucksweisen für Warm und Kalt im seelischen Bereich*, Diss. Mainz.

斯多亚学派的幸福论*

安东尼·朗（Anthony Long）**

刘玮（LIU Wei）/译（trans.）***

摘要：斯多亚学派的伦理学是一种幸福论。但是，斯多亚学派面临着两个相互独立但是同样有力的挑战，即"贫乏反驳"和"虚伪反驳"。本文将要论证，斯多亚学派的幸福论是有意义的，当且仅当我们接受了斯多亚学派关于事物运行方式的观点：决定论，神意，幸福对于每个正常的人都是可能的，以及理性的完满性。如果接受这四个立场，那么这种幸福论就是完全前后一致的，既不贫乏也不虚伪。如果不接受这些前提，那么将斯多亚学派的理论与希腊的前辈或者任何现代的继承者进行比较，都对于理解他们的理论没有什么帮助。

关键词：斯多亚学派；幸福论；决定论；神意；理性

Stoic Eudaimonism

Abstract: Stoic ethics is a kind of eudaimonism, but faces two independent but equally powerful challenges, which are called "the impoverishment objection" and "the disingenuousness objection". This article argues that Stoic eudaimonism makes good sense if and only if one adopts a Stoic view of the way things are: determinism, divine providence, the availability of happiness to every normal person and the perfectibility of reason. If these four positions are accepted, Stoic eudaimonism turns out to be

---

* 文献出处：Long, A. A., 1989: "Stoic Eudaimonism," in *Proceedings of the Boston Area Colloquium in Ancient Philosophy*, vol. 4, 77-101，本文译自重印的版本，收于 Long, A. A., 1996: *Stoic Studies*, Cambridge: Cambridge University Press, 179-202（作者增补了少量内容）。

** 安东尼·朗，加州大学伯克利分校荣休教授、古典学者（Anthony Long, classical scholar and Professor Emeritus of Classics, University of California, Berkeley）。

*** 刘玮，中国人民大学哲学院副教授（LIU Wei, Associate Professor, School of Philosophy, Renmin University of China, Beijing）。

fully coherent and neither impoverished nor disingenuous. If they are not accepted, you will do Stoic ethics a disservice by assimilating it either to that of its Greek predecessors or to any of its modern successors.

Keywords: Stoicism; eudaimonism; determinism; providence; reason

从斯多亚学派在罗马帝国留下自己的印记算起，伦理学的历史已经发展了快两千年了。如果我们问，在那段历史中，斯多亚学派推进的是何种伦理学理论，似乎有一个非常明显的答案。就像他们的柏拉图主义和亚里士多德主义前辈，以及伊壁鸠鲁主义的同时代人一样，斯多亚学派的哲学家也是幸福论者（eudaimonists）。对他们来讲，就像对其他那些哲学家一样，伦理学的目的并不是，或者说首先不是，为道德提供证成，或者划定某个被称为"道德"的特殊行动领域。斯多亚学派伦理探究的范围，也是人生和普遍意义上的行动。在这方面，斯多亚学派看起来完全就是亚里士多德式的，当然，这个传统可以回溯到苏格拉底和柏拉图，斯多亚学派也认为自己的旨趣在于某种目的，"所有的一切都是为了这个目的，而它本身不是为了任何别的目的"，这个目的就是"欲求的终极对象"，就是"最高的好"（summum bonum，或"至善"）。在这个最高目的的用词上，他们也和其他希腊哲学家没有什么不同，"幸福"（eudaimonia）是斯多亚学派伦理学的目的（telos），就像在亚里士多德的伦理学里一样。换句话说，斯多亚学派哲学家宣称自己可以告诉我们，幸福是什么，以及我们如何实现幸福。

但是如果我们严肃看待这个说法，那么它似乎给斯多亚学派提出了两个相互独立但是同样有力的挑战。一方面，我们通常理解的斯多亚学派主张的那种"幸福"，很难和经验的丰富性、正面的情感、满足合理的预期，这些在大多数文化里广泛认可的幸福的特征相吻合。如果翻翻字典，"斯多亚主义"被当作了一个范例，不过并不是"幸福"的范例，而是压制情感，对快乐和痛苦保持中立，以及凡事忍耐的范例。当然，斯多亚主义也满足了一系列哲学家们通常认为的幸福的条件，比如诚实、人生的理性计划、灵魂内部的和谐，但是这条论证的线索还在继续，最终要达到对一切厄运的免疫，而代价就是情感上的贫乏和对于日常人类经验的无动于衷。正像西塞罗笔下的批评者说的，这种幸福，甚至不能满足没有身体的灵魂。①我们称这个反驳为"**贫乏反驳**"。

另一种反驳是说斯多亚学派很虚伪，往好了说也是自我欺骗和前后不一致。这种反驳承认斯多亚学派主张的幸福论，但是指责他们错误描述了自己的伦理理论。只在非常表面和完全形式化的意义上，"幸福"才是斯多亚学派的"目的"（telos）。根据这种批评，斯多亚学派并非真的主张一条通向幸福之路，而是某种准康德式的道德观，幸福和道德基本上是相互独立的。根据这种论述，斯多亚学派的伦理学应该被理解成主张我们要绝对服从道德规范，要绝对成为一个理性的行动者，而不管他的幸福。这些道德规范表达的是某种自成一格的好，这种好与通常认为的幸福、日常经验、行动的结果都毫无关系。根据这种挑战，斯多亚学派对于伦理思想的发展非常重要，但是他们仅仅是名义上的幸福论者，或者说，在某种意义上，他们的幸福论给他们的哲学套上了让人难以忍受的枷锁。我们称这个反驳为"**虚伪反驳**"。

这两种反驳的代言人都是想象中的。但是他们确实大致代表了现代对斯多亚伦理学研究中的一些常见倾向，虽然不免有些夸张的成分。②我们需要适时地考虑，到底应该如何理解斯多亚学派所宣称的幸福论。

在下面的讨论中，我会首先论证，希腊伦理学传统，虽然是斯多亚幸福论的必要组成部分，但是并不足以阐明物理学和神学对于他们"至善"理论的贡献。随后，我会在这个更加复杂的视阈下考虑，斯多亚学派的哲学家可以针对"贫乏反驳"和"虚伪反驳"做出什么样的辩护。

---

① 西塞罗：《论至善与至恶》IV.27。
② 杰里米·边沁在 Bentham（1834：vol.1, 300）辛辣地提出了"贫乏反驳"；Irwin（1986a: 205）引用了这个反驳；另参见我在 Long（1986a）中的评论。Striker（1983: 165-167）认为，斯多亚学派本不需要论证德性是幸福的充分条件（她认为这是自相矛盾的），假如"他们不是被他们自己和其他同时代人的预设所限制，这些预设要求，人生的终极目标和行动的价值标准应该是同一个东西，而这个东西必然是幸福"。关于"虚伪反驳"，参见 Forschner（1986: 327），他认为在斯多亚学派的伦理学里存在张力，因为他们将幸福论与"康德主义传统的道德"相结合。Irwin（1986a）认为斯多亚学派的幸福论伦理学大体上前后一贯并且可以得到辩护。我很欣赏他的讨论，并且大体上同意他的看法。但是在下面的讨论中，我们会看到，我认为他的研究过于狭窄地关注斯多亚学派作为亚里士多德回应者的角色，而没有足够关注斯多亚学派的物理学和神学。

斯多亚学派的幸福论及其在希腊伦理传统中的位置

Eudaimonia 这个词的词源就表明了它是一种"赐福的""被神喜爱的"状态，在这种状态下，一个人的命数或者保护神（*daimôn*）是好的。这个词通常被翻译成"幸福"，这个翻译也是正确的，说它正确是因为正如弗拉斯托斯说的，*eudaimonia* 既包括了"幸福"的客观特征（实现了好），又包括了它的主观含义（心灵完全满足的状态）。[①] 希腊哲学家确实更多关注 *eudaimonia* 形式化的和客观的特征，很少给我们内在的视角描述，即成为一个幸福的人（*eudaimôn*）是个什么样子。在希腊语里，*eudaimôn* 也从来不会被用来描述一种转瞬即逝的情绪或者满足，就像现代英语里的 happy 那样。说某个人是 *eudaimôn*，就是说他的整个人生都处于对于人来讲所能实现的最高的繁盛状态。但是，虽然 *eudaimonia* 比"幸福"有着更少的心理或主观色彩，但是我们也有足够的证据表明，希腊人认为一个 *eudaimôn* 的人从主观角度对于他的人生非常满意。假如不是这样，我们就无法解释，为什么所有的哲学家都认为情感上的平衡是 *eudaimonia* 的一个重要条件。如果斯多亚学派的哲学家不顾及 *eudaimonia* 对于幸福的主观要求，那么他们就没有可能躲开"贫乏反驳"。

如果幸福首先在于安全地占有那些部分依赖运气，部分在人力之外的好（比如财富、健康、名声、家族的成功），那么它的实现就是非常罕见的，尤其是在古代世界。在苏格拉底和柏拉图之前很久，幸福就已经被当作或者是某种不可能实现的东西，或者不是依赖命运的垂青，而是依赖一个人很有节制的期望和道德品格。我们应该看到，不管是悲观主义者（也就是那些将幸福大体看作好运的结果的人），还是修正主义者（也就是那些开始将构成幸福的好内在化的人），在幸福的一些形式化的条件上有着基本的共识。他们都同意，幸福应该是持久的、完全的，并且包括了对人类而言全部或大多数的好。

斯多亚学派的哲学家完全接受所有这些条件。他们认为，一个人实现幸福所需要的所有的好，都是内在的，完全在于一种有德性的品格，这个

[①] Vlastos（1984：181-182）；另参见 Kraut（1979：157-197）。

学说可以被看作是前面说到的修正主义幸福观的极端版本。斯多亚学派的哲学家分享着与苏格拉底、柏拉图、亚里士多德以及伊壁鸠鲁共同的学说，即幸福本质上依赖一个人的价值、信念、欲求和道德品格。斯多亚学派的独特之处在于，幸福完全在于伦理德性，因此完全独立于任何依靠运气的好，从而也就不会带来最早的道德学家的那种悲观主义。①

但是在这里我要做一些前瞻。在发展斯多亚学派特别的幸福观念之前，我们需要更多考虑前人已经划定的语境。如果我们研究柏拉图对于 eudaimonia 这个词的使用，我们会看到下面这些毫无异议的特征：

(1) 幸福是所有人都欲求的（《欧叙德谟》282a2）；
(2) 它来自获得"好的东西"，避免"坏的东西"（《会饮》202c10；《阿尔西比亚德前篇》116b7；《高尔吉亚》478c5）；
(3) 它是神所拥有的（《会饮》202c7）；
(4) 它是有益的（《理想国》I.354a6）；
(5) 它包括了去做一个人想做的事情的自由（《吕西斯》207e2）；
(6) 它包括"生活得好"（《理想国》I.354a1）或者"做得好"（eu prattein，《高尔吉亚》507c4；《卡米德斯》172a3）；
(7) 它是人们的终极目标，我们没有必要去问一个想要幸福的人为什么想要这个（《会饮》205a）。

柏拉图笔下的苏格拉底并没有为幸福的这些特征进行论证，它的对话者也从未对它们提出挑战。我们可以认为，这些特征就是在古典时期和希腊化时期的希腊人普遍接受的。亚里士多德接受了它们，斯多亚学派也是。在他们的伦理学中，就像在柏拉图的伦理学中一样，幸福是每个人都想要的，它是每个人的终极目标。他们会同意，幸福的人是自足的，拥有了幸福所需要的所有的好。

斯多亚学派哲学家接受了幸福的所有这些特征，这一点表明，他们并

---

① 我认为说这一点是斯多亚学派的"独特"之处并不为过，虽然他们宣称苏格拉底是自己的先驱（参见下文的讨论）。柏拉图早期对话中刻画的苏格拉底，坚持德性是幸福的充分条件，参见 Irwin（1986a: 87-88）。但是正如埃尔文观察到的 Irwin（1986a: 90 n.9, 105），这一点与苏格拉底将德性与幸福的关系看作是工具性的完全相容。在我看来，柏拉图的文本让我们很难判断苏格拉底是否想要区分德性与幸福之间的关系到底是"工具性""同一性"还是"构成性"。但是斯多亚学派则坚持，德性完全地构成了幸福，参见 Long and Sedley（1987: 60M, 61A, 63O）。

不想要重新定义这个概念的形式化条件。他们说，自己的伦理学与人们的前见（preconceptions）相和谐，因为他们可以接受幸福所有的这些标准特征。①但是这个好处并不会对使用"贫乏反驳"攻击斯多亚学派的人奏效，因为这些人还是会说，他们的批评建立在不同的基础之上，比如斯多亚学派将幸福的人拥有的好限定在伦理德性之上，或者斯多亚学派斩断了快乐与幸福的联系。

现在让我们来考虑一下幸福的另外一些特征，不是那些毫无争议的或者形式化的特征，而是那些希腊哲学家试图通过论证确立起来的特征。从苏格拉底和柏拉图开始，所有的希腊哲学家都给出了论证或者理由，来说明下面两个命题。第一，幸福（完全或者部分）是灵魂的状态或活动；第二，幸福（完全或者部分）是由伦理德性产生的。而对伦理德性的标准理解是"灵魂的活动状态"。灵魂的活动状态被认为是对幸福而言必要的，那么这两个命题就是相互蕴含的关系。为了评价斯多亚学派的幸福论，以及回应"贫乏"或"虚伪"的指控，我们应该承认，将幸福与灵魂的活动状态相连，特别是与伦理德性相连，并不是那么荒谬。今天我们可能会认为，还从没有哲学家成功地证明，幸福（完全或者部分）依赖伦理德性。但是斯多亚学派的哲学家如果要给这个说法辩护，可以拿柏拉图主义者、亚里士多德主义者和伊壁鸠鲁主义者作为他们的支持者。

至此，我们还没有发现斯多亚伦理学里有任何独特之处，不管是他们关于幸福必须要满足的形式条件，还是他们要求幸福与灵魂的活动状态以及伦理德性联系在一起。当我们转向"完全或者部分"时，它的独特性就显现出来了。我刚才要加上这个限定，是因为我要在柏拉图、亚里士多德、伊壁鸠鲁和斯多亚学派之间，在幸福的非形式化特征上建立共识。在这些哲学家中，只有斯多亚学派认为，幸福"完全"依赖灵魂的活动状态，也就是伦理德性。为了展示这个立场和对手的一些明显差别，我们可以看到，对柏拉图而言（至少在一些对话中），快乐和伦理德性都是幸福的构成要素。亚里士多德认为，除了德性和有德性的活动之外，外在的好也是必要的。而伊壁鸠鲁认为，实际构成幸福的灵魂状态是快乐，拥有德性的灵魂状态，

---

① 关于斯多亚学派对于"共同观念"或者"前见"的诉求，参见 Long and Sedley（1987：60B-G）。

是达到幸福的实质性工具，并非本身值得欲求，也不是幸福内容的一部分。

在我勾勒的这个希腊语境中，斯多亚学派幸福论的独特之处在于它的经济和简约。他们同意其他古希腊道德哲学家，认为幸福是对于"好"的安全占有，但是他们说的"好"仅限于"伦理德性以及分有伦理德性的东西"（*SVF* 1.190, III.76），这就是全部的好。这样看来，斯多亚学派的独特之处就是，他们认为构成幸福的好是伦理德性，仅此而已。①因此有关斯多亚学派的古代论辩，尤其体现在西塞罗的著作中，就主要集中在这个问题上。斯多亚学派的反对者主张，如果没有伦理德性之外的那些好，幸福就不可能完全或完美；而斯多亚学派回应说，伦理德性就是唯一好，因此根据他们的学说，幸福的完满就这样实现了。反对者会提出"贫乏反驳"。而斯多亚学派的回应则是，只有根据他们的学说，幸福才是安全的，确保在我们的能力掌控之中，同时是自足的，等等，这些条件是他们的反对者也会同意的，虽然会加上不同的限定。②

我毫不怀疑这类论辩实际发生过，西塞罗对它们的记载也大体上准确。但是我认为，这些记载还是将问题过度简化了，并且带有误导性地将斯多亚主义表现成亚里士多德幸福论的极端或歪曲的版本。③因为正如我论证的，斯多亚学派的幸福论运用了很多标准的伦理学概念，因此确实有很大的诱惑，将它完全（或者大体上）理解成那个熟悉的传统的变体，或者做出的新发展。这就是阿斯卡伦的安提奥库（Antiochus of Ascalon，他是西塞罗的主要资源和老师）阐释斯多亚伦理学的方式，我认为也可以这样描述埃尔文的进路。但这就是芝诺（Zeno）、克里安特斯（Cleanthes）和克吕西普（Chrysippus）想要的全部吗？

---

① 关于这一点的很好论述，参见 Irwin（1986a：210-216）。
② 尤其参见西塞罗：《图斯库兰论辩集》V.40-41, 81-82 = Long and Sedley（1987：63L-M）。
③ 我本人在这个问题上的立场，介于埃尔文对斯多亚伦理学很强的亚里士多德式解读（Irwin, 1986a）和桑巴奇（Sandbach, 1983）否认亚里士多德的影响之间。桑巴奇认为"任何试图将斯多亚伦理学看作是从亚里士多德或漫步学派思想中发展而来的尝试都是不成功的"，而 Rabel（1988：145）批评这种看法以偏概全。桑巴奇的主要讨论都用来批评我之前的文章 Long（1968）。在那篇文章中，我试图将斯多亚学派思想受到的影响复杂化，因而假设了亚里士多德的积极影响。在那之后，我依然认为这是有效的，只要我们对于其他前人的影响也保持清醒的态度。参见 Long（1986a：109-113）。我们应该看到，埃尔文很小心地注意到（Irwin, 1986a：208）斯多亚学派从亚里士多德的前提里推出的论证，"可能并没有给出斯多亚主义者原本的理由，让他们持有关于德性与幸福关系的看法"，但是他并不想要讨论"斯多亚学派可能来自人类在宇宙自然中的位置的论证"，他怀疑这些论证对于解决"斯多亚伦理学中的很多问题"是否有效。本文的很大部分就是要表明，我为什么认为他的这个怀疑没有理由。

不同的历史考量让这个假设显得可能性不大,但是我认为从学说的角度讲就可以彻底排除掉这种可能性。在那些我们应该考虑的斯多亚伦理学的核心问题中,我认为有两个是首要的:第一,斯多亚学派有关于"自然",或者对这个世界的神圣统治,以及这种统治与人类理性关系的极端直观;第二,斯多亚学派就像苏格拉底/犬儒学派那样坚信,幸福或多或少与关于人类福祉的自然和神圣计划吻合。这第二个要素解释了斯多亚学派为什么接受了希腊伦理传统中普遍存在的幸福论概念。但是第一个要素,也就是神治论的预设(theocratic postulate)却是几乎全新的和陌生的。①

我要解释一下这两个要素的意思。我所说的"苏格拉底/犬儒传统"指的是,只有一件事是好的,那就是知识或德性;只有一件事是坏的,那就是无知或恶性。从这个前提出发,根据幸福论的原则,我们就得到了幸福的本质是知识或德性,而不幸的本质是无知或恶性。其他所有的东西,在幸福和不幸面前,都不是实质性的。我认为柏拉图笔下的苏格拉底在《欧叙德谟》(278e3-281e5)中几乎持有这样一种立场,但是将这种立场变成一种学说的,还是斯多亚学派的犬儒主义前人。②在我看来,他们认为苏格拉底已经证明了包括健康、财富以及其他在内的"好"并不具有构成幸福的要素所必须的"必然有益"的特征。③这些被称为"好"的东西其实是错误命名的结果,它们其实是"中立物"(indifferent),因为如果仅仅考虑它们本身,那么它们到底是有益还是有害并不清楚。仅仅是和其他东西结合到一起,比如知识,这些东西才能被"很好地使用",而如果和无知结合到

---

① Strange(1989:108n7)在评论我的论文时,正确地指出,《蒂迈欧》对于斯多亚学派的清晰影响。此外,我们还可以补充《礼法》X 中宇宙论的影响。但是我依然持这种看法。年代序列,以及柏拉图对早期斯多亚主义的影响都需要比现有的研究更加细致的研究。我个人认为,克吕西普很可能是第一个对柏拉图本人(而非柏拉图笔下的苏格拉底)持正面态度的斯多亚学派成员,参见 Long(1988)。斯多亚神学中那种内在化和泛神论的特征,在古希腊似乎没有先例;另一种论证这个看法的方式,是强调斯多亚伦理学中"自然"的核心地位,以及在柏拉图和亚里士多德的伦理学中"边缘化的"地位;参见 Laks(1989:178)。
② 另参见《美诺》87e—88e 中几乎完全一样的论证。在 Long(1988)中,我试图证明,对《欧叙德谟》论证的不同阐释正是芝诺与有着犬儒主义倾向的阿里斯托(Aristo)在什么东西有"价值"(axia)的问题上产生争论的原因。在写了那篇论文之后,我有幸读到了 Irwin(1986b),他所说的"苏格拉底的适应性策略(adaptive strategy)",也就是让欲求去适应任何外在条件的集合,在我看来是对《欧叙德谟》论证的正确看法,并且帮助我们理解为什么那个论证对斯多亚学派来讲如此有吸引力。
③ 这里对犬儒学派的提及并非依据任何明确的证言,而是依据一个可能性极大的假设,那就是斯多亚派的阿里斯托很强烈地主张,除了德性与恶性之外一切都是绝对的中立之物,这是一个已经存在的犬儒派学说。关于沿着《欧叙德谟》和《美诺》中苏格拉底论证的斯多亚学派论证,参见第欧根尼·拉尔修(Diogenes Laertius, DL.):《名哲言行录》VII.101–105 = Long and Sedley(1987: 58A–B),以及对它们的讨论。

一起，它们就会被"糟糕地使用"。这样看来，好与坏就完全由一个人的知识/德性或者无知/恶性构成了。

这个好的独一性和同质性的论题，被芝诺和他那些非常正统的斯多亚学派成员采纳，并得到了进一步的提纯。但是要讨论这个论证如何能够与他们的幸福论以及"贫乏反驳"相合，我们需要考虑它与斯多亚学派对于人生目的（telos，也就是幸福）的界定——即"过与自然相一致的生活"（living in agreement with nature）——之间的关系。为什么正统的斯多亚学派成员坚持认为，犬儒学派的学说虽然是"通向德性的捷径"（DL Ⅶ.121），但是并不足以揭示通向幸福的漫长道路呢？如果斯多亚学派可以坚持他们的论题，要实现幸福，只需要苏格拉底和那些犬儒学派的追随者所理解的伦理德性，他们为什么还要单独论证，这个目的（telos）在于"过与自然相一致的生活"呢？

"过与自然相一致的生活"这个说法直接将我们带到了我前面提到的第一个要素，即神治论的预设。根据《论目的》第一卷中的一个著名段落，克吕西普这样来阐明"过与自然相一致的生活"："不要做任何共同的法律会禁止的行动，这个共同的法律就是一切事物中正确的理性，它与宙斯相同，宙斯指导着一切的构成。幸福之人的德性，以及他生活的美好流淌（good flow of life）是这样的：总是让每个人的守护神（daimôn）与这个宇宙的指导者的意志相一致，并在此基础上做所有的行动。"①

这段话的语境是第欧根尼·拉尔修在阐明他之前引用的一段克吕西普的话："按照德性生活就是按照依据自然发生的经验生活，正如克吕西普在《论目的》第一卷说的那样，因为我们的自然是整个自然的一部分。因此，过与自然相一致的生活就是目的，就是依据一个人自己的自然和整个的自然。"上面引用的那句话紧跟着这句话。

这远非斯多亚学派关于德性的完整论述，但是它很清楚地表明，在斯多亚学派看来，德性这种卓越的品格状态要求我们拥有关于自然的知识（也就是斯多亚学派的物理学和神学），并且与自然的要求"一致"（也就是在"整体"中扮演好自己的"部分"）。在我看来，恰当地强调这一点对于我

---

① DL Ⅶ.88 = Long and Sedley（1987：63C）。

们今天想要理解斯多亚伦理学的核心至关重要。我所说的"神治论预设"是斯多亚德性观念的**必要环节**，也是让他们得以将德性看作幸福的唯一组成部分的那个推理过程的**必要环节**。正是因为自然有这种类似法律的进程（下面还会详细讨论），他们才会认为符合那些进程（比如不带任何情感地接受一切发生的事情）对德性和幸福来讲至关重要。

在给本文第一稿所做的回应中，弗拉斯托斯给我写道："就我所知，'神治论的'原则改变了一个人关于德性与宇宙秩序之间关系的看法（它告诉我，如果我是一个有德性的人，那么我的生活方式就和宇宙的秩序相一致），**但是并没有改变德性的内容**（勇敢、节制、自我认识、正义都是有德性的品质，不管我是不是信神，对于无神论者来讲它们也是德性），也没有改变**幸福的观念**（即便一个人不相信这个神治论的原则，德性依然是幸福的充分必要条件）。"我的理解是，斯多亚学派无法接受这个评论的后半部分。他们当然同意弗拉斯托斯关于德性内容和幸福观念的描绘，但是我在上面引用的文本应该足以表明，就算一个无神论者接受了弗拉斯托斯提到的那两个形式上的要点，也不意味着他们会同意斯多亚学派理解的德性和幸福。想要作为一个斯多亚主义者有德性地生活和实现幸福，你需要理解自然，而这又需要斯多亚学派关于神学和物理学的真理。[①]

到此为止，我所说的斯多亚学派的"神治论预设"是什么意思应该已经很清楚了。幸福被描述成符合德性的生活，也被描述为过与自然相一致的生活，这种生活在于服从某个被称为宙斯、神圣的法律、普遍的法律的东西。幸福是一个有德性的人"生活的美好流淌"，而"生活的美好流淌"要求将一个人的理性自然与"整全的支配者的意志"保持和谐，也就是按照神这个宇宙的终极本原所规定的方式生活，这种规定针对那些分有神的理性自然的人。

[①] 我并不想说，斯多亚学派这个极其丰富的哲学学派，可以用我这里关注的神学视角充分概括。但是毫无疑问的是，克吕西普认为神学是最高的科学；参见 Long and Sedley(1987: 26C)，另参见 Kidd(1971: 157-158)中的有益讨论，Irwin (1986a)提到了基德的这篇文章，但认为这篇文章没有说服他，我们可以通过学习斯多亚学派的物理学了解多少关于伦理学的内容。但毫无疑问的是，比起现有的现代文献在物理学中发现的东西，我们可以从中学到很多。重要的是，我们要理解 Martin et al. (1988: 51)对于斯多亚学派的如下描述为什么是正确的："斯多亚学派将传统哲学价值应用在新的个人主义上（也就是希腊化时代的个人主义），并且教导通过自我检审来驯服人类激情，从而建立与事物的外在秩序之间的和谐关系。真正的自由是哲学行动自我认识带来的道德自由，这种自我认识承认宇宙的有序原则，并且与这种原则保持一致。"

我们现在已经很接近那些指控斯多亚学派"虚伪"的人的领地了。在克吕西普的那段话中，斯多亚学派似乎是在说，一个人要做的是让他的意志和行动与普遍的道德规范相一致。这听起来很有启发，在历史上也很有趣，但是那段话并没有解释我们为什么要将"过与自然相一致的生活"与幸福画等号。

现在斯多亚学派的基本立场已经摆在我们面前了。一方面，斯多亚学派看起来很熟悉幸福论者，但是将幸福限定在伦理德性上，因此也就有了"贫乏反驳"；另一方面，他们似乎又用某种并不很清晰的方式，把幸福与服从神圣和普遍的道德法则联系起来，从而招来了"虚伪反驳"。现在我要将他们思想中的这两个线索结合起来，并且考虑将这两个方面合到一起会对回应那两个挑战有什么帮助。

斯多亚学派的幸福论——内在与外在视角

"生活的美好流淌"（eurhoia biou）是芝诺对幸福的定义。①这个水的比喻里有规律性、不受阻碍和充裕的含义，这些词汇非常符合 eudaimonia 的那些形式化的条件，比如完全、稳定、自足。芝诺还把目的（telos），也就是幸福，描述为"生活在一致中"（living in agreement）。②他的论证似乎是这样的：既然"生活在冲突中"是不幸的典型特征，那么"和谐"或者"一致"就是幸福的本质特征。这样，我们就能够通过"生活在一致中"来达到幸福这个"生活的美好流淌"。

那么生活在与什么一致中呢？正如我们前面看到的，斯多亚学派的官方答案是，"自然"，这既包括了"人的自然"，也包括了"宇宙的自然"。这些词都太宏大，只看它们本身我们无法完全理解斯多亚学派到底说的是什么意思。但是我们已经从克吕西普那里看到了一些如何理解它们的线索。首先，这两个自然是紧密联系的，人是宇宙的一部分。这里的思想并不是，或者说不仅仅是，我们的生活不可避免地受到世界物理结构的影响。"人的

---

① 斯托拜乌斯（Stobaeus），11.77.21 = Long and Sedley（1987：63A）。
② 斯托拜乌斯，11.75.11-12 = Long and Sedley（1987：63B）。关于斯多亚学派所说的"和谐"是什么意思，参见 Long（1991）。

自然"在一种更加全面的意义上是"宇宙自然的一部分",我们可以说这种意义是"主动参与",人参与到世界的神圣组织之中,并且对这个神圣的组织做出贡献。这个思想也符合克吕西普的第二个概念,也就是一个由法律统治的共同体的概念。我们实现与自然一致的生活的方式就是,符合神定下的规则,这个神根据正确和理性的规则统治宇宙。

这样看来,幸福的生活就是我们作为一个治理良好的社会中的一员的生活。自然的两个含义都包括了规则,"与自然一致"要求服从这些规则。这一系列观念中的第三个就是理性。斯多亚学派认为,他们有很好的理由相信,"理性"构成了我们成为神或宇宙自然一部分的那个联系。事实上,正是因为我们是理性的,伦理原则对我们来讲才是"规则";"正确的理性"就是"法律",[①]并且与宙斯相同——正如克吕西普告诉我们的那样。这就意味着,在斯多亚学派看来,世界整体展现出了某种结构和行动的范式,它们不仅是可理解的,而且是理智的和规范性的。作为人,我们与世界的联系不是机械的,或者仅仅是时间和空间上的,而是一个心灵和意志与另一个心灵和意志的联系,因为这个世界整体而言就是一个理性的动物。

这些都是奇怪和困难的思想。我不想在这里进一步阐述,只想做一个概括。在反思幸福的时候,斯多亚学派将这种我们都想要实现的状态说成是"生活的美好流淌"。他们认为这个"美好的流淌"是我们"与自然一致的生活"的行动范式。我们实现这种一致的方式就是,让我们的心灵和意志符合"理性"的立法原则,这个理性体现在世界这个动物之中,它对于所有理性存在组成的共同体来讲是正确的。

要将这一系列思想与关于幸福和实践理性的思想联系起来,我们需要考虑斯多亚学派关于世界的两个基本信念。假设你有很好的理由,认为这个世界是一个完全封闭的因果系统,有着一个由法则支配的结构,在其中没有任何东西是随机的,或者在原则上不可预测的。再假设你有很好的理由相信,这个系统虽然是完全决定论的,但并非没有灵魂,而是有一个神在组织着这个系统,从而保证这个系统对人类成员来讲尽可能好。从第一个原则出发(也就是决定论的原则)出发,能够推出,这个世界在任何时

[①] 西塞罗:《论法律》(*Leg.*) 1.23。

间的状况"必然"是正义的。考虑到先前的状况，不可能出现在加利福尼亚生活很繁盛，而在埃塞俄比亚生活很恶劣的情况。从第二个原则出发（也就是神意和仁慈的原则），能够推出，在任何时候，这个世界都处于最好的可能状态之中。这一点从埃塞俄比亚人的角度看并不显然，但是假如一个人可以从神的视角去考察全球经济，那么理性会让他承认这个事实。

斯多亚学派认为，他们有很好的理由既接受决定论又接受神意。按照他们的阐释，这些关于世界的基本事实，很可能构成了克吕西普非常强调的宣言，"除了从普遍自然和世界的治理以外，没有其他的或者更加恰当的方式去理解好与坏的理论，德性或幸福了"①。决定论让他们认识到，包括我们的过去、现在和未来在内的事物中，有不可避免的秩序。神意保证了他们相信，在这个设计中，我们的生活有一个目的，而且神圣的原则非常仁慈，保证了我们尽可能生活得好。为了发展出一个能够适应这两个原则的幸福理论，斯多亚学派需要表明，人类的好与事物的运行方式完全可以协调一致。如果不可避免的情境因素会损害幸福，那就让神意的有效性变得可疑了。如果神意给了人们某种好，但是这种好却没有足够重视事物运行的方式，那么就让自然秩序的合理性受到了质疑。

我强调"事物运行的方式"，因为这个说法似乎容纳了斯多亚学派用"自然"这个词所包含的经验性的普遍化（empirical generalisations）。他们邀请我们去考察事物运行的方式，并在其中发现自然的系统。这样一来，他们就邀请我们将这个系统看作一个范式，它的各个部分为了整体的好而相互契合。②"事物运行的方式"既是世界的微观结构又是宏观结构，同时也是所有价值的基础。③"过与自然一致的生活"就是用一种与事物运行方式相合的方式生活。

近年来学者们逐渐认清，斯多亚学派通过研究人从婴儿到成年的发展过程来得出对人来讲什么是有价值的和好的。④小孩子必然会从他们周围的环境中寻求那些能够使他们趋向繁盛和感到满意的东西，比如食物、庇护、感情等等，同时避免相反的东西，这些就是"事物的运行方式"。我们可以

---

① 普鲁塔克（Plutarch）：《斯多亚学派的矛盾》（*Stoic. rep.*）1035c = Long and Sedley（1987：60A）。
② 比如马可·奥勒留（Marcus Aurelius）：《沉思录》V.8。
③ 在 Long（1970/71）中，我论证了斯多亚学派讨论的"自然"应该被理解成结合了事实和价值的判断。
④ 参见 Long（1983, 1993）。

从这里得出结论，这样的行为是自然的，并且符合事物的神圣秩序。小孩子还"不是理性的"。理性是逐渐发展起来的，就像语言是通过形成概念发展起来的，而形成概念又是建立在对"事物运行方式"的经验之上的。斯多亚学派认为，一旦达到成年，此前直觉性的行为模式，就被理性的统治代替了。成年人依然会对那些让他们繁盛和感到满意的东西有兴趣，依然会躲避那些威胁到他们生存的事物。但是对成年人来讲，差别在于，他们的这种兴趣有了理性作为中介，并由此得到了根本性的调整，因为他们能够形成判断，并作为理性的存在者组织他们的欲求。①

根据斯多亚学派的看法，"事物运行的方式"决定了，你不可能是一个成年人，同时不受到理性的统治。你的理性很可能不是完善的，没有达到它应该和可以达到的完全有效的统治原则，因此你就是缺少德性和幸福的。但是你的理性能力让你过着人的生活，这是一个简单的事实，因为那个能力构成了你发展成为的那种生物。即便有人严重错误地判断了事物运行的方式，他也是在理性能力的指导下行动的，虽然他的理性能力功能发挥得很差。这样一来，良好的推理就不仅仅对于实现幸福这个目的来讲是必要的，良好的推理以及伴随它而来的"良好感觉"（*eupatheiai*）就完全构成了目的。②这就是事物运行的方式。或者用我们熟悉的斯多亚学派的语言说，与自然一致的生活**就是**良好的推理。

这是有关这个世界的必然事实之一。但它也是一个非常特殊的事实。既然你自己和这世界都具有理性的自然，既然推理需要理解，那么想要很好地运用你的理性能力，你就需要理解自然。用爱比克泰德（Epictetus）的话说，你就需要成为事物运行方式的"研究者和阐释者"。③有了良好的推理，你的生活就与普遍的自然相一致了，这就是整个世界的自然。但是，因为决定论和神意的共同作用，良好的推理是仁慈的神给人类规定的目标。因此运用良好的推理，你就理解和服从了神为理性存在者的共同体订下的法律，并且对于世界的理性做出了你的贡献。于是我们回到了前面引用的克吕西普的文本。

---

① 参见 Long and Sedley（1987：57A，59D）。
② 关于 *eupatheiai* 作为"最终的好"和对它们的评价，参见 Long and Sedley（1987：60M，65F）。
③ 爱比克泰德：《论说集》（*Discourses*）I.6.19 = Long and Sedley（1987：63E）。

那些法律的内容是什么呢？假如斯多亚学派给人类订立的法律，以及他们对幸福的规定，不能适应共同的人类经验和伦理传统，那么他们宣称"事物运行的方式"就没有说服力。在他们的复杂的有关 *kathêkonta*（"恰当的功能"）的理论中，他们发展出了一系列"过与自然一致的生活"的规则。①这些规则考虑到了人们对健康、外表、家庭生活、社会活动等等的关切。也就是说，斯多亚学派认为，一个成年人有很好的理由去关照他的健康，关注他的外表和名声，关心家庭和社会福祉。这些关切的合理性表明它们的恰当性，以及它们符合与自然相一致的生活。根据事物运行的方式，没有人可以在没有这些关切的情况下实现幸福。此外，在追求这些目的的过程中，人通常都是成功的。假如不是这样，我们就不能说这些 *kathêkonta* 以及对它们的服从是基于我们的自然的。

那么，人应该**欲求**这些目标的成功实现，并且将幸福建立在对它们的获得之上，不就是完全合理的吗？斯多亚学派非常强烈地认为，这个进一步的推论是完全不合理的。不同于亚里士多德主义者（他们认为成功的结果给幸福带来不同），斯多亚学派坚持认为，这些结果是"可欲的"（preferable），但完全不是实质性的。理性会想要让它的努力获得成功，但是结果的可欲性，并不能让我们认为，假如结果不发生就是不理性的，或者缺乏理性的。假设你在非常接近完成一项科学实验的时候病倒了。你当然会想要保持健康。但是如果说你生病是不合理的，或者说生病破坏了你本来努力在做的那件事的价值，就是不理性的了。

这样看来，一个斯多亚主义者会认为追求亚里士多德主义者所追求的大多数目标是合理的，他也会同意，追求这些目标的行动对于幸福来讲是实质性的。但是他将这些行动的伦理价值，以及它们与幸福的关系，完全建立在合理性上，也就是说它们与人的自然的一致性上。那么他们怎么理解和评价事情的结果呢？这个问题的答案现在看来应该已经清楚了。就事情的结果并不在行动者的控制范围内而言，它们不是他的事情或关切，而是普遍自然的事情或关切。一个人不愿意生病或者遇到其他障碍，但这些是"事物运行方式"的一部分，外在于那个人的自然。我们通常所说的好

---

① 关于资料来源和对它们的简要讨论，参见 Long and Sedley（1987：59）；另参见 Engerg-Pedersen（1986：145-183）关于这个问题的很好讨论，他的讨论展开了我在本文中简要讨论的内容。

运或者厄运也是一样的。成功或者失败，就它们包括了外在于个人的原因而言，也就是不在他的理性或者幸福范围之内。

但是我们刚才说过，"与自然一致"包括了与世界的神圣组织相一致。那么这是不是意味着，即便是那些独立于一个人能动性的结果，也应该成为他的关注，如果是他的关注，那么是不是与他的幸福有关呢？毕竟说到底，一切都是普遍理性的表现。

要回答这个问题，我们需要回到幸福是"生活的美好流淌"这个概念上。结果，也就是世界实际的运行，对于斯多亚学派来讲，就像大海之于船员。他的目标是成功地在人生中航行。为了实现那个目标，他需要密切关注大海的状况，并且采取恰当的对策。因为他用理性的原则支配他的生活，他做一切可能的事情来实现成功的路径，用"事物运行的方式"来指导自己，也就是他对于人类和神圣自然的理解。他会试图避免在坏天气里行船，但是他会把或好或坏的天气都接受下来，作为事物运行方式中不可避免的状况，并且因为他相信神意，他不会在与自己幸福的关系上区别对待风暴与平静。[1]因此，结果，也就是世界的状况，确实与斯多亚学派的幸福有关，但是否定了我们通常所说的"有关"的含义。他关切的是不要区别看待结果，不区别看待成功与失败，从世界整体的角度看，不把成功看得比失败更可欲。

我们现在可以看到，斯多亚学派的幸福论本质上立足于他们关于人类与一个决定论的、由神意支配的世界关系的信念之上。回到我们原来的那个悖论，我们可以引入爱比克泰德作为斯多亚学派的代言人，来看看神治论的视角与幸福论的伦理传统之间的关系。

爱比克泰德与对"贫乏"和"虚伪"指控的回应

"每个人都想要追求的是什么？在良好的状态之中，幸福，按照他的希望做每件事，不被挫败，不要被置于强迫之下。"（Ⅳ.1.46）爱比克泰德对于"最高的好"的论述是以一种事实宣称的方式做出的，可以毫无例外

---

[1] 参见马可·奥勒留：《沉思集》V.8。

地应用在所有人身上。注意他对"自由"的强调。自由在希腊伦理传统里已经是幸福的一个主导性的特征了。这个概念在爱比克泰德那里随处可见，而原因就是斯多亚学派关于事物运行方式的观念。人们如果在错误的假设之上（也就是认为要去追求健康和此世的成功）追求自由这种自然欲求，那么他们就不可能"自由"。相反，我们的自由依赖于认识到我们可以毫无约束、完全自由地使用我们的心灵——我们的思想、判断、欲求，以及对世界的看法。①

爱比克泰德将这种有限的自主（autonomy）说成是一种神圣的礼物，是神能为人做到的最好的东西（1.1.7–13）。一般认为的厄运依然会降临人间，因为幸福就是我们自主性的功能：

> 神让所有人都着眼于他们的幸福，也就是他们的良好状态。为了这个目的，它给了人们手段，给了每个人某些属于他自己而不属于别人的东西。那些会导致挫败、免职、强迫的东西并不在他自身之中，而那些不会挫败的东西才是他自己的。对于那个像父亲一样关心和保护我们的神来说，他将好与坏的本质包括在那些属于我们的事情之中。
> （Ⅲ.24.3）

这段话完美地阐明了我前面讲到的决定论与神意的会合。不仅幸福在所有人的能力之内，而且我们就是被一个神塑造成这样的，他的仁慈是完全平等的和普遍的。这样看来，幸福就是某种客观的东西，对所有人都一样的良好状态。因此，它不可能依赖其他环境因素的相同分配，因为这些因素显然是不同的。同时，给定"事物运行的方式"，这些不平等的分配也不可能和现有的状况不同。因此，决定论使得斯多亚学派让幸福依赖"事物运行的方式"，这也就包括了很多我们无法控制的事情。神意证成这些无法控制的事情的方式是，将我们的理性和理性对于幸福的充分性包括在"事物运行的方式"之中。将这两个方面放到一起考虑，给我们提供了一个视角，让我们可以将一切在心灵之外的东西，看作某种促成而非破坏心灵运转的东西。

---

① 关于爱比克泰德那里"自由"的更多讨论，参见 Long（1971b: 190–192）。

爱比克泰德说，"假如宙斯不关心他的公民能够在幸福上与他相似，那么这个宇宙的治理就真的太糟糕了"（Ⅲ.24.19）。那么宙斯的幸福在于什么呢？斯多亚学派的回答是：在可能的范围内最好地（也就是最理性地）利用这个世界的质料。重要的是，斯多亚学派也用"质料"（hylē）这个词指"与自然相一致"，这正是伦理德性的质料。①从微观上讲，斯多亚主义者应当发展出一种品格，它是世界的神圣组织在人身上的对应物。就像世界由神和质料组成，也就是一个和谐的物体；斯多亚主义者也应该将结构和理性运用在他自己存在的质料之上。或者，像爱比克泰德说的，神将人塑造成事物运行方式的研究者和阐释者。②

这里说的"应当"指的是对于幸福而言必要。不管怎样，我们看到，斯多亚学派将"幸福"这个词用于他们所推崇的那种"与自然一致的生活"。这是一种贫乏的或者虚伪的幸福吗？

结论

在本文开始，我主张，对于幸福令人满意的论述，需要包括经验的丰富性、积极的情感，以及满足合理的预期。如果脱离了他们的决定论和神意来检验斯多亚学派在这几方面的效果，是没有意义的，甚至是不可能的。如果反对这两个原理，那么你就没有理由认同斯多亚学派，对于人来讲这个世界的秩序是合理的，在事物运行方式的界限内，获得幸福的可能性对于所有人来讲都是相同的。让我们暂且接受这两个原则，看看斯多亚学派的幸福论表现如何。

我们先来看看"经验的丰富性"。常识和人性让我们倾向于认为，有些人的性格和物质条件太过糟糕，因此我们很难谈论他们获得幸福的机会。

---

① Long and Sedley（1987：59A）.
② Long and Sedley（1987：63E）.本文的一位匿名评审希望我说说"神治论的假设"在爱比克泰德和马可·奥勒留那里的形态，与早期斯多亚学派那里的形态是否一致。考虑到我们几乎没有任何对克吕西普和他前人的直接引文，我很难非常确定地回答这个问题。在这里我能说的是，爱比克泰德神学的伦理学意涵，与我们所知的芝诺、克里安特斯和克吕西普的学说完全一致。爱比克泰德很少谈论物理学，因此我们很难确定地说他如何看待神和这个世界的关系。但是他很强调人是神的"碎片"，并且在他们之中有神的"部分"（Ⅱ.8.12）。至于马可·奥勒留，我们更加确定一些。像爱比克泰德一样，他经常用人的方式谈论神，但是他也经常将神等同于宇宙的自然（比如Ⅶ.9, Ⅷ.54, Ⅸ.1）。我毫不怀疑爱比克泰德也持有相同的看法。

我认为斯多亚学派会接受这个，但是有一个限定。我们会同意，幸福的机会与教育的程度有关，因此并不是完全平等地分配的。"事物运行的方式"，外在的条件，妨碍了大多数人理解幸福其实完全在他们的掌控之内。但是这并不能否认，斯多亚学派给出了普遍适用的幸福条件，这些条件尽可能少地依赖积极的环境因素。斯多亚学派会告诉你，对于"经验的丰富性"，关键在于相信你是宙斯治下的公民，因为这是邀请你将自己的生命当作某种可以给这个世界做出重要贡献的东西来看待。

我们再来看看"满足合理的预期"。我们已经给出了对这个"贫乏反驳"的回应。斯多亚学派会说，"生活的美好流淌"确实包括了满足所有合理的预期，因为你能够合理预期的东西就是实现你能力范围内的好东西。培养你的理性，实现与你周围环境的和谐，就是合理的预期。想要更多就超出了合理的范围。

最后我们再来看看"积极的情感"。这触及了一个很大的问题，我无法在这里很深入地讨论。我们只需要指出，斯多亚学派认为"愉悦""快活""自信"之类的心灵状态是"最终的好"，也就是说幸福的组成部分。①这么看来，他们并没有忽视"积极的情感"，而是主张那是对伦理德性（也就是能够很好地进行推理的性情）的分享或者是伦理德性的副产品。斯多亚学派的智慧之人，不像那些对幸福持有错误理解的人那样，并没有不当的情感。但是他对于世界的看法，并不像斯多亚学派说的那样是从世界"退却"。相反，因为他牢固地占有一切好东西，他从"生活的美好流淌"中获得正面的情感。

现在我们再来看看"虚伪反驳"。通过前面的论证，"与自然一致的生活"或者"生活的美好流淌"与理性的完善是一回事，它们也构成了伦理德性。斯多亚学派的智慧之人因为他们的德性，会做一切 *kathêkonta*，也就是遵循一切恰当行动的规则，而且在他这样做的时候，完全理解这些是对于他这个理性的存在提出的无条件的要求。他会照顾自己的家庭，服务于自己的国家，遵守自己的承诺，等等。因为理性告诉他，他应该做这些事情。他为了这些事情本身做它们，将理性要求的知识应用于实践。

---

① 译注：参见本文第159页脚注②（原文注释18）。

不可否认，在这种对人的伦理要求与康德理解的道德的直言律令之间，有某种相似性。但是这个相似性意味着在这两种道德理论之间有什么深刻的联系吗？在康德看来，"培养理性对于产生一个本身就是好的意愿来讲是必须的，而这在很多方面会妨碍幸福的实现，这与自然的智慧没有任何不一致的地方。相反，自然不会错失自己的目的"。①康德可以这样说，是因为在他看来，人性是双重的，从物理的角度看，人的目的是幸福/快乐，但是人还有一个更高的理性的自然，它的目的是道德。

　　如果我们理解无误，那么斯多亚学派不承认这种二元论。根据他们的理论，充分发展的人类自然完全是一元的。在我们从婴儿发展到成年的过程中，理性调整着我们的关切、价值和导向，并不是抛弃最开始的追求，而是在那上面添砖加瓦。充分发展的人类自然，虽然不同于不成熟的早先阶段，但依然是自然现实中完全自洽的一部分。自然法则在人类自然上的应用与在其他方面的应用完全一样。

　　福希纳曾认为，斯多亚学派预见了康德，因为他们区分了习俗中的好（比如健康）与道德上的好（也就是德性），认为这两类好对人来讲都是自然的，但是只认为后者才是真正的好，并且与人的理性自然相一致。他因此推论说，斯多亚学派就是康德的雏形，康德所说的幸福，在两个理论里面都位于理性的范围之外；而斯多亚学派所说的幸福，实际上类似于康德所说的更高自然的生活。②

　　假如斯多亚学派像康德一样认为成熟的人有两重自然，并且说只有一个自然（也就是理性的自然）在伦理领域之中，那么福希纳的立场就是合理的。但这并不是斯多亚学派的理论。相反，我们看到，他们认为，人只有一重自然，也就是理性的自然，它既有可能符合，又有可能不符合理性的标准。"虚伪的指控"错误地将斯多亚学派真正的幸福论当作了某种对义务论的错误命名。③斯多亚学派要为自己的伦理学辩护，会这样说：当然，我们的伦理学是一个系统，它将好完全建立在理性的良好运转上。因此我们确实与康德有相似之处，也就是仅仅根据行动者的理性和意图，而非结

---

① 康德：《道德形而上学》，Abbott 译本，第 14 页。
② Foschner（1986）。
③ 在 Forschner（1993）第二版的后记中，作为对我批评的回应，他收回了对斯多亚伦理学的这种康德式的阐释。

果，来判断一个行动的道德价值。但是康德得到这个结果的途径与我们大不相同，即便是那些看起来相似的点，也需要小心阐明。与康德不同，我们认为理性不能恰当运转，除非它总是在追求"与自然一致"的结果，也就是符合一个人自己和他人的规范性条件。我们行动所依据的立法原则建立在经验之上，比如健康的自然性、家庭情感、人类的社会属性。我们认为理性存在者很好地发挥自己的功能，就在于发挥他们的能力，去做一切能够促进这些事态的事情，而幸福就在于这些努力，以及伴随它们的心灵状态之中。因此仁慈的神所规定的伦理生活，事实上就构成了幸福。

那些批评者不愿意严肃对待我们的这种说法。因为我们否认幸福要求我们拥有或成功实现那些根据理性想要实现的东西。但是这里并没有任何矛盾之处。看看事物的运行方式吧。理性要求你认同，我们应该去促进一切符合我们自然的事情，比如健康、家庭关系、公民生活，等等。同样，理性也要求你承认，这些目标有时候是会发生冲突的，要求你在它们之间做出偏好的排序，而所有努力的最终结果，不是你能够完全负责的，也不能妨碍尝试促进这些事情是好的。因此，我们的结论是，完全理性的存在者会满足于他们理性能力的恰当发挥，并且在这里实现完全的幸福。

需要接受下面的预设，我们的伦理学才是有意义，即我们是毫不含糊的幸福论者。但是，要接受我们的立场，你需要认识到，我们在为某种极端的立场进行辩护。第一，决定论；第二，神意；第三，幸福对于每个正常的人都是可能的；第四，理性的完满性。如果你充分反思这四个立场，并且接受了它们，那么你就会认为，我们所论述的这种幸福论，是完全前后一致的，既不贫乏也不虚伪。如果你不能接受这些前提，那么将我们的理论与希腊的前辈或者任何现代的继承者进行比较，都对于理解我们的理论没有什么帮助。

为斯多亚学派的辩护就说这么多。本文想要论证的要点在于，斯多亚学派的幸福论是有意义的，当且仅当我们接受了斯多亚学派关于事物运行方式的观点。如果像我主张的那样，决定论和神意对于那个看法至关重要，那么无视这些特征去阐明斯多亚学派的伦理学就注定是失败的。在我看来，这就是为什么西塞罗对斯多亚伦理学的论述（他几乎没有提到我所说的"神治论预设"），不如爱比克泰德和奥勒留的论述那么成功地传达了斯多亚学派在情感上的吸引力。爱比克泰德和奥勒留并不强于论证，但是他们成功地表明，斯多亚学派如何能给人一种在世如在家的感觉。

作为古代哲学的阐释者，我们很容易倾向于回避诸如神意这样的看起来不合理（且不说在道德上令人不快），而且对于处理当下的哲学问题没有帮助的学说。我认为有一些方式可以帮助我们阐释那个学说，而无须忽略通常的人类旨趣，或者对于根除恶怀有过于自满的态度，但是那并不是这里讨论的重点。斯多亚伦理学值得我们仔细研究，而不管它是否阐明了普遍意义上的道德哲学。我不是说他们的幸福论无助于阐明普遍的道德哲学，而是说，你需要成为一个斯多亚主义者，才能理解他们关于幸福的论述为什么那么有说服力。①

参考文献

Bentham, J., 1834: *Deontology*, Bowring, J. (ed.), London: Longman.
Forschner, M., 1986: "Das Gute und die Güter. Zur Aktualität der stoischen Ethik," in *Aspects de la philosophie héllenistique, Entretiens sur l'Antiquité classique*, vol. 32, Genève: Fondation Hardt, 325-359.
——, 1993: *Die stoische Ethik : über den Zusammenhang von Natur-, Sprach- und Moralphilosophie im altstoischen System*, 2nd ed., Darmstadt: Wissenschaftliche Buchgesellschaft.
Engberg-Pedersen, T., 1986: "Discovering the Good: *oikeiosis* and *kathekonta* in Sotic Ethics," in Schofield and Striker, 145-184.
Irwin, T., 1986: "Stoic and Epicurean Conceptions of Happiness," in Schofield and Strker (1986), 205-244.
Kidd, I., 1971: "Stoic Immediates and the End for Man," in Long (1971a), 150-172.
Kraut, R., 1979: "Two Conceptions of Happiness," *Philosophical Review*, vol. 88, 157-197.
Laks, A., 1989: "Commentary on J. Annas, Naturalism in Greek Ethics: Aristotle and After," in *Proceedings of the Boston Area Colloquium in Ancient Philosophy*, vol. 4, 172-186.
Long, A. A. (ed.), 1971a: *Problems in Stoicism*, London: Duckworth.
——, 1971b: "Freedom and Determinism in the Stoic Theory of Human Action," in Long (1971a), 173-199.
——, 1983: "Greek Ethics after MacIntyre and the Stoic Community of Reason," in *Ancient Philosophy*, vol. 3, 184-197.
——, 1988: "Socrates in Hellenistic Philosophy," in *The Classical Quarterly*, vol.38, 150-171.
——, 1991: "The Harmonics of Stoic Virtue," in *Oxford Studies in Ancient Philosophy*, suppl. vol., 87-116.

---

① 在撰写本文的过程中，我感谢茱莉亚·安纳斯（Julia Annas）、阿兰·寇德（Alan Code）和弗拉斯托斯的评论。我也要感谢我在波士顿的评议人史蒂芬·斯特兰奇（Steven Strange）和听众的讨论，以及一位匿名评议人的意见。

——, 1993: "Hierocles on *Oikeiôsis* and Self-perception," in *Hellenistic Philosophy*, vol.1, Boudouris, K. J. (ed.), Athens, 93-104.

Long, A. A. and Sedley, N. D., 1987: *Hellenistic Philosophers*, Cambridge: Cambridge Univesity Press.

Martin, L. H., Gutman, G., and Hutton, P. H. (eds.), 1988: *Technologies of the Self: A Seminar with Michel Foucault*, Amherst: University of Massachusetts Press.

Rabel, R. J., 1988: Review of Sandbach (1985), in *Journal of the History of Philosophy*, vol. 26, 144-145.

Sandbach, F. H., 1985: *Aristotle and the Stoics*, Cambridge: Cambridge Philological Society.

Schofield, M., and Striker, G. (eds.), 1986: *The Norm of Nature: Studies in Hellenistic Ethics*, Cambridge: Cambridge University Press.

Strange, S.K., 1989: "Commentary on Long," in *Proceedings of the Boston Area Colloquium in Ancient Philosophy*, vol. 4, 102-112.

Striker, G., 1983: "The Role of *Oikeiosis* in Stoic Ethics," in *Oxford Studies in Ancient Philosophy*, vol. 1, 145-168.

Vlastos, G., 1984: "Happiness and Virtue in Socrates' Moral Theory," in *Proceedings of the Cambridge Philological Society*, vol. 210 (NS. 30), 181-213.

自然本性、生活目的和宇宙城邦：
奥勒留论最高善

陈玮（CHEN Wei）*

摘要： 奥勒留在《沉思录》中对"最高善"的界定既是对传统斯多亚伦理学的继承又是对其的发展：就前者而言，他用"自然本性"来界定宇宙整体—灵魂个体的最高善；就后者而言，他引入了政治共同体即"宇宙城邦"的要素来扩充对人而言的最高善的内涵。不过，诉诸这种"双重结构"来定义最高善，并不意味着奥勒留认为伦理学核心概念的证成必须依赖于物理学的基本假定，相反，他试图以此表明，一个完整而有效的、对于人类生活最高善的说明，应该是基于宇宙整体视野的。而一个真正完备的宇宙论框架，也自然地涵盖了人类生活的各个方面。

关键词： 奥勒留；《沉思录》；最高善；自然本性；宇宙城邦

Nature, Goals, and Cosmopolis: Marcus Aurelius on the Highest Good in the *Meditations*

Abstract: The new definition of the highest good in the *Meditations* is both an inheritance from the traditional Stoicism and Marcus Aurelius' development of that tradition. On the one hand, Aurelius defines the highest goods for both the whole cosmos and the individual souls in terms of nature; on the other hand, he introduces the element of political community, i.e., the cosmopolis, thus expands the highest good for the human being. However, Marcus does not see the basic

---

* 陈玮，浙江大学人文学院哲学系讲师（CHEN Wei, Lecturer, Department of Philosophy, Zhejiang University, Hangzhou）。

assumptions in physics as necessary for justifying the central concepts in ethics, even though he defines the highest good by introducing the dual structure of nature and cosmopolis. On the contrary, he attempts to show that it is impossible to effectively illustrate the highest good for human being without a perspective of the cosmos as a whole, for only a complete cosmological framework would be truly effective in every aspect of human life.

Keywords: Marcus Aurelius; Meditations; the highest good; nature; cosmopolis

一般认为，马可·奥勒留（Marcus Aurelius）是斯多亚学派发展至罗马时期的代表人物之一。①相较于其他哲学家，奥勒留本人及其哲学著作都有其独特之处：就后者而言，他的《沉思录》（*Meditations*）首先是一部片段式的、自我对话的哲学日记，而非通常意义上的系统哲学论证。②就前者而言，他的身上同时具备两个方面，一个是从事沉思和哲学写作的思想者；另一个则是对于他人和共同体负有最高责任的罗马皇帝。也就是说，一方面，作为哲学家的奥勒留热衷于探究宇宙的秩序和灵魂的构造，敏感于生命有限与个人完善之间的张力。在这些问题上，他基本认同斯多亚学派的哲学主张，同时也综合了赫拉克利特和柏拉图等思想传统中的相关观点，试图提出某种关于德性以及个体生活目的（最高善）的观点和论证；③ 另一方面，现实生活中的政治身份使得奥勒留格外敏感于个体完善的追求与共同体利益的要求之间的关系，尤其看重个人在自我完善的同时，对于他人和共同体所负有的义务。在本文中，通过考察奥勒留对"最高善"及其可能性的论述，我们将会看到，正是其思想中的这两个方面突出地构成了他对斯多亚哲学的继承和发展。尤其是他将政治共同体的因素引入斯多亚

---

① 罗马时期斯多亚学派的另外两位代表人物分别是爱比克泰德（Epictetus）和塞涅卡（Seneca），关于斯多亚学派的发展史，参见 Long（1974）以及 Baltzly（2018）。

② 关于这一点，古代评注中已有类似的看法，认为《沉思录》更像是一部"箴言集"（特米斯提乌斯）、"生活指南"（苏伊达斯）、"自我对话"（阿莱萨斯主教），等等。关于《沉思录》的论证结构、主题、写作方式和修辞方面的特征，相关讨论参见 Kamtekar（2010）；R. B. Rutherford（1989：8 及以下）；以及 Gill（2013）。

③ 关于《沉思录》究竟是不是采取了斯多亚学派的立场、在多大程度上采取了这一立场，存在着不同意见。因为奥勒留在《沉思录》中提到过赫拉克利特和柏拉图的哲学传统并显然吸收了其中一些思想，反而甚少提及斯多亚学派的重要人物。他偶然提到斯多亚学派时，用的也是"斯多亚主义者他们自己"（5.10）这种说法，仿佛他与斯多亚学派之间存在着相当的距离。因此有观点认为奥勒留不是斯多亚主义者，而是一个折中主义者。Gill（2013）在"导论"中则认为《沉思录》所表达的思想总体上是与斯多亚哲学相一致的（在某些问题上，甚至比他表面呈现出来的样子更接近传统斯多亚思想），尽管他对某些问题的看法及表述与斯多亚学派的主流观点看起来不一致（例如身–心关系和灵魂结构）。本文采取与吉尔一致的观点，具体论述见后文。

式的宇宙整体–灵魂个体的结构中，以此来解释个体的善与共同体的善之间的张力，这一点充分显示出他在哲学（尤其是伦理学）方面所做的独特贡献。

一

在《沉思录》第八卷开篇，奥勒留十分明确地阐述了他的人生目标（同时也是一般而言任何人都应追求的生活目的）：

> 8.1 而你也会发现，好生活并不在于论证、不在于财富、不在于名声、也不在于快乐——好生活根本不在于这些。那它在哪里呢？就在于去做人的自然本性（ἡ τοῦ ἀνθρώπου φύσις）所要求的事。那么一个人要如何做到这一点呢？他要坚持那些主导一个人的冲动（αἱ ὁρμαὶ）和行动（αἱ πράξεις）的基本主张（δόγματα）。是什么主张呢？就是那些关于善与恶的主张（τὰ περὶ ἀγαθῶν καὶ κακῶν），即：只有那些令人变得正义、节制、勇敢且自由的事物才是善；只有那些令他变得与此相反的事物，才是恶。①

在这里，奥勒留明确地将对人而言的好生活界定为"去做人的自然本性所要求的事"。在提出这个简洁的界定时，他实际上一一排除了以下具有影响力的日常看法以及哲学立场：第一，他反对快乐主义的立场（无论是日常观点还是哲学观点）而排除了一切形式的快乐；第二，他反对日常意见而排除了普通民众和社会精英所追求的、公民的外在善（例如财富、地位或荣誉）；第三，综合这段论述，并考虑到"根本不在于这些"，他似乎反对某种包容论的幸福概念而排除了最低限度的外在善；②以及第四（但是并非不重要），奥勒留排除了那种仅仅是理论性的（甚至诡辩的）、理智层面的"成就"作为最高善的构成要素。在这里，如果我们略微考虑一下古代哲学传统中关于人类身–心结构的主要观点，就会发现，如果按照一般

---

① 本文所引用的《沉思录》原文参见 Aurelius（1930）；英译文参见 Aurelius（1930），Aurelius（1983），以及 Gill（2013）；中译文参见何怀宏的译文，生活·读书·新知三联书店，2012 年版。
② 尽管亚里士多德的幸福（*eudaimonia*）概念究竟是理智论的还是包容论的——也就是说，幸福生活究竟仅仅在于沉思还是同时包括了其他德性和基本的外在善——这个问题尚有争议；但是亚里士多德式的幸福概念在希腊化哲学中的影响依然明显可见，参见 Annas（1995）。

而言的、柏拉图式的二元论图景,认为灵魂与身体相分离甚至相对立,而灵魂可以进一步划分为理性、激情和欲望三个部分的话,那么奥勒留在界定最高善的时候,显然排除了一切与非理性部分(即激情和欲望)相关的事物,甚至也排除了理性部分中仅涉及计算的工具性的部分,而仅仅将其限定在最高的、纯粹的理性部分。①如果这种身心结构及灵魂论图景与奥勒留的哲学立场是相容的,那么其"最高善"概念看来就是一种独一论的理智论主张,即认为对人而言的好生活(或者说幸福)就在于理性能力的充分施展并以之作为整个灵魂的主导。

紧接着,奥勒留按照斯多亚式的路线阐释了如何达到这样一个生活目的:首先,要努力按照人类的自然本性去生活,因为这是真正的理性所在,因而也是真正的最高善;其次,为了能够按照自然本性去生活和行动,奥勒留认为,就要让一个人的一切欲望和行动都服膺于理性的原则,也就是那些"关于善与恶"的基本主张;最后,为了更具体地说明这些基本主张是什么,奥勒留沿用了斯多亚学派的重要区分,即:善的事物、恶的事物以及无关善恶的事物(indifferents)。②在这个区分的基础上,奥勒留与传统斯多亚学派一样,主张只有德性才是善的,只有恶性才是恶的,除此之外的其他一切事物,无论它们是多么令人渴望和恐惧,无论它们能够为人们带来多少欢乐或悲伤,都称不上善或恶,而只是无关善恶的事物,因此也就与最高的生活目的无关。因此,在奥勒留看来,要想成功地应用这一区分、管束自己的欲望与行动,并最终实现按照自然本性生活的目标,最重要的就是根据理性的判断和原则去认识事物并做出行动,因为人类的自然本性归根结底也就是要符合宇宙的自然,即合乎理性主导的原则。同样地,这也是斯多亚伦理学的主要观点。③

事实上,奥勒留不止一次提出他对最高善的思考和论述,这个主题几

---

① 关于奥勒留究竟是依从早期斯多亚学派(例如克吕西普)、持有身-心统一论且主张灵魂作为单一整体而不能划分为不同的部分,还是依从中期斯多亚学派(例如波西多尼乌斯)、在某种程度上接受柏拉图(以及亚里士多德)式的二分或三分法(即认为灵魂可以划分为理性部分和非理性部分,或者可以进一步划分为理性、激情和欲望的部分),相关文献参见 Gill(2007:176–179)。奥勒留自己提到身心二分的文段,参见《沉思录》2.2 和 5.26。
② 参见第欧根尼·拉尔修(DL)《名哲言行录》(58)。
③ 参见 Inwood(1999)和 Gourinat(2012)。古里纳认为奥勒留与正统斯多亚学派没有区别,都将合乎自然本性的生活等同于合乎理性的生活)。

乎贯穿了整部《沉思录》。① 除了前文引用的 8.1，我们还可以再看两个例子：

> 3.6 如果你在人类生活中发现有任何东西比正义、真理、节制和勇敢更好——也就是说，优于那些令你的心智（διάνοιάν σου）在遵从理性的主导而行动时对自身感到满意，对于一切分配给你、而你无从选择的命运也感到满意的事物——我是说，如果你能发现有这样的东西，那么你就将整个灵魂转向它，去拥有你所发现的这个最高善。但是如果没有任何东西比你身上所秉承的这种神圣灵魂更好（它制伏你的一切冲动，审视你内心中所产生的印象[τὰς φαντασίας]），并且就像苏格拉底所说的那样，令自身与感官情感保持距离；并且投身于敬奉诸神、关心人类事务），如果你发现其他所有事物与之相比都微不足道、毫不重要，那么你就不必在意别的东西，因为如果你趋于追求其他的事物，你就不能心无旁骛地尊奉那个独属于你自身的善。

> 3.12 如果你遵从正确的理性（τῷ ὀρθῷ λόγῳ）而行动，坚定、强韧并心怀仁爱；如果你不受外物干扰，而是令内在的守护神灵保持精纯，仿佛随时都可以令它回复如初；如果你专注于此，对任何事物无所期盼也无所逃避，心满意足地去做身边一切合乎自然（κατὰ φύσιν）的行动，恪守所说的每一句言辞，那么你就会过得好（εὐζωήσεις）。没有任何人能够阻挡你。

很明显，奥勒留认为确实存在着某种值得我们终其一生去追求的、最好的人类生活形式，而合乎自然本性/理性地生活与行动，就是实现好生活（或者说最高善）的充分必要条件。在他看来，一旦一个人的所有灵魂活动和实际行动都以理性为主导、都合乎其自然本性，那么他就能拥有最高善而且不会再丧失——即使是运气或必然（例如死亡）都不能侵扰或剥夺这种德性以及好生活。因为根据他的斯多亚式的善概念，即使死亡也不能算是恶，而仅仅是"无关善恶的事物"，因此也就不足以对其自然本性和好生活构成威胁。由此，奥勒留十分直率地表明，对人而言，最好的生活并不

---

① 吉尔在他为《沉思录》前六卷撰写的导言中指出，尽管这部著作并没有什么总体性的论证结构，但是我们确实可以从中发现几组核心的思想，其中最重要的一组思想就是认为，人类在生物性的或者物理性的层面之外，还应该具有某种更高的追求，尤其是要终其一生、不断努力去塑造理想的个人品格、完善的理智能力和人与人之间的和谐关系，实现这种追求的人就是真正幸福的人，因为他把握了或者说拥有了真正的善。参见 Gill（2013），尤其是 xxxiii-xxxiv。

是他自己当下所过的帝王的生活，不是普通人所羡慕和向往的尊贵生活，而是自由思考、清明决断的哲学家的沉思生活：

> 6.12 如果你同时有一位继母和一位生母，你会侍奉继母，但也会不断回到生母身边。对你而言，朝堂与哲学正是如此。那就常回到哲学那里吧，在其中落脚休憩，正是这样，朝堂中的生活对你来说才可以忍受，而身处朝堂的你也正因此才令人可以忍受。

这样看来，奥勒留所设想的最高善以及实现最高善的手段似乎都诉诸灵魂的理性部分，而对于最高善的研究似乎也属于理性沉思或者说理论知识的层面。然而，奥勒留又十分重视最高善和伦理学的实践内涵。在他看来，值得追求的生活目的或者说好生活应该是可实践和可获得的，而关于生活目的和善的学说（伦理学）因此也就应该是实践性的，而不仅仅是理论性的。① 因此，在阐述好生活的具体内容和实现途径时，他虽然排除了日常生活与政治生活中为多数人所看重的价值，转而强调哲学沉思、内省和超越才是生活的目标，但是他也同时指出，一个有德性的人不应满足于仅仅讨论纯粹理论的问题（1.7），而是应当提出有具体内容的观点并且付诸实践。不仅如此，他还认为，生活的目的不仅在于个体层面合乎宇宙理性/自然本性地行动和生活（2.16，3.16），同时也包括了实现他人的善，例如共同体的最高目的（12.20）。②如果是这样的话，这里似乎就产生了两个相关的问题。

第一，奥勒留一方面强调理性本身足以承诺并确保对人而言的最高善的存在和实现，强调只有哲学沉思的生活才是对人而言的最高善；另一方面，他又强调实践才是最重要的。如果沉思的生活与实践的生活（例如政治实践）二者之间被认为是有张力的、甚至是不相容的，那么奥勒留这里的论述会不会出现内在的不一致？更进一步，如果他对生活目标/最高善的界定果真同时包含了宇宙和城邦两个维度的要求，那么这两个方面是不是一致的、会不会彼此冲突？

---

① 在这一点上，奥勒留受到了爱比克泰德的影响，参见《谈话录》I.4、I.7 和 I.8；更远一些的理论背景则可追溯到亚里士多德，参见《尼各马可伦理学》I.6 和 VI。
② 参见 Gourinat（2012），他认为奥勒留的独特贡献之一在于指出，生活目标/最高善同时具有宇宙的和城邦的两个层面，因此就涵盖了对于合乎理性生活与为城邦谋求福祉这两个方面的要素。

第二，即使奥勒留关于最高善和伦理学的设想与论述内部不存在不一致，我们依然可以追问，他的这个论述是否成立？他所设想的自然本性/理性/善概念是不是空洞的？其界定是不是充分的？他的这套学说是否满足他自己对于伦理学之实践性的要求，从而真正具有切实的指导价值？

事实上，对于第二个问题，已经有学者提出了质疑，认为奥勒留的阐述（包括他所接受和诉诸的斯多亚伦理学）并没有足够明确地指出，我们的"自然本性"要求我们做什么，或者说，没有具体阐明生活目的或者幸福生活的实际内容究竟是什么。[1]尤为重要的是，从这种批评的角度来看，奥勒留乃至整个斯多亚伦理学内部似乎并没有提供足够充分的理论支撑，来说明为什么理性/德性本身对于幸福来说就是充分的，也没有说明对于一个实际生活中的行动者而言，当他认识到自己的自然本性在于理性，认识到德性与恶习之外的其他一切都是"无关善恶的事物"之后，如何能够在具体的生活实践中做出正确的行动、获得真正的幸福。如果这个批评是合理的，那么奥勒留在伦理学层面的理论建构似乎就是自我挫败的，因为他的论证并没有达到自己设立的标准。

为了解释这个困难、捍卫奥勒留（乃至斯多亚学派）最高善概念的有效性与合理性，有一种思路是向伦理学之外寻找解释根源，例如强调斯多亚伦理学的根源实际上在于他们的宇宙论和自然哲学的部分，这样就可以诉诸神意或者理性与自然的一致性来说明道德行动的规范性以及人类生活的最高目标，以此来充实奥勒留的自然本性/理性/善概念的内涵，进一步确立他采取理智论立场来说明最高善的论证路线；另一种思路则是将奥勒留伦理思想的重要根基放在他对于"宇宙城邦"以及"宇宙城邦公民"的政治设想之上，以此强调奥勒留对于传统斯多亚伦理学的发展，就在于他不仅诉诸宇宙理性来论证对人而言的最高善，而且同时突出了共同体或者说全人类的共同善，以此来充实理智论框架下的最高善的概念。[2]对于这两种解释方案，我们承认各自都有其合理之处：一方面，就一般而言的斯多亚思想来说，斯多亚哲学本身是一个有机的整体，其伦理主张确实无法与

---

[1] 参见 Kamtekar（2010）。
[2] 事实上，Kamtekar（2010）就是用这个思路来阐释奥勒留的伦理思想并以此回答她自己提出的质疑。Gourinat（2012）对于奥勒留伦理学独创性的论述也可以间接支持这一点。

自然哲学尤其是宇宙论思想分离开来加以解释和理解；另一方面，后面我们会看到，"宇宙城邦"的概念确实是奥勒留思想体系的重要部分，也是他对斯多亚哲学所做的发展之一。因此，强调其伦理思想与其他领域的观点之间的联系，是恰当且有效的解释思路。但是需要注意的是，无论是哪一种解释思路，如果过分强调宇宙理性或宇宙城邦对于"最高善"概念的决定性作用，甚至将后者成立的可能性与合理性归于前者，那就可能会导致人们对于奥勒留乃至斯多亚伦理思想产生误解，甚至低估了其哲学层面的重要性，而仅仅将之视作一种道德训诫或是行为指南。基于这一考虑，本文接下来将采取一种"双重框架"来阐释奥勒留的最高善概念，通过考察他对"自然本性"和"宇宙城邦"的界定与论述，分辨他对正统斯多亚伦理思想的继承与突破，重新审视其伦理学与物理学（宇宙论）之间的关系，以期解释上述两个问题，说明奥勒留关于最高善及其可能性的设想和阐述在某种意义上是值得捍卫的。

二

奥勒留继承并且进一步阐扬了斯多亚学派的一个根本主张，即：根据自然本性（nature），每一个人都与他人、与人类共同体，乃至整个宇宙享有共同的善。究其本性，各个层面的善价值与最高善都是一致的，相互间不可能有真正的冲突。除了前面的引文，《沉思录》中频频可见将善和幸福等同于"合乎自然地生活"的例子：

2.3 由宇宙整体的自然本性（ἡ τοῦ ὅλου φύσις）产生出来并予以保持的事物，对于自然的每一部分而言都是善。

6.44 每一个存在者的优长都在于合乎其自身构成及自然本性的事物（τὸ κατὰ τὴν ἑαυτοῦ κατασκευὴν καὶ φύσιν），而我的自然本性（φύσις）就在于理性和社会性。

6.58 谁也不能阻碍你按你自己的自然本性（τῆς σῆς φύσεως）的理性而生活，任何与这世界的普遍自然本性（τῆς κοινῆς φύσεως）的理性相反的事情，都不会落在你头上。

7.56 就当你已经死了，就当你只活到此刻，余下的生命就当作是某种奖赏——合乎自然本性（κατὰ τὴν φύσιν）而生活。

5.3 不要理会[别的]，跟从你自己的本性和宇宙整体的自然（τῇ φύσει τῇ ἰδίᾳ）。对于你和宇宙来说，这自然本性正是同一条路。

7.11 对于一个赋有理性的造物而言，合乎其自然本性的行动同时也就是合乎理性的（ἡ αὐτὴ πρᾶξις κατὰ φύσιν ἐστὶ καὶ κατὰ λόγον）。

从这些论述中，我们可以看到，奥勒留经常诉诸"自然本性"来说明人类应该怎样行动、应该追求什么样的生活，甚至直接将"德性"或者"善"等同于"合乎自然"，由此要求人们顺应并接受自然的安排。不过，他的这个界定并没有从根本上说明善或最高善是什么，而是将"什么是幸福"或者"什么是对人类而言的最高善"的问题，转变成"什么是自然（自然本性）"这个问题。不仅如此，这个界定还可能引起一个进一步的质疑：如果就像上述引文所表明的，奥勒留认为正确的行动就是合乎自然的行动，好的生活就是顺应自然的生活，那么这种主张会不会导致一种消极被动的人生态度，以及一种消解性的（而不是建构性的）伦理主张？如果我们能够恰当地回答前一个问题，说明奥勒留所谓自然本性并不是一个空洞的概念，而是包含了特定宇宙论和灵魂论的主张，以及对于人性和人类能力的洞察，那么我们就能面对后一个质疑而为奥勒留提出辩护，说明他的"合乎自然本性地行动和生活"并不是消解性的伦理主张，也不会导致一种消极冷漠的人生态度。

大致说来，奥勒留从两个方面来界定并阐述"自然本性"（nature）这个关键概念：一方面，"自然"意味着宇宙的秩序，而这种秩序的源头在于神意（providence）；另一方面，人类的自然本性与整个宇宙的秩序完全一致，根据神意的安排和宇宙的结构，人类的灵魂也有其相应的结构与能力。在这一点上，如前文所述，奥勒留在某种程度上倾向于柏拉图式的（以及中期斯多亚学派的）灵魂区分论，而非苏格拉底式的（以及早期斯多亚学派的）灵魂一元论，并认为人类灵魂中具备理性能力的部分才是真正的主导部分，行动者应当根据这部分的判断与倾向来引导自己的行动，而不是被那些与身体更接近的灵魂波动（例如欲望和冲动）来引导。由此可见，奥勒留和传统斯多亚学派一样，都同时诉诸宇宙论和灵魂论两个层面的基本命题，以此来为自己论证自然本性、德性和最高善的可能性提供理论依据。因此，我们可以从中归纳出一个等式来大致概括他在这个问题上的基本立场：

最高善（幸福/生活目的）＝ 自然本性 ＝ 理性原理 ＝ 宇宙秩序 ＝ 神意

在《沉思录》中，我们经常可以看到将这些概念等同起来的论述，或者采用其中一个概念去解释或界定另一个概念的说明（例如 2.3，4.23 等）。当奥勒留设想对于人类而言的最高善时，他实际上是在不断地用等式右边的概念来解释等式左边的概念，以宇宙论的命题来说明或者规定伦理学的立场与主张。根据他的论述，宇宙论、灵魂论与伦理学之间是密不可分的，而当他不断在《沉思录》中强调要合乎自然本性地生活和行动、要顺应自然甚至命运的时候，他并不是在空洞地重复某种陈词滥调，而是在不断指明和应用其基本的宇宙论观点。①

由此可见，在最基本的层面上，奥勒留与传统斯多亚哲学一致，都采取了一种双重意义上的"自然"概念，即宇宙的自然与人类的本性。这两者之间是彼此一致的，而这种一致性就体现为宇宙的秩序和理性在人类灵魂中的主导地位。这两个基本的理论前提构成了奥勒留"自然本性"概念的基本内涵，而既然他以该概念界定善/德性乃至最高善，因此，就像我们前面所说的，善与最高善也就同时具有了宇宙和人性这两个层面，内在地具有了双重内涵。

然而，奥勒留对于自然本性的界定和应用并不限于继承学派的既有思想。相反，他对这个概念做出了进一步的充实，注入了新的内涵。他的发展主要体现在两个方面：一方面，他提出了个体的自然本性和普遍的自然本性，前者是一个人行动的原则与根据，后者则体现为有限的人类必须面对和接受的必然（或者说命运）；②另一方面，奥勒留进一步说明了应该如

---

① 参见 Gill（2013），他在"导论"中指出，这两个主题（合乎自然本性地行动和生活，以及顺应自然与命运）在整个《沉思录》中都是同时贯穿全书并且紧密联系、不可分割的。
② 参见 Gourinat（2012），他援引了 12.32 和 7.55 两段原文来证明自己的观点。

何"合乎自然本性地行动",也就是说,他明确回答了"什么是自然本性所要求的行动"这个问题。概括来说,就是要将前文提到的等式贯穿到思想和行动两个方面:在思想上,奥勒留主张一个人勤于观察、真诚思考并努力从事沉思活动,在沉思中获得关于自然本性的知识,懂得人类灵魂中的主导部分是什么,知道如何区分印象、判断真正的善恶并知道如何行动——就此而言,《沉思录》的存在本身就是对这一点的最好示范;在行动上,他强调在待人接物的各种日常事务中,要听从自己的理性判断,为自己做出正确的行动决定并加以遵从,在此过程中始终依赖理智能力来清除各种情绪波动和本能冲动的干扰,保持平和的心境。值得一提的是,奥勒留格外敏感于生死和无常的问题,在写作中频频提及并加以讨论。对于这类被他归入"普遍的自然本性"的问题,他坚持认为只有哲学或者说理性思考才能提供真正的答案。因此,他主张以哲学反思来面对和把握死亡这种人生必然,尽可能理智而平静地看待和处理生命之短暂与荣华康乐等外在价值的变化无常,将其视为无关善恶的事物。正是在这个意义上,奥勒留得以有根据地主张,对人而言的善只有德性,即合乎自然本性地行动和生活。而在此基础上获得的最高善将免于任何威胁——无论是得失、无常还是死亡。如果这种解释是成立的,那么我们看来就可以面对前文提到的质疑而对奥勒留的"自然本性"(以及最高善)概念提出一个初步的辩护,因为这个概念既不是空洞的,亦不是消极避世的,更不是仅仅具有理论层面的意义而缺少实践内涵的。

三

在前面的引文中,我们已经看到,虽然奥勒留强调哲学生活高于政治生活,但这并不意味着他主张单纯的沉思生活才是最高善(或者说幸福)。相反,他所以为的哲学生活并不是固守书斋、耽于辩论的狭隘的智识生活,而是一种将哲学思想与生活实践结合起来,同时从事自我提升、对于共同体尽职尽责并争取有所贡献的生活。在古典时期的希腊伦理思想中,这样两种人生目标被认为有时候会发生矛盾、或者说至少是存在张力的。①因为一方面，一个人的时间、精力和物质资源是有限的，而投身共同体的政治生活被认为必然会占据一个人的闲暇，使之无法专心地从事沉思；另一方面，共同体的最高善和个体的最高善之间也被认为有时会发生冲突，至少在常识观点看来，有时候为了共同体的利益，一个人必须放弃自身的利益甚至牺牲自己的生命，而这种自我牺牲的行为对于个体而言在直观上很难说是一种"最高的善"或者说"幸福"。柏拉图、亚里士多德乃至早期斯多亚学派的各位哲学家对于如何论证这二者之间的一致性，提出了很多方案，但是都未能免受质疑。而在奥勒留这里，这个问题则更为紧迫，因为他的实际生活时刻迫使他去面对并反思这个问题，并努力提出一个至少能够令自己满意的解释方案。

正是基于上述原因，奥勒留在对人生最高目标的设想中，就格外突出地将个体和共同体的善紧密地结合在一起，而不是将二者分开加以设想，这一点在《沉思录》中有非常直观的体现——在几段关于个人幸福和德性生活的反思与论述之后，奥勒留会立刻写到个人对于共同体、对于他人的政治职责。而在有些段落中，奥勒留更是直接从个体的自我完善和对他人的恰当态度，乃至对于共同体的恰当投入这几个方面来同时设想并阐释恰当的行动是什么、最好的生活是什么。个体的善与共同的善在根本上是完全一致的，这一点几乎可以说是奥勒留的哲学思考的独特之处：②

> 5.22 对于城邦无害的事物，对其成员来说也是无害的。每当你觉得自己受到伤害的时候，想想下面这条原则："如果共同体没有受到伤害，那我也没有受到伤害。"

在奥勒留看来，就善或者说德性而言，个体和共同体这两个层面是无法分离的，很难设想一个对于他人和共同体的安危荣辱、利害安宁漠不关心的人，能够在个人生活中实现真正意义上的善。因此，如果说每一个人类成员都是整个宇宙中的一分子，并且每一个人都因为具备理性能力和基本的

---

① 柏拉图在《理想国》中提出的"洞穴"比喻，以及亚里士多德《尼各马可伦理学》第一卷和第十卷论述"幸福"（eudaimonia）是什么的时候所体现出来的某种所谓"张力"，或许能够表明这一点。
② 尽管我们也可以在他的论述中发现，他经常为了该如何忍受他人不恰当的举动而烦恼，经常告诫自己要平心静气地对待别人，要尽责地投入到自己目前的事务中去，去承担其应付的责任。例如 2.1, 3.4, 3.7, 4.7, 4.11 等等。

人性因素、因为面对共同的必然性而在某种意义上是平等的话（6.24），那么，每一个人在与他人的共同生活中就应该享有应得的利益并获得应受的尊重，而且每一个人都应该最大程度地追求自我的完善。与此相应，每一个人也都应该对他人做出同等的、正义的行动，因为根据上述界定，每个人都是宇宙中的一个部分，而宇宙则是由所有人构成的共同体——宇宙城邦。

在这个思想的基础上，奥勒留更进一步，讨论了共同体与个体之间的关系。他的观点可以大致分为两个方面：首先，奥勒留借助柏拉图–亚里士多德传统，从整体–部分的角度来阐述共同体与个体的关系。在他看来，共同体的概念既然在最根本的意义上可以容纳整个宇宙，那么它无疑可以被看作是严格意义上的、包括了各种构成部分的整体。与此相对，个体则是构成整体的具体部分。二者之间的关系在于，整体是个体得以存在并充分发挥其功能的前提条件，如果没有整体，个体也就丧失了存在和发展的可能；① 其次，根据斯多亚学派的主张，每个人天生就具有某种对于自身、亲族以及属于自己的事物的"亲善"倾向（οἰκείωσις），② 因而也就对于和自己有关的、共同体中的其他同胞具有道德义务。奥勒留也继承了这一观点或者说论证思路。因此，既然他同意每个人对于同胞都具有道德义务并且应该对其做出正义的行动，既然根据他的界定，整个宇宙都是一个城邦或者说是一个联结紧密的共同体，那么，身处这个宇宙秩序中的每一个人也就对于其他人负有某种道德义务，应该恰当地对待对方，为对方的利益着想而不得伤害或者阻碍对方的利益或是发展。

相对于其哲学领域和政治领域的前辈而言（甚至包括早期的斯多亚学派），奥勒留的这种"宇宙城邦"以及普遍义务的观点都可以说是做出了较大的突破。但是他在这里依然会遭遇那个老问题，即：如果个体利益与城邦利益之间发生了冲突，那么一个人应该如何选择？如果涉及他人的德性（例如勇敢、正义）与涉及个人的德性（例如节制、智慧）发生了不一致甚至发生冲突，那么应该如何解释这种不一致？而如果涉及他人和共同体

---

① 参见柏拉图《理想国》462 中关于理想城邦与其城邦民之间的关系和四肢与身体之间关系的类比。以及亚里士多德《政治学》第一卷中关于个体与共同体之间关系的功能论证。关于奥勒留的政治思想与柏拉图之间的联系，参见 Kamtekar（2010）。

② 参见 Inwood（1999：677 ff）。

的德性（正义或勇敢）要求个体做出自我牺牲（甚至是严重的自我牺牲），那么要如何才能论证这种牺牲是合理的选择，而不是一种非理性的自我伤害？面对这些问题，奥勒留的回应思路是，他从根本上取消了个体的善与共同体的善之间发生不一致的可能性，进而也就消解了后面的问题。

为了论证个体与共同体的善之间不可能发生冲突，奥勒留再次诉诸善、恶与"无关善恶之事物"之间的区分。在他看来，个体层面的生活目的与共同体层面的最高目的并不是同一个概念：个体应该追求的目标是善，也就是德性；而共同体层面所追求的目标则是价值中立的事物，即"无关善恶的事物"或者说利益：

> 6.45 个体身上发生的所有际遇对于宇宙整体来说都是有益的。知道这一点其实就足够了。但是，如果你仔细观察，大概还会看到，任何事物只要对一个人有益，那么对其他人来说也有益。不过在这种情况下，"益处"这个词【用于那些无关善恶的事物（τῶν μέσων）】是在更普遍地为人们所接受的意义上来理解的。

对于个体而言，有些东西是与生活目的（最高善）无关的，例如财富、房屋和食物，它们的获得并不会增加一个人的幸福或者德性，它们的丧失同样也不会对之造成损害。但是对于共同体而言，这些为人所喜欢和追求的事物尽管与善恶无关，但它们确实构成了城邦的基本利益所在。而就"利益"（而不是"善"）而言，个体与共同体之间是不会形成冲突的——因为它们并不是决定个体能否达成其生活目的之充分条件。因此，一个人对于其共同体（以及同胞）的义务，包括了（或者说主要体现在）尽力去照顾和满足城邦和同胞的生活安全与基本需求。这种义务的强度或者说迫切性就像一个人有义务抚养自己的子女一样。由此我们可以推论，奥勒留可能会如何回应个体与共同体之间利益不一致的极端情况——如果一个人为了他人或者为了共同体的利益而牺牲了自己的利益甚至生命，奥勒留或许不会将这种行为看作个体的善的消损，更不会看成是对个人德性与幸福的伤害，因为就像前面说过的，即使死亡，在奥勒留看来，也不是一件恶事，而仅仅是"无关善恶的事"。

此外，奥勒留也诉诸了斯多亚学派的"自然本性"和"理性能力"的概念，认为人类作为理性存在物，天然地具有引导其做出趋向共同利益之行动的能力（8.7），而这种能力与理性判断能力一起构成了人类的基本能力。从前面可以看到，奥勒留将自我完善界定为理性能力的发挥与发展，而这种能力的发展与完善又要求共同体成员之间的正义行动作为前提条件，因此很明显，在奥勒留的构想中，"共同能力"①（communal faculty, 7.55）和理性能力之间存在极为紧密的关系：理性能力规定了共同能力的存在，而共同能力的发挥决定了理性能力能否获得充分的条件来继续发展和完善。就此而言，个体和共同体之间不但不存在利益的冲突，相反，它们彼此依赖、互相推动了对方的发展。如果说，奥勒留诉诸"善事物"与"无关善恶的事物"之间的区分来论证个体和共同体之间的不一致并非真正意义上的价值冲突，而这相当于给出了一个消极方面的论证的话，那么他诉诸两种能力所给出的阐述则是积极方面的论证。可见，奥勒留确实有足够的理论资源来说明，在他所设想的宇宙城邦中，作为城邦民的个体理性存在者之间、个体和共同体之间不存在目的层面的冲突。而我们可以清楚地看到，对于这个观点，他提出了一个较为丰富的论证，而不是仅仅给出了一个诉诸特定理论前提的断言，而这也可以看作是奥勒留的独特贡献之一。

四

至此，我们已经回应了前文提出的问题和质疑：通过诉诸物理学/宇宙论和政治共同体的相关前提，我们表明了奥勒留伦理思想的核心概念既不是空洞无效的，也不是内在不一致的，因而是值得捍卫的。但是这种论证方案可能导致进一步的问题，即：如果奥勒留在伦理学领域提出的基本主张有赖于引入宇宙论观点作为前提才能得到合理辩护，如果其伦理学的核心概念需要物理学领域的相关论述来为其注入内涵以使之得到充实，那么这是否意味着，奥勒留的伦理学是以物理学为基础的？而这是否进一步意味着，这两个学科之间是一种层级性关系、物理学作为基础而支撑甚至决定了伦理学？

对于这个问题，主要有两种观点：传统的解读路线认为奥勒留与传统

---

① 相关论述参见 Kamtekar（2010）。

斯多亚学派一致，都承认伦理学立基于物理学，后者为前者的核心概念及基本命题奠定了基础，并在这个意义上决定了伦理学（及其核心论点的证成）。与此相对，一种新的解释路线则反对用这种"层级性"的框架来看待奥勒留的伦理学思想和物理学立场之间的关系，认为伦理学并非取决于物理学，而是二者紧密结合形成了一个完整的理论框架，伦理学的核心概念及命题虽然需要从物理学角度加以阐明，但是就其作为一个知识门类和一个问题域而言，伦理学仍是独立的知识系统。①

吉尔试图调和这两种解释路线：首先，他指出，虽然两种解读各自都找到了文本依据来有效地支持他们的观点（例如，传统解释路线强调《沉思录》3.11 的论述，而新路线更强调 3.6），但是，一方面，正如传统路线的支持者已经意识到的，按照这种解释，《沉思录》内部会出现不一致（一个典型的例子是 6.44），由此奥勒留的思想似乎也存在内在的不一致；另一方面，如果说在对 3.11 和 3.6 的解释上，双方各有优势、打了个平手，那么，吉尔指出，在如何解释 6.44 这段文本的问题上，新路线显然比传统更具有优势。然而，其次，按照吉尔的观点，哪一种路线能够在这场争论中获胜其实并不重要，因为它们各自所要强调的观点都能在奥勒留的思想中找到根据。重要的是这场争论本身揭示出来的两个要点：第一，吉尔认为，从奥勒留对伦理学和物理学之间关系的认识和应用上来看，他实际上并没有特别偏离正统斯多亚学派的立场；第二，奥勒留实际上已经意识到，仅仅诉诸物理学和逻辑学来从事哲学研究，无论是对于理论成就还是实际生活来说，其实都是不充分的。因此，他也像传统斯多亚学派一样，在知识体系上倾向于逻辑、物理学和伦理学的三重架构。

在这个问题上，我基本同意吉尔的观点和解读。不过在此基础上，我认为还有以下两点需要加以澄清：首先，尽管我们承认，这两种解释路线各自都指出了奥勒留思想中的某个方面并且都在《沉思录》中找到了关键性的文本支持，尽管《沉思录》的写作是公认的非系统性的，甚至断片式的写作，但这并不意味着奥勒留的哲学思想也是缺少系统性甚至内在不一致的。事实上，正如前文提到的，奥勒留使用了一种"双重框架"，在各

---

① 传统解读的主要代表人物有 G. Striker, B. Inwood 和 J. M. Cooper；新的解读路线的主要倡导者 J. Annas, C. Gill 部分地同情这条路线。相关文献及观点参见 Gill（2007）。

个层面上丰富和发展了斯多亚式的"宇宙–灵魂"这一层级式结构，我们可以大致归纳如下：第一，在"自然本性"/理性的层面，如古里纳所鉴别出来的，奥勒留引入了"个体本性"和"宇宙自然"的二重划分，并以此解释了为什么人应该以前者作为行动原则而将后者接受为最终的必然；第二，在生活目标或者说最高善层面，奥勒留引入了宇宙目的和城邦目的这个二重划分，以此规定了宇宙和共同体作为人类所追求的最高善的一致性；第三，在身–心关系层面，相对于早期斯多亚学派，奥勒留有限度地接受了灵魂与身体、理性和非理性的二重结构，由此来说明对人而言什么是善，以及应该如何获得善。由此可见，通过引入这一系列的区分，奥勒留实际上是将属人的，或者说伦理的维度嵌入了宇宙–灵魂结构的各个层面。由此，他可以一方面坚持统一论的物理学立场，坚持人类在本质上属于宇宙整体的一部分；另一方面提出人类就其本性而言同时属于政治共同体的一部分，而人类的生活与行动同时服从于整个宇宙和整个政治共同体的最高目的。就此而言，新的解释路线由于指出了伦理学和物理学之间的这种整体上的紧密关系，消除了奥勒留思想中看似存在的张力，从而在解释上确实更有优势。

然而，新路线在一个问题上其实和传统路线分享了同一个立场，即：他们都或多或少地诉诸我们今天的学科意识，以此来理解和阐释奥勒留乃至斯多亚学派对于哲学分支的划分。这也是我们需要澄清的第二点。事实上，早在奥勒留之前，斯多亚学派就已经意识到仅诉诸逻辑和物理学不足以揭示整个宇宙的真理和运行机制，因为在某种意义上，一个统一论的宇宙观要求有一个统一论的哲学方法论与之相对应。因此，如何划分哲学的不同分支和主题？它们之间都是什么关系？——从早期斯多亚学派开始，学派成员之间就一直在争论这个问题并提出了不同理解。简单说来，根据现有的文献证据来看，早期斯多亚学派（例如克吕西普）或许会强调区分哲学研究的不同主题并对其加以排序，例如将逻辑排在第一位，接下来是伦理学和物理学。[①]而到了中期斯多亚学派（例如波西多尼乌斯）则格外强调这些分支或主题是一个整体，例如将逻辑比作蛋壳或花园外墙，而其他

---

① 参见 Long and Sedley（1987：26C）。事实上，关于这个排序有不同说法，因为有的文献显示，另一种排序法是将物理学排在伦理学之前。

部分则构成了内在的部分。①而最著名的比喻莫过于将哲学比作一只活的生物，逻辑、伦理学和物理学分别作为其筋骨和血肉。②但是无论这些说法具体是怎样的，其中的一个共同要点在于，在斯多亚学派看来（尤其是中期以降），哲学或者说人类的知识体系首先是一个完整的有机体，而其中各个部分与整体之间的关系，并不是像我们今天所认为的那样（以及在某种意义上，像亚里士多德式的知识结构那样），是树状的层级性划分。因此，考虑到这一点，或许我们可以认为，所谓传统路线和新路线之间的争论，就奥勒留思想本身而言，其实是个"假问题"。因为当奥勒留使用物理学预设来证成伦理学的关键区分和基本假设时，他并非要表明，伦理学的证成要求物理学作为基础，而是旨在表达如下观点：一个完整而有效的、对于人类生活的最高善的说明，应该是基于宇宙整体的视野而提出的。而一个真正完备的宇宙论框架，也自然地包含了宇宙间的一切——无论是奥勒留本人尊崇的神意和必然，还是构成了自然界和人类社会的方方面面。因为在他看来，这就是真实的自然本身，是对人而言的真正的善。

---

① 关于伦理学和物理学的具体位置，同样有不同说法，有的认为伦理学类似于蛋黄（核心部分），有的则认为物理学是核心部分。参见 Long and Sedley（1987：160–162）。
② Baltzly（2018）。

参考文献

Algra, K. *et al* (eds.), 2002: *The Cambridge History of Hellenistic Philosophy*, Cambridge: Cambridge University Press.
Annas, J., 1995: *The Morality of Happiness*, Oxford: Oxford University Press.
Aurelius, Marcus, 1930: *The Meditations*, trans. by C. R. Haines, Cambridge, MA: Harvard University Press.
——, 1983: *The Meditations*, trans. by G. M. A. Grube, Indianapolis: Hackett.
Baltzly, D., 2018: "Stoicism," The Stanford Encyclopedia of Philosophy, <https://plato.stanford.edu/archives/spr2018/entries/stoicism/>.
Cooper, J. M., 2012: *Pursuits of Wisdom*, Princeton: Princeton University Press.
Gill, C., 2013: *Marcus Aurelius: Meditations Books 1-6*, Oxford University Press.
——, 2017: "Marcus Aurelius," in Sorabji, R. and Sharples, R. W. (eds.), *Greek and Roman Philosophy 100 BC-200 AD* volume 1, London: Institute of Classical Studies, 176-179.
Gourinat, Jean-Baptiste, 2012: "Ethics," in Ackeren, M. Van (ed.), *A Companion to Marcus Aurelius*, Malden: Blackwell.
Inwood, B., 1999: "Stoicism," in Furley, D. (ed.), *Routledge History of Philosophy* volume II: *From Aristotle to Augustine*, London: Routledge.
Kamtekar, R., 2010: "Marcus Aurelius," The Stanford Encyclopedia of Philosophy, <https://plato.stanford.edu/archives/win2010/entries/marcus-aurelius/>.
Long, A. A., 1974: *Hellenistic Philosophy*, London: Duckworth.
Long A. A. and Sedley, D. N., 1987: *The Hellenistic Philosophers*, Cambridge: Cambridge University Press.
Rutherford, R. B., 1989: *The Meditations of Marcus Aurelius: A Study*, Oxford: Clarendon Press.

自爱与他爱是一：
论斯多亚学派 *oikeiōsis* 观念的内在一致性

于江霞（YU Jiangxia）

摘要：亲近（*oikeiōsis*）理论被普遍认为是斯多亚学派伦理学的基础，但其中是否存在一种所谓的"社会性亲近"或者说该学说是否有两个源头，学者们一直存有巨大争议。通过从整体上检视斯多亚学派的人性发展观、宇宙观及价值论基础，本文认为有且只有一种 *oikeiōsis*，它是一个发展过程。作为一个内在协调一致的概念，*oikeiōsis* 呈现了一个人把对自己及其自身各部分的关切逐步向后代、亲属，乃至其他所有人扩展的连续性过程。斯多亚学派的这一学说明显承继并发展了亚里士多德的友爱论，尤其是后者关于自爱（*philautia*）与父母之爱的论述；其所诉诸的主要纽带则是不断发展着的人的自我构成，尤其是逐渐完善的理性。

关键词：斯多亚学派；*oikeiōsis*；友爱；自爱；亚里士多德

The Oneness of Self-concern and Other-concern:
On the Consistency of the Concept of Stoic *Oikeiōsis*

Abstract: The doctrine of *oikeiōsis* is mainly considered as the basis of

---

* 本文为国家社科基金后期资助项目"技艺与身体：斯多亚派治疗哲学研究"（项目号：16FZX019）的阶段性成果。

** 于江霞，哲学博士，浙江财经大学伦理研究所副教授（YU Jiangxia, Associate Professor, Institute of Ethics, Zhejiang University of Finance & Economics, Hangzhou）。

Stoic ethics. However, it is highly controversial whether there is so-called social *oikeiōsis* or there are two origins within this theory. By exploring the Stoic thoughts on the development of human nature in the background of Stoic cosmology and anxioy, this article argues that the approach of "*one oikeiōsis, one process*" is more convincing. *Oikeiōsis* itself is a coherent concept, indicating a process of appropriation that extends from one self and one's own parts to his or her offspring, relatives, and even other people. The Stoic *oikeiōsis* clearly echoed Aristotle's *philia*, particularly Aristotle's account of *philautia*. The main bond of this process is the continuously developing constitution of the individual, especially the gradually seasoned reason.

Keywords: *Oikeiōsis*; self-love; Aristotle; Stoics

从 20 世纪以来，西方学者就一直对斯多亚学派伦理学基础的亲近（*oikeiōsis*，拉丁语 *conciliatio*）理论中是否存在一种所谓的"社会性亲近"（social *oikeiōsis*）存有巨大争议。①有些学者认为斯多亚学派的亲近理论中含有两个源头，即对自己的 *oikeiōsis* 和对后代的 *oikeiōsis*，后者即指向"社会性亲近"，并充当着这一发展面向的开端，最终发展出了正义。换言之，在他们看来，他爱（或"利他"，尽管该词并不适合描述古希腊伦理学②）从一开始就明显区别于自爱，且与之成平行关系。阿纳斯（Julia Annas）在这一立场上尤其具有代表性，③其核心主张就是强调亚里士多德与斯多亚学派在他爱或利他观点上的对立，否认斯多亚学派协调一致地将"个体性亲近"与"社会性亲近"相融合。另外一些学者虽无意走如此之远，但也明确承认"社会性亲近"的存在，并只是承认斯多亚学派在个体性与社会性亲近之间建立了一种非常微弱的联接。④

不同于以上学者的观点，我更倾向于认为只有一种 *oikeiōsis*，一个发展过程，即把 *oikeiōsis* 视为一个统一性的概念，继而将其理解为一个人把对自己及其身体各部分的关切逐步向后代、亲属，乃至其他所有人扩展的一个过程。在我看来，斯多亚学派的 *oikeiōsis* 理论是承继并发展了亚里士

---

① 尤其是针对西塞罗《论道德目的》（缩写为 *Fin.*）3.9.62（= Long & Sedley, 1987 [缩写为 *LS*], 57F）等文本。
② Algra（2003）。
③ Annas（1993）；另参见 Blundell（1990）。弗兰克对阿纳斯的观点做出了反驳，参见 Frank（2005: ch. 1）。
④ Blundell（1990: 236，注释 13）。主要依据 Hierocles, 9.3-10 = *LS* 57D1。

多德的友爱论，尤其是借鉴了后者关于作为起点的自爱（*philautia*）[①]和作为范例的父母之爱的讨论，其所诉诸的主要纽带则是不断发展着的人的自我构成，尤其是逐渐完善的理性。

一 自爱与父母之爱：一还是二

oikeiōsis 在英文和中文中都没有严格对应的词汇。鉴于此，它通常被英译为 domestic instinct、appropriation、familiarization、affinity、orientation 等。其核心意涵就是一个人应以自我为中心（self-centered），从亲近对肉体而言的自然、有用之物开始，逐步扩展其归属（*oikos*）和关怀，进而将通常排除在自我归属与关怀之外的他者容纳进来，**视之为己有**。[②]至于这一理论的源头，虽然我们在柏拉图对话和色诺芬著作中可以寻觅到某些相近的概念及其思想，[③]也有学者将其归于有生物学倾向的泰奥弗拉斯托斯（Theophrastus），但自波伦茨（Max Pohlenz）的重要论文发表以来，学者们几乎都承认亲近理论是斯多亚学派的原创，尽管他们对于究竟归于芝诺（第欧根尼·拉尔修：《名哲言行录》7.4；*SVF* 1.236）还是归于克吕西普（《论目的》）仍然争吵不休。[④]据现存文本，克吕西普、西塞罗、希洛克勒斯（Hierocles）、塞涅卡等都曾专门讨论过斯多亚派的 *oikeiōsis*，并把它作为斯多亚伦理学的基础。*oikeiōsis* 在希洛克勒斯的残篇中尤其占据着重要地位，因为希洛克勒斯明确地将对首要的属己之物（*proton oikeion*），即首要感觉为自我之物的讨论称为伦理学理论的基础，并将个人的各种责任比作同心圆，即一个从作为中心的心灵不断向外扩展的过程。[⑤]而克吕西

[①] *philautia* 一词可从消极的与积极的两方面来理解。同亚里士多德一样，斯多亚学派在其 *oikeiōsis* 学说框架下也反对那种世俗意义上的、仅为身外之物（包括"身"）以及快乐的自爱（*philautia*，如 *Diss*.1.19.11），而推崇一种德性的自爱【即为了自身的理智的部分，《尼各马可伦理学》（*NE*）1166a15-16，亚里士多德和斯多亚学派都倾向于将这一部分视为真正的自我】，而这种爱归根到底也是对神的爱。但是随着后来基督教，尤其是奥古斯丁把斯多亚学派的自爱批评为一种自负、自私【基于对 *philautia* 的不同读解，可参见 O'Donovan（2006）】，自爱也就逐渐与现代意义的利他慢慢对立起来（而后来卢梭等哲学家提到的"合理的自爱"显然也与斯多亚学派意义上的真正的自利或自爱相去甚远）。

[②] 台湾学者丁福宁用"视为己有"一词翻译 *oikeiōsis*，我们认为较为精当，因此在文中有时会根据语境而采取这一译法。参见丁福宁（2013）。另外，有些学者所采用的"本己"也是较好的译法。

[③] 如《理想国》402a4（尤其是强调对理性的亲近，*oikeiotêta*），443d, 461d, 462b-d, 463b-d；《会饮》205e；《吕西斯》221d-222d；色诺芬《回忆苏格拉底》1.2.54（参见 Erler, 2002）。

[④] 可参见 Klein（2016: 143–144），Erler（2002）。

[⑤] Hierocles, *Eth. Stoich*. 1.38–39; Stobaeus, *Anth*. 4.671,7–673,11= LS 57G.

普早就指出，这个首要的属己之物就是自己的结构以及对此的意识（τὴν αὑτοῦ σύστασιν καὶ τὴν ταύτης συνείδησιν）。对斯多亚派而言，该理论不仅通过描述人的自我结构的发展而解释了德性的生物学、心理学来源，且详细记录了一个人道德发展的过程。概言之，*oikeiōsis* 不仅是一种心理状态和倾向，还是一个强化自我认知、扩展个体认同的过程；它既是动物对自我的一种亲近、归属和认同，同时还决定着动物与周围环境的关系。具体对人而言，这种过程性首先体现在个体生命的逐渐成熟、发展上；其次则体现于由自我向他者、由关心自我向关心周身事物的扩展上。斯多亚学派认为，人在幼时主要产生的是一种对肉体结构的自然意识，即对肉体的一种自然、原始的亲近。成年之后个体会持续关注自我构成（以及对其而言的自然、有用之物），但这种关注重心将逐渐转移至自我的心灵结构的理性意识。随着一种公共能力（*to koinônikon*）在我们的自身结构中起主导作用（奥勒留：《沉思录》7.55），以理性为主要特点的主导原则继而成为自我亲近、自我归属的主要方式之一，最终导致自我知识的增加与自我关系的改变。随着自我的冲动方向的改变，人尽管会继续追求健康等身体善，但是会以一种理性的方式来追求。然而对于这个过程的具体展开，尤其是能否以及如何由自我亲近、自我关切向外推至对他人的亲近和关怀这一问题，古今学者们却产生了很大分歧。就文本而言，其中最富争议的莫过于被称为"唯一提供了联接的斯多亚文本"①的、来自于普鲁塔克的一段评论：

> 那么看在老天的分上，他（克吕西普，作者注）为什么在每一本关于物理学和伦理学的书里，又写当出生时我们就有一种与我们自身，自身各部分和我们的后代相亲近的习性来烦我们？在他《论正义》一书的第一卷中，他说即使野兽也被赋予一种与它们的后代相亲近，与它们的需要相适应的习性，除了鱼，因为它们的卵是由自身来培育。②

无怪乎普鲁塔克被克吕西普的话所惹恼。尽管该文段将"关心后代"与"当出生时"相并置确实容易引人困惑，但更易引起争论的还是对后代的亲近与对自己及其身体各部分的亲近之间的关系问题：相互平行抑或是一者是

---

① Inwood（1983：196）.
② Plutarch, *On Stoic Self-contradictions*, 1038B = *SVF* 3.179, 2.724 = *LS* 57E.

另一者的延伸？这些问题之前就引起了西塞罗等人的关注（*Fin*. 3.16–21；3.62–63）。对此，当代西方学者也是意见不一，具体可概括如下：

一种是一个起源、两种形式说。英伍德（Brad Inwood）最早提出了后来得到广泛使用的 social *oikeiōsis* 概念。[1]很多学者都认为 *oikeiōsis* 包含个人性的 *oikeiōsis* 与社会性的 *oikeiōsis*，后者非常类似于泰奥弗拉斯托斯的 *oikeiōtes* 概念，与前者迥然不同。[2]但英伍德同时又承认确实有证据证明，这是一个从个体与自己、自己身体各部分的关系，扩展到与后代，最终到与全人类的关系的扩展过程，[3]尽管他一再强调克吕西普和后来的斯多亚者只是在两种 *oikeiōsis* 之间建立了一种非常微弱的关系。[4]英伍德等学者提出的 social *oikeiōsis* 这一概念主要是基于 *kathēkon*（恰当的行为，复数 *kathekonta*）与 *oikeiōsis* 的密切关系：*kathēkon* 概念就是从 *oikeiōsis* 发展而来的（*Fin*. 3.20–22）。在他们看来，斯多亚学派认为人出生起就发展了某种所谓的社会性 *oikeiōsis*，这对人来说是属于更为可取的中性之物（*adiaphora*）的恰当行为，是这一维度进一步带来了伦理价值。[5]这一点在西塞罗那里揭示得尤其清楚（*Fin*. 3.7.23）。[6]

另一种是两种起源、两种形式说。此观点试图将所谓的 social *oikeiōsis* 完全独立出来，强调其不能从个体性 *oikeiōsis* 中发展而来。这在阿纳斯那里体现得尤为突出。在她看来，普鲁塔克传递的信息是，斯多亚学派认为我们从出生起就有两种本能性的关切：对自己及身体各部分的关切和对后代的关切。就社会性关切而言，我们出于自然本能地具有一种对于他人的依恋，这使得我们很容易与他人交朋友。[7]其中，父母对子女的关系给我们

---

[1] Inwood（1983：190–201）.
[2] Inwood（1983：193）。所谓 *oikeiōtes*，即主要指一种联合人与人（夫妻、亲属、朋友）之间，甚至人与动物之间的生物性（尤其是基于共同的身体性、心理性特征）、文化性的亲属、亲密关系。如很多学者指出的，由于相似的生理学和心理学，一种普遍性的 *oikeiōsis* 被认为类似于泰奥弗拉斯托斯的 *oikeiōtes*，参见 Porphyry, *Abst*. 3.25；Brink（1956：124–128）；Pembroke（1971：132–136）；Görgemanns（1983：181–182）；Blundell（1990：221–242）。值得注意的是，虽然二者都构筑了某种不断扩大的关切他者的圆圈，但 *oikeiōtes* 不用于自我关系，也不指向一种开始于自我知觉、最初冲动，情感因素和主观兴趣的发展过程，而 *oikeiōsis* 则不适应于人与动物的关系（参见 Görgemanns, 1983：182, 186）。
[3] Inwood（1983：195）.
[4] Inwood（1983：193–199, Inwood（1984：179–180）.
[5] Ramelli（2009：117）.
[6] Officia（即对 *kathekonta* 的拉丁语翻译）是从 principia naturae 派生出来，指顺应自然的人的 *conciliatio*，即对 *oikeiōsis* 的拉丁语翻译（*Fin*. 3.7.20–23）。
[7] Annas（1993：265），Annas（1990：83）.

提供了关切家庭、同伴，乃至全人类的起点，最终使得我们在他人利益与自我利益之间做到不偏不倚。①而这正体现了斯多亚学派与亚里士多德的一个重要差异，因为亚里士多德是主张在城邦之内的有偏向性的友爱。而且，他所信奉的是一个起源（即自爱）友爱论，斯多亚学派则将自爱与他爱作为人类行为的两种迥然不同的起源，并且一者不能从另一者中发展出来。她甚至指出，*oikeiōsis* 是一个析取性的（disjunctive）概念：它既涵盖了自爱，也涵盖了他爱的理性发展，而这种两起源论正是斯多亚学派 *oikeiōsis* 的独特之处。②

在我看来，上述两种立场都是值得商榷的，第二种尤甚。阿纳斯借用了太多的康德资源来理解斯多亚学派的 *oikeiōsis*（诸如不偏不倚问题等），这本身就很有问题。在如何理解 *oikeiōsis* 的内涵这个根本性问题上，我倾向于同意布伦南（Tad Brennan）的观点，即假设"一个人将某物视为己有就意味着视它为一个关怀的对象。尤其是，当你将某物视为己有，你就将它的福利视为你行动的理由"。③按照此理解，以自我知觉（*aisthēsis*）为起点的 *oikeiōsis* 就为自卫（*to tēreîn heauto*）、自爱提供了基础，而自爱又随着人的自我结构的发展而不断更新其内涵，即逐渐将他爱纳入一种健全理性指导下的自爱。换言之，只存在一种 *oikeiōsis*，一个发展过程：它不单是个体的，也不单是社会的，作为过程的连续体，它本是二者的统一；其中"自爱"（最初表现为身体所有部位的适合、健全）是其始点、基本原则（*Fin.* 3.17）。针对上文所引的普鲁塔克文本和其他相关文本，我们可以按照这一理路作出以下初步评论：

第一，严格来说，并不存在所谓的 social *oikeiōsis*，有且只有一种 *oikeiōsis*。当然，*oikeiōsis* 可以表现为多种外化形式或不同面向，比如对自己的和对他人的（对他人的又有很多种）。但其实最重要的不是我们是否称后者为 social *oikeiōsis*，而是对自己的 *oikeiōsis* 与对他人的 *oikeiōsis* 是不是处于同等地位的两个本源或者说处于不同关系中的 *oikeiōsis* 是否是同一的。实际上，斯多亚学派已经提供了相关思想资源来解决这一难题，其中之一

---

① Annas（1993：278）.
② Annas（1993：275）.
③ Brennan（2005：158）.

就是采取一种发展论的路径来理解 sustasis（结构、构成），进而阐释 sustasis 与 oikeiōsis 之间的关联。如塞涅卡所言："每一个生命阶段都有其结构"，但"人对自身结构的亲近永不改变"。①也就是说，oikeiōsis 是随着生命结构的发展而不断发展的，②但对自我的关切或自爱则永恒不变且贯穿终生，而他爱就内在于一种发展至成熟的自爱。因此爱比克泰德强调万物（包括神）皆为自身，并极力坚持一种"自我中心"的德性（Ench.12）：既然神确保了爱己与公益的一致性，那么"人为自己做一切事就不再被认为是不合群的"（akoinōnētos）（Diss.1.19.14）。事实上，普鲁塔克的定义即清楚地揭示了 oikeiōsis 的反身含义："对于同自己相似的事物的知觉与理解"（SVF 2.724）。希洛克勒斯则在分析了首要亲近之物和自我表象的发展（Eth. Stoich VIII）之后，紧接着讨论了对他人的 oikeiōsis，进而论证了 oikeiōsis 由自我向他人渐进扩展的过程。因此，将斯多亚式的个人发展及其行动动机解释成不连续的两段——前者的目的是自我保护、自爱，后者则突然转向德性——显然是一种错误解法。这种误解在西塞罗《论道德目的》的第三卷中就有所呈现，但现代一些学者仍坚持之。

第二，斯多亚学派并没有主张在对己与对他之间、各种对他关系之间做到不偏不倚。普鲁塔克的以上文本其实恰恰表明对于克吕西普而言，只有一种 oikeiōsis，③其开端与核心就是基于自我构成的自我关切。希罗克洛斯更是清楚地论证了自我知觉和自我亲近的核心性地位——没有作为 oikeiōsis 之根基的自我知觉（进而爱自我），对其他事物的知觉和理解（进而爱他）就不会实现（Eth. Stoich VI 2-3）。尽管希洛克勒斯确实号召我们将外面的圆圈往里拉，但他没有说我们应该平等地将外边亲疏远近不同的圆圈向最里面的圆圈拉。他在这里主要用的是类比，但"相似"显然不同于"相同"——认识和价值上的先后是自然存在的。因此芝诺曾说，我们总是更关心我们身体中那些更有用的部分（SVF 1.236）。

第三，最为关键的是，作为 oikeiōsis 的范例以及正义的开端，父母对子女的爱与自爱并不是一种并列关系，而是一种逻辑上的先后关系。首先

---

① 即塞涅卡所说的"处于与身体相关的某种习性中的灵魂的主导部分"（《书简》[缩写为 Ep.] 121.10）。
② LS，I.，353.
③ Algra（2003）中基于一个更广阔的背景对此进行了出色的讨论。

需要澄清的是，尽管在文字上将摇篮论证与父母之爱相并置，但西塞罗和普鲁塔克真正的意图应是强调作为自然之爱的父母之爱在概念上的优先性，而不是时间上的优先性。换言之，他们不可能宣称成年人只有在生育之后才可能感受到正义的吸引，①所谓的社会性 oikeiōsis 不可能只有在成年时，而且是生过孩子后才产生，或者说像阿纳斯所言的，在这之前一直表现为某种直觉。②

其次，父母之爱在自爱与他爱之间主要起一种连接或桥梁作用，它不是某种断点或另一起点。普鲁塔克、拉尔修的相关记述表明，克吕西普就已用后代作为其父母的一部分这一观念来解释自我中心性的 oikeiōsis 如何可能成为对他人自然的亲近关系的基础。西塞罗在转述斯多亚学派的 oikeiōsis 思想时则把父母对子女的爱称为我们"追溯整个人类社会发展的起点"（Fin. 3.62）。而希洛克勒斯更是在突出自爱之本源地位的基础上，以很大篇幅用对一个人的后代的爱来说明我们对整个族群的爱（Stobaeus, 2.120.3-8）。

或许这些说明还远不足以证实 oikeiōsis 这个概念本身的统一性。我们还可以在亚里士多德那里寻找索解这个问题的基本依据和历史溯源。因为在斯多亚学派之前，亚里士多德就（援引苏格拉底）说有人认为正如我们会弃置自身中某些没用的部分，最后整个身体，只有有用的人才是朋友（《欧德谟伦理学》[EE] 1235a35ff)，并强调对邻人的友善似乎产生于一个人与其自身的关系（EN 1166a1-2），好人是为自身的原因而希望促进自己的善（EN 1166a15-16）。他还特别将父母之爱（尤其是母爱，因为她们在更大程度上感到孩子是自己的）（EN 1161b17；1168a25-26）作为关怀他人的范例，并指出所有的亲情都派生于父母之爱（EN 1161b16-17）；父母对子女有一种天然的亲密关系，子女是父母自己的部分、产品和另外的自我（EN 1161b 18-29）等等。这就激励我们继续展开这种比较研究，同时进一步检视阿纳斯等人的观点是否合理。

---

① Brennan（2005：158）.
② Annas（1993：83）.

二 父母之爱：从亚里士多德的 *philia* 到斯多亚学派的 *oikeiōsis*

阿纳斯强调斯托布斯（Stobaeus）文本【主要被归于阿里乌（Arius Didymus）的思想】中对 *oikeiōsis* 的漫步学派式处理是对亚里士多德式友爱观点进行重塑的结果，并认为斯多亚学派的 *oikeiōsis* 理论所讨论的自爱、他爱问题是亚里士多德在处理友爱问题中首先提出来的；① 但另一方面，她又将斯多亚学派与亚里士多德视为在他爱问题上的对立两端，认为斯多亚学派的 *oikeiōsis* 与亚里士多德的友爱的共同之处仅仅在于它们都是行为者从最初狭隘的、本能的态度到更为广泛的、基于理性的关切的理性发展的例子。② 但是我认为这两种思想的关联性远不止如此：斯多亚学派在阐发 *oikeiōsis* 理论时就可能深受亚里士多德的友爱思想的影响并试图对其做某种发展，③ 尽管我们很难分辨出具体是针对哪一文本、哪一章节。从内容上看，将亚里士多德的友爱思想作为理解斯多亚学派的 *oikeiōsis* 理论的一种路径也是恰当的，因为诚如布伦戴尔等学者所考证的，*oikeiōsis* 所覆盖的范围在很大程度上与友爱的传统所辖领域相重合：*oikeiōsis* 在早期文本中总是与爱的语言（phil-language）相关联，无论是在哲学上还是其他意义上。就像其来源 *oikos* 所暗示的，它确实与家庭有一种特殊亲密关系，但它后来也被用于指特别属于一个人的任何东西，包括非家庭的友爱。④ 而用 *philia* 与 *oikeiōsis* 之间的关联来解释父母之爱以及一般意义上的"一个人爱其自然所有"在柏拉图那里就为人所熟知（《吕西斯》221d-222d）。也正因此，很多学者都通过 *oikeiōtes* 这一概念而在 *oikeiōsis* 与亚里士多德的 *philia* 之间建立某种关联。⑤ 另外，克里安特斯和克吕西普也都写过关于友爱的专门

---

① Annas（1990：80–96）.
② Annas（1993：275）.
③ 桑德巴奇曾激进地认为先天地假设斯多亚学派一定知道亚里士多德的观点，一定理解他的观点的重要性，并因此一定受过他的影响，是错误的（Sandbach，1985：56–57）。但越来越多的人反对桑德巴奇的观点，而承认亚里士多德与斯多亚学派思想之间的承继关系，可参见 Tieleman（2016）。
④ Blundell（1990：223）. 但布伦戴尔也指出，不同于 *oikeiōsis*，友爱在其本源处首先是社会性的，可以被大致地界定为互惠性利益和相互负责任的关系。但即使这种社会意义是根本性的，其中也有一种对自己的从属性的友爱观念。盖格曼斯则认为亚里士多德的自我概念是斯多亚派的个人性 *oikeiōsis* 的原型（Görgemanns，1983：183–184）。
⑤ 布林克认为，斯多亚派所谓的社会性 *oikeiōsis* 就是从亚里士多德友爱理论发展出来的。泰奥弗拉斯托斯的 *oikeiōtes* 嫁接到一种独立发展起来的、源自于斯多亚派的 *oikeiōsis* 概念的结果。参见 Brink（1956：140）、Voelke（1961：70–72）。盖格曼斯则主张 *oikeiōsis* 与 *oikeiōtes* 都有亚里士多德的背景（Görgemanns 1983：183，n.58）。另外，确实存在亚里士多德式的城邦公民（其中又有伦理学与政治学之间的分异）

著作（*SVF* 1. 107.34; 3. 204.27）。在一种消极意义上，不管从友爱的角度讲，还是从属己的角度看，包括后代在内的亲人、其他人对斯多亚学派来说都是中性的，不属于真正的好或善的范围。总之，这两个集合之间的交叠之处是明显的。也正因为如此，人们才对带有斯多亚学派气质，但又试图对斯多亚学派进行批评，并提出某种替代性理论的安提奥库（Antiochus）的 *oikeiōsis* 思想的来源和立场意见不一：学院派的、漫步学派的、斯多亚学派的，还是某种结合？①

正如上一小节指出的，从其核心处看，亚里士多德在其伦理学的相关论证中已经很好地暗示了为什么父母之爱可以从逻辑上紧跟着对自我的关切发生（另参见 *NE* 1161b27ff）。不仅如此，相对于子女对父母的爱，他还强调父母之爱在扩展伦理关怀这一问题上更具范例作用。而斯多亚学派也基本上是沿着这一路数来理解父母之爱在人的行为以及道德发展中的重要作用。其中技艺类比和产品之喻是二者理解自爱与父母之爱之间关系的关键性工具。

首先，从自然的角度讲，父母之爱是一种自然之爱，建立在个体的一种关乎自身生命发展的最自然的欲求的基础上（即对 *telos* 的寻求）。这一点甚至是不言自明的。生育及其所产生的亲缘性与相似性是自然的，因此爱其所生育的也是自然的，就像工匠自然地爱其活动的产品（*EE* 1241a39-b9），尽管远远不止于此。亚里士多德将这种父母对子女的自然的友爱视为恩惠与恩惠人的关系，尤其类似于神对人的恩惠。这一点甚至是我们与动物所共同具有的本能。这其实也是荷马以来的古希腊文本反复诉说的主题之一，斯多亚学派显然也沿承了这一点。如西塞罗所报道的，在斯多亚学派看来，如果自然向往生育后代，而又不保证后代应该被爱，那么自然就失去了其一致性；这种自然的力量在动物中都可以观察到（*Fin.*

与斯多亚派式的世界公民之间的差别，但这不是决定性的。我们在这里将不展开对他人关爱之限度问题的讨论。

① 例如在新近的讨论中，梯索尼（Georgia Tsouni）就认为斯多亚版本包含着一种让人不安的各种理想的融合，尤其是地方性忠诚与普适性忠诚之间的融合，而安提奥库的版本却提供了一种对这种结合的更为协调一致的表述。在这方面，基尔对其某些观点做了反驳。基尔认为斯多亚派对人和动物的动机的说明比她所建议的实质上更为一致、可信，这种说明尤其在将道德关切扩展至人类方面提供了一种比安提奥库更为有效的阐述。参见 Gill（2015: 238）。与安提奥库的 *oikeiōsis* 相似的还有阿里乌（Arius Didymus）版本。

3.62, 4.17）。塞涅卡也说道："自然养育她自己的后代，不会将他们弃之不理。"（*Ep*.121.18）通过对人性的作用，自然在人类之中植入了一种对于后代的自然的、理性的关切：我们爱我们所生产的，尤其是理性的（因为自然是完全理性的）产品。①这同样是"自然的计划""自然的声音"（*Fin*. 3.62）。

但另一方面，正如布伦戴尔所言，②希腊人并不认为作为一种自然的友爱的父母之爱是完全"无私"的，尽管它可能会引发"自我牺牲"，而且亚里士多德也明确主张友爱应是为了朋友自身的利益。③因为按照希腊人的一般观念，生育本身是一种实现自己不朽的行为，并有实现老有所养等益处。当然对于亚里士多德来说，这更多的是一种常识意义上的自爱，真正的（德性的）自爱更要求这种"无私的"父母之爱。后种意义上的自爱才是真正的起点或原则。如果朋友是另一个自我（*allos autos, heteros autos*），那么作为朋友的父母对子女的友爱则是最为接近自爱的相互之爱，因为他们具有更大的自然性、相关性、相似性。正因如此，亚里士多德才会认为父母之爱是唯一可以不存在互惠、能够忍受粗暴对待，甚至"自我牺牲"而仍持续存在的友爱。④这种最为接近自爱的他爱也才会被认为是正义的起源。

亚里士多德还借助工匠之喻⑤更清楚地论证、说明了这一点，他不仅将自然比喻成一个理性的匠人（比如《论动物的生殖》731a24），而且还将工匠隐喻用于人类的孕育与情感关系上。从受孕开始时，父母就付出他们自己灵魂的一部分来生产后代，子女就是他们的一部分。父母（作为施惠者）对子女（作为受惠者）的这种创造活动类似于一种制作活动，而"我们是通过实现活动（在于生活和实践）而存在，而在实现活动中，制作者在某种意义上就是产品"（*EN* 1168a5-6）。反过来，工匠（尤其是诗人）爱其产品就像它们是他们的孩子（*EN* 1167b28-1168a9），因为一个人爱其活动的产品是自然的。而且在一般意义上，制作者更依恋（*synoikeiousthai*,

---

① Blundell（1990：227）.
② Ibid., 224.
③ 当然关于行动的动机，通常认为"为 kalon 而行动"与"为 philia 而行动"之间存在某种紧张关系。
④ Blundell（1990：226-227）.
⑤ 值得注意的是，在这里，亚里士多德回避了他在其他多处地方所强调的自然与制造的对立关系。《尼各马可伦理学》IX.7 最后就提到，友爱的情感也类似于积极的"制造"，而被爱类似于被动的"经受"，而爱和友爱陪伴那些在实践中优越的人（*NE* 1168a19-21）。

synoikeiotai）①其产品（即产品更属于制作者），施惠者更爱受惠者，而不是相反。这是因为：

> 生育者更把被生育者看作是属于自己的。被生育者则较少把生育者看作属于自己。因为，总是产品属于（*oikeion*）其制作者，正如牙齿、头发等等属于它们的所有者，而制作者则不属于其产品，至少在程度上小得多。（*EN* 1161b18-24）②

据此，尽管我们并不完全同意彭布鲁克（S. G. Pembroke）对上面普罗塔克引文的解释，即认为父母的爱可能作为一个激励要素而对孩子的爱起作用，并因此引发小孩子身上 *oikeiōsis* 的发展，但却同意他在这里对亚里士多德相关文段的诠释，即孩子是自己的一部分，相比之下，孩子对父母的爱则具有更少的说服力。③

更重要的是，父母之爱可以视为从自爱的本能的一种自然的发展，因为他们的产品（后代）就像是分离出来的另一个自我（*heteroi autoi*, 1161b29）。尤其是在《修辞学》中，亚里士多德强调自爱强化了对子女的爱，并再次解释道：因为他们是我们的产品，因此我们爱他们就像爱我们自己的任何其他东西（1371b21-25）。在《尼各马可伦理学》中，他同样强调（未成年独立的）孩子就是我们的延伸，是我们身体的一部分，没有人会选择伤害他自己（*EN* 1134b8-12），而是会爱自己。

当然，与其他类型的友爱一样，父母之爱也有其内在价值，因为亚里士多德和斯多亚学派都一直强调，人天生是一种社会性动物。但是，我们也不能过分夸大或孤立看待这一论断的地位。因为尤其是从个体认知的角度看，人的这一本性在某种程度上是作为潜能而存在并逐渐发展的，比如逐步发育并生育后代等。这些行为是属己的、适当的，相反，孑立则是异己的、不适当的。因此《泰阿泰德》的匿名评注者才强调对邻居的亲近必须依赖后来发展起来的理性，而对自己的亲近则是非理性的，尽管两者都是自然的（Anonymous commentary on Plato's *Theaetetus*, 5.18-6.31 = *LS* 57H）。

---

① 这一词语与斯多亚派的 *oikeiōsis* 也有相近之处。
② 亚里士多德（2003）。另外，亚里士多德还提到时间性问题，例如父母之爱相对于子女之爱在时间上更长久（*NE* 1161b25-26）。
③ Pembroke（1971：123–125）。

更重要的是，与这种人与人之间的伙伴关系相比（与亚里士多德将友爱视为外在善不同，斯多亚学派仅将其视为中性之物），自我关系或自我利益（即切己的德性）有着逻辑上和价值上的绝对优先性。所以爱比克泰德直言：从动物到人再到神，一切只关心自身利益（Diss.1.19.11-15，2.22.15-16；cf. 1.14.7）。①

类似于亚里士多德的牙齿、头发之例，斯多亚学派特别地用人与其身体各部分的关系（Fin. 3.63；Diss. 2.5）、个体与宇宙自然的关系（DL 7.87 = LS 63C2）来诠释整体——部分框架，进而来确证父母之爱在"自爱"与相关于己的"爱他"之间的重要纽带作用。在斯多亚学派看来，神性的宇宙自然本身就是一个活生生的、有生育力的创造者、父亲和工匠（SVF 2.1021, part = LS 54A），神与其创造物共存于她所创造的这个世界中（即神与其作品相同一）。就像父母在受孕时将他们自己灵魂的一部分传给他们的孩子（SVF 1.128），我们的灵魂也是神圣的宇宙灵魂的一部分。宇宙灵魂必然爱作为其产品，同时又是其组成部分的我们。②

从天事到人事，斯多亚学派也强调"我们自然地爱我们所生产的"（Fin. 3.61），并同时将制作者等于制作物的思想用于为人父母对子女的关系上。还是在《论道德目的》3.62 中，西塞罗提到斯多亚学派认为父母与子女身体结构的相似性彰显了生殖的自然性（"自然"欲求这一活动并珍存其产品），解释了我们天生对自身和后代的某种态度（即一以贯之的爱）。塞涅卡的观点更是接近亚里士多德（尤其是"友爱"这一语境）。他强调，我们爱自己的受惠人就像他们是我们的孩子（Ben. 4.15.4）。这种行动的"产品"也会塑造那些是德性技艺的基本的原材料的外在物。在这些外在物之中，一个人的人类同伴占据着一种特殊的位置，发挥着独特的功用，因为我们需要朋友作为我们友爱的接受者（Ep. 9.8, 10, 14-15）。塞涅卡还将圣贤描绘为他的朋友的工匠，他从他制作的产品（由贤哲通过赠与利益而生产出来）中获得比对它的使用更大的满意度。③贤哲对待那些产品"就像"对待自己的肢体（Ep. 9.4-5, 15），因为他爱自己，即爱做有德性之事。

---

① πᾶν ζῷον οὐδενὶ οὕτως ᾠκείωται ὡς τῷ ἰδίῳ συμφέροντι (Diss. 1.22.15)。
② 参见 SVF 2.1123，Blundell（1990：227）。
③ Ep. 9. 5-7; cf. Ben.2.33.2-3, 4.21.3-4，参见 Blundell（1990：233）。

总之，作为一个独立的行为体的自我是原点，自爱（即爱属己之物，爱自身中有用的、好的）或成为自己的朋友是根本性的。①这似乎是古希腊哲学的某种共同点。正如很多学者注意到的，强调自我归属（或属己的，oikeios）和友爱，尤其是自爱的关联可追溯至荷马。②在荷马那里，一个人自己的四肢都可以称为朋友（《伊利亚特》13.85）。后来米南德的一个喜剧残篇里主张，"没有一个人不是自己的朋友"（Menander, Mon. 407 Meineke）。"成为自己的朋友"（heauton philein）更是索福克洛斯和欧里庇得斯的惯用表达。柏拉图不仅在《吕西斯》论到，灵魂总是寻其 okeion，爱其所有，③而且还在《法义》中提及：一个人自身是最为亲近的，这叫作最可爱的（873c）。④而对于后来的斯多亚学派来说，以自我知觉和认知为前提，成为自己的朋友或自爱不仅是道德的起点，而且还是道德进步的根本标志（Ep. 6.7）。因此塞涅卡有言，一个是自己朋友的人将会是所有人的朋友（Ep. 6.7）。而爱他是因为我们需要别人接受我们的爱，即最终是为了自爱，这与人的社会性并不矛盾。

三 他爱的扩展：亚里士多德的问题与斯多亚学派的解决

如上所述，对于亚里士多德来说，作为从自爱（philautia）中发展出来并最接近自爱的自然之爱，父母之爱与自我利益是不冲突的，而且这种友爱还可以超越家庭，扩展至施惠者与受惠者之间，而后者正是其他所有类型的友爱的基础（EE 1241a35-b9; 1244a28-29）。一句话，基于人的本性，自爱可以依次发展出所有类型的友爱，其根基则在于植根于自然（血缘、种族、地缘等物理意义上的与德性状态和品格的意义上）的相似性、亲密性。实际上，将父母之爱作为向其他形式的亲近关系扩展的基础在某种程

---

① 很多学者指出，自爱是亚里士多德友爱论里的一个次要问题（如 Görgemanns, 1983: 183–184；这些作者所关注的文段主要是 EN 9.4 和 Pol. 2.5 两处），因此我们不宜过于拔高其地位。但我们认为，亚里士多德论证篇幅的相对简短并不影响自爱作为起点的重要地位，其相关讨论也不局限于这些文段。
② 格利登就曾指出这一点：在荷马那里，philos 可用于所有格，如 phlia guia（《伊利亚特》13.85）；参见 Glidden（1981: 41）。
③ 详见 Glidden（1981：52）。
④ 另参见 Blundell（1990：224）。布伦戴尔还提到，伊索克拉底曾有言，一个人自身的身体在任何情况下都是最为亲近的。

度上后来成为古代哲学家的某种共识。[①]那么相对应于亚里士多德的解释思路，让我们再次回到本文开始的问题，斯多亚学派的自卫、自爱或自我关切是否也能在作为一个扩展过程的 *oikeiōsis* 中扮演类似于 *philautia* 在亚里士多德友爱论中的角色？具体而言，正如上文普罗塔克、西塞罗等人提出的，如何连续地扩展这种"归属"，即从自爱到父母之爱，再到其他形式的爱？这样一个过程在根本上依赖何种力量？

如上文已指出的，很多学者坚持认为，不同于亚里士多德式的友爱，并没有直接证据表明斯多亚学派主张（或成功地做到）将对自我的 *oikeiōsis* 发展至其他形式的 *oikeiōsis*。[②]因为产品之喻并不能填补个人性 *oikeiōsis* 与所谓的社会性 *oikeiōsis* 之间的鸿沟：我们的孩子毕竟不是我们自身，而他人甚至都不可能在类似我们孩子的意义上作为我们的产品。即使是在自然成长的情况下，"产品"也会在某一点上不再是一个部分——例如当一个人头发和指甲被修剪掉并弃置为垃圾时（*LS* 57H6）。[③]也就是说，孩子作为自我的部分或产品非常不同于肢体作为自我的部分。因此，仅仅借助物理意义上的产品之喻来解释爱己到爱后代的发展（毋宁说在物理意义上更远、更外在的关系）是行不通的。[④]

事实上，斯多亚学派极有可能已意识到亚里士多德的 *philia* 与 *oikeiōsis* 之间的重要区别[⑤]以及相关的争论与批评，而且试图提供相应的解决之道（尤其是突破 *philia* 所隐含的地域限制）。只是我们还需要结合斯多亚学派的其他哲学资源来寻找相关的证据与解释，在一般意义上证明从自爱扩展至其他形式的他爱的合理性，从而进一步理解斯多亚学派的 *oikeiōsis* 概念的内在一致性以及这一理论与斯多亚学派基本价值观的可协调性。具体

---

① 例如，西塞罗的报道就明确地将父母之爱称为人类社会共同体的起点；人与人之间的相互吸引也是自然的。所以没有人会跟另外一个人相疏远，就像某些动物，蚂蚁、蜜蜂、鹳，我们人天生就适宜于组成联盟、社团和城邦（*Fin.* 3.62）。相似地，普罗塔克也将这种父母之爱视为共同体和正义的出发点（Plutarch, *De sol. an.* 962a）。
② Blundell（1990：227）。
③ 承接苏格拉底和亚里士多德（*EE* 1235a35ff），斯多亚学派也对身体各部分进行了区分，即将那些天生有用的部分与那些没有明显的有用性、只是作为某种装饰的部分区分开来（*Fin* 3.18），cf. *Fin*. 3.62.
④ Blundell（1990：229）。
⑤ 例如 *oikeiōsis* 是一种不对称的关系，而 *philia* 大体上是；*philia* 通常局限于共同生活的熟人之间，而 *oikeiōsis* 则可以扩展到遥远的陌生人，并发展出了一种前者所没有的同心圆模式。从二者所呈现的灵魂学图景看，另外，对于斯多亚学派来说，自我知觉是自爱的前提，而漫步学派却不那么强调自我意识和自我知觉，认为自爱在自我认知之前，而非之后。

来说，这里需证成的是，不仅是个人方面的 *oikeiōsis* 可被视为从亚里士多德式的自爱发展出来的（如盖格曼斯等人坚持的），其他形式的 *oikeiōsis*，包括所谓的社会 *oikeiōsis* 也是如此；而且，父母之爱承担了从自爱向其他类型的他爱转化的桥梁。在我们看来，其实很多矛盾的产生就缘于有些学者违背斯多亚学派之初衷，区分了不同、甚至对立的 *oikeiōsis*。如果一开始就把 *oikeiōsis* 当成一个整体来看，并结合斯多亚学派的生物学、物理学和价值观对其进行阐发，那么作为一个不断扩展过程的 *oikeiōsis* 是可以自洽、圆融的，自爱、父母之爱和对其他人的爱在这里也是自然、一致的。

对此，斯多亚学派所采取的基本策略就是基于 *philia* 与 *oikeiōsis* 二者的内在关系，从宇宙论角度，依托整体–部分框架来协调 *oikeiōsis* 内部的各种面向及其相似性、亲密性问题。这也使得斯多亚学派的 *oikeiōsis* 最终胜出安提奥库的等其他版本的 *oikeiōsis*。而很多人之所以对斯多亚学派的 *oikeiōsis* 的内在一致性颇有微词，很大程度上就在于没有将斯多亚学派的 *oikeiōsis* 置于斯多亚学派的宇宙（神学）图景中，或者说对父母之爱之推展的自然基础持有质疑。

就说明爱己、父母之爱与其他形式的他爱的连续性而言，尽管技艺、产品之喻依然起重要作用，西塞罗所提到的动物的身体结构与其繁殖之间的类比也不容小觑（*Fin* 3.62，见上文第二小节），但关键之点则是依从上面提到的整体–部分框架而引入作为整体的宇宙自然这一目的论视角。从宇宙自然的角度看，人置身于（本身是好的）宇宙之中，同时作为宇宙的部分与子女，尽享其父母般的慈爱。虽然不同于神，我们不能在爱后代的意义上爱他人，但在神的关爱下，我们与他人之间仍有一种本源上的关联性：天地之间，宇宙各部分（包括人与人）之间由于相互影响而产生一种宇宙共通感（*sumpatheia*，可译为 cosmic sympathy, coeffection 或 interaction），即一体感或相互关联性；神圣、正确的理性或普遍的人性（*Ep.* 95.33）尤其是人与人之间内在关联的根基，这也是人的生命中各种形式的 *oikeiōsis* 相互协调的根本前提。作为人之自然的完美实现者，贤哲即是这种理性和宇宙秩序的合作者与模仿者。① 如塞涅卡所言，贤哲的人类同伴则可以被视

---

① Inwood（1985：111）.

为他的理性和德性的产物或产品（见第二小节），就像亚里士多德意义上的受惠者是施惠者的产品。① 而其中借助的中介则不断发展、成熟，因而需要守护、关心人的结构（sustasis）或心灵或自然。② 就像通过生育的方式而延伸肉体自我，一种在德性上的不朽对于死去的有德性之人也是可能的，因为他通过其德性的产品而延续了他的理性自我——自我当中最为高贵、最为自足的部分。而且显而易见的是，人从父母之爱到对全人类之爱的扩展主要依赖于后一种，即理性不朽的方式。

众所周知，柏拉图曾明确阐述过通过生产真正的美、德性或善而使一个人（包括男性与女性，身体与灵魂③）得到不朽的观点（《会饮》205a, 208e-209e，尤其是212a；《法义》769c）。类似地，斯多亚学派也特别强调了相似的人性，或更确切地说，理性，在这种传递中所发挥的中心作用以及（自我）感知在识别这种相似性上所发挥的重要角色。这或许也是为什么希洛克勒斯如此推重自我知觉，并将其视为熟悉自我构成并关切（爱）自我，进而关切他人的前提，以及塞涅卡在《书简》121中同样在 oikeiōsis 理论背景下专门谈论动物的自我知觉的重要原因之一。④ 就像《泰阿泰德》的匿名评论者所言，"我们与同类的人有一种亲近感"（LS 57H1）。西塞罗笔下的加图也将人与人之间的 oikeiōsis（而非"疏远"，allotriosis）奠基于人性这一简单事实（Fin. 3.63）。因此在斯多亚学派看来，由于动物与人之间的差异，我们无须将从 oikeiōsis 发展出来的正义延伸至动物（DL 7.129）。由此可见，这种普遍的 oikeiōsis 与父母之爱之间的连续性并不主

---

① Blundell（1990：231）.
② 总体上，这一小结的写作尤其受益于布伦戴尔的相关讨论。但在这里，我并不完全同意布伦戴尔的观点，即将作为中介的理性与之前的"产品论证"作为两个阶段而区分开来。在我看来，尽管理性在他爱的推展过程中起关键性作用，但理性不健全的幼年也是不可缺少的发展阶段，因为宇宙万物之间的关联，即共通感（sympatheia）不仅指向理性上的一致，还包含肉体上的一致，贯穿人的整个生命发展过程，即存在于身体与灵魂之间。
③ Pender（1992）.
④ 当然，也有学者强调二者在赋予自我知觉的地位上存在天壤之别。例如英伍德就认为希洛克勒斯将其自我知觉置于中心地位（而这一点非常不寻常），将对其的讨论纳入对伦理学基础的建构，而塞涅卡则将其作为一个传统斯多亚学派理论的细节而置于边缘地位，更强调意愿因素而非自我知觉的重要性。但我更倾向于同意巴斯蒂安尼尼和朗的观点，即希罗克勒斯在他的 oikeiōsis 论证中忽略冲动并力挺知觉，这并没有明显地与传统相分离，因为他仍坚持这一基本的斯多亚学派路线：从克吕西普开始，斯多亚学派就将自我知觉而不是冲动视为 oikeiōsis 的根基（转引自 Ramelli, 2009: 39–40）。另外，确实如英伍德所言，非理性动物在其行为中也显示了某种确定性，这一事实显示了它是直觉性的，而非一种理性推理或实验。但我认为对这种直觉性的讨论只是为了强调其自然性，而且希洛克勒斯其实并没有止于此，其另一作品《论义务》（Stobaeus）即是要阐释这种自然性的发展。

要取决于孩子在纯肉体意义上作为我们的产品的地位（但不能忽视，因为它始终是这个过程的一部分），而是更在于处于成熟时期的他们与我们在灵魂、理性、德性潜能上的亲密性与相似性，以及他们在我们实施德性方面的有用性。这在适用于向外（更远的亲戚、同胞，最终整个全人类）连续进行扩展的其他情况下更是如此——我们同时通过自身德性的外化而在别人身上实现了自己。这种内在的一致性、相似性的最终来源即是作为整体的慈爱的宇宙及其作为我们理性的共同起源——神圣理智。以此为本源，斯多亚学派认为：尽管万物（包括神）都关心自我利益，但这些自我利益与宇宙整体的利益总是在根本上相一致。而且不同于神与动物，作为有理性动物的人必须主动地维护公益，这样才能"变成、保持自己和自己相同一，并获得自由"。①

以这种思路，斯多亚学派还在很大程度上解决了亚里士多德没有圆满回答，或没有充分讨论的"自爱可导致自我牺牲"这一问题。因为按照亚里士多德的思想框架，外在好也是幸福的必要条件，在扩展对他者的关切过程中似乎总要不可避免地面临自我的幸福与爱他（尤其是遥远、陌生的他者）之间的冲突问题。当然，我们并没有多少理据苛求亚里士多德，因为将伦理关心扩展至全人类并不是其文本所倡导的道德理想，而是更多地代表了漫步学派和学园派在亚里士多德友爱论的影响下，沿着"自然主义"路线，在关怀他者的路上试图走得更远的某种努力。或许他们确实试图抗衡，甚至改进斯多亚学派的伦理理论，但最终似乎仍然没有达至后者（包括晚近的斯多亚学派的努力）的宏大视野（尽管有些学者批评斯多亚学派是人类中心主义的），②而作为始点与终点的宇宙自然视角正是后者之所以胜出的关键。

总之，在关切他者问题上，回到传统观点，即从直觉性③和一致性二者之间取其一来概括亚里士多德及其追随者与斯多亚学派各自的优势与缺陷（同时也是展示其差异）或许是恰当的。④但我们认为，在其思想的核心处，

---

① 黑格尔（2013：27）。
② 当然对于安提奥库版的 *oikeiōsis* 来说，更大的问题是其 *oikeiōsis* 理论与其幸福思想之间的可能冲突。可参见 Gill（2015）。
③ Annas（1993：180-187），Gill（2015：231）。
④ Gill（2015），Annas（1990：95，注释 20）。

尤其是在回归一种亚里士多德视野下的真正的自爱或正确的自爱的意义上，斯多亚学派和亚里士多德在很大程度上又是一致的。进一步而言，在一种发展论的自爱（或自我关切、自我利益）观点上，阿里乌等人对漫步学派伦理学的陈述是与斯多亚伦理学始终强调的自我指向（self-directed）是一致的，尽管他们所描述的图景有所差异。

参考文献

黑格尔，2013：《哲学史讲演录》第三卷，贺麟、王太庆译，上海：上海人民出版社。
亚里士多德，2003：《尼各马可伦理学》，廖申白译注，北京：商务印书馆。
丁福宁，2013："斯多噶学派的视为己有（oikeiōsis）"，《国立台湾大学哲学论评》，vol. 46，1-52页。
Algra, K., 2003: "The Mechanism of Social Appropriation and Its Role in Hellenistic Ethics," in *Oxford Studies in Ancient Philosophy*, vol. 25, 265-296.
Annas, J., 1990: "The Hellenistic Version of Aristotle's Ethics," in *The Monist*, vol. 73, 80-96.
Annas, J., 1993: *The Morality of Happiness*, New York: Oxford: Oxford University Press.
Blundell, M. W., 1990: "Parental Nature and Stoic Οἰκείωσις," in *Ancient Philosophy*, vol. 1, 221-242.
Brink, C.O., 1956: "Οἰκείωσις and Οἰκειότης: Theophrastus and Zeno on Nature in Moral Theory," in *Phronesis*, vol. 1, 123-145.
Cooper, J. M., 1980: "Aristotle on Friendship," in Rorty, A. O. (ed.), *Essays on Aristotle's Ethics*, Berkeley: University of California Press, 301-340.
Engberg-Pedersen, T., 1986: "Discovering the Good: *Oikeiosis* and *Kathekonta* in Stoic Ethics," in Schofield, M. and Striker, G. (eds.), 1986: 145-183.
Erler, M., 2002: "Stoic Oikeiosis and Xenophon's Socrates," in Scaltsas, Theodore and Mason, Andrew S. (eds.), *The Philosophy of Zeno: Zeno of Citium and his Legacy,* Larnaka: Municipality of Larnaca.
Fortenbaugh, W. W. (ed.), 1983: *On Stoic and Peripatetic Ethics: The Work of Arius Didymus*, New Brunswick: Transaction Books.
Frank, J., 2005: *Democracy of Distinction: Aristotle and the Work of Politics*, Chicago: University of Chicago Press.
Gill, Christopher, 2015: "Antiochus' theory of *oikeiōsis*," in Annas, J. and Betegh, G. (eds.), *Cicero's De Finibus: Philosophical Approaches*, Cambridge: Cambridge University Press.
Glidden, D. K., 1981: "The *Lysis* on Loving One's Own," in *The Classical Quarterly* (New Series), vol. 31, 39-59.
Görgemanns, H., 1983: "The Two Forms of *Oikeiosis* in Arius," in Fortenbaugh (ed.), 1983: oo, 165-189.
Inwood, B., 1983: "Comments on Professor Görgemanns' Paper: The Two Forms of *Oikeiosis* in Arius and the Stoa," in Fortenbaugh (ed.), 1983: 190-201.
Inwood, B., 1984: "Hierocles: Theory and Argument in the Second Century A.D.," in *Oxford Studies in Ancient Philosophy*, vol. 2, 151-184.
Inwood, B., 1985: *Ethics and Human Action in Early Stoicism,* Oxford: Clarendon Press.
Kerferd, G. B., 1972: "The Search for Personal Identity in Stoic Thought," in *Bulletin of the*

John Rylands University Library of Manchester, vol. 55, 177-196.

Klein, Jacob, 2016: "The Stoic Argument from *Oikeiōsis*," in *Oxford Studies in Ancient Philosophy*, vol. 50, 143-200.

Long, A. A & Sedley, D. N., 1987: *The Hellenistic Philosophers*, Cambridge: Cambridge University Press.

O'Donovan, Oliver, 1980: *The Problem of Self-Love in St. Augustine*, New Haven: Yale University Press.

Pembroke, S. G., 1971: "*Oikeiosis*," in Long, A. A. (ed.), *Problems in Stoicism*, London: University of London, 114-149.

Pender, E. E., 1992: "Spiritual Pregnancy in Plato's Symposium," in *Classical Quarterly*, vol. 42, 72-86.

Ramelli, Ilaria, (ed.), 2009: *Hierocles the Stoic: Elements of Ethics, Fragments and Excerpts*. Vol. 28, Society of Biblical Lit, trans. by David Konstan, Atlanta-Leiden: SBL-Brill.

Salles, Ricardo, 2012: "*Oikeiosis* in Epictetus," in Vigo, A. (ed.), *Oikeiosis and the Natural Bases of Morality. From Classical Stoicism to Modern Philosophy*, Hildesheim: Olms Verlag, 95-120.

Sandbach, F. H., 1985: *Aristotle and the Stoics*, Cambridge: Cambridge Philological Society.

Tieleman, Teun, 2016: "The Early Stoics and Aristotelian Ethics," in *Frontiers of Philosophy in China*, vol. 11, 104-121.

Voelke, A.-J., 1961: *Les rapports avec autrui dans la philosophie greque: d'Aristote à Panétius*, Paris: Vrin.

实践哲学
Practical Philosophy

对《美德论》第9节的两条校订建议*

斯特法诺·巴岑（Stefano Bacin）
迪特·朔耐克（Dieter Schönecker）**

胡磊（HU Lei）/ 译（trans.）***

摘要：康德的晚年著作《道德形而上学》对于理解其整个道德哲学体系来说具有重要意义。但由于多种原因，这部著作在文本结构上存在很多问题：这些问题使得该书实际出版的文本结构与康德自己所设计的文本结构有诸多差异。有鉴于此，本文的两位作者对该著作中的第二部分——《美德论的形而上学的初始根据》——之第9节（"论说谎"）的文本结构提出了两条校订建议，并且基于对本节文本内容的细致梳理，为两条建议分别给出了理由。这两条建议也已经被采纳进由 Bernd Ludwig 编辑、费利克斯·迈纳出版社（Felix Meiner Verlag）于2017年出版的最新德文版《美德论的形而上学的初始根据》中。本文将有助于引起研究者们对《道德形而上学》文本结构的关注，并促进他们对书中相关思想的研究。

关键词：《美德论》第9节；文本结构；校订建议；说谎

---

* 本文原题为 "Zwei Konjekturvorschläge zur *Tugendlehre*, §9"，原文为德文，载于《康德研究》（年鉴）（*Kant-Studien*. Jahrg.）第101期，德古意特出版社（De Gruyter）2010年版，第247–252页。感谢本文的两位作者斯特法诺·巴岑研究员和迪特·朔耐克教授许可本文译者翻译此文。另外，感谢德国美因茨大学的 Margit Ruffing 博士协助本文译者联系德古意特出版社和《康德研究》杂志，并代表德古意特出版社和《康德研究》杂志授权本文的中文翻译工作。清华大学哲学系范大邯助理教授为译文初稿给出了颇多修订建议，在此表示诚挚的谢意，德国法兰克福大学在读硕士研究生许铭同学也为相关译文给出了关键建议，在此也表示感谢。
本文的"摘要"和"关键词"均为本文译者所加（abstract and keywords added by the translator）。
** 斯特法诺·巴岑，意大利米兰大学哲学系研究员（Researcher, Department of Philosophy, University of Milan, Italy）；迪特·朔耐克，德国锡根大学哲学系教授（Professor, Department of Philosophy, University of Siegen, Germany）。
*** 胡磊，清华大学哲学系（Department of Philosophy, Tsinghua University, Beijing）。

Two Suggestions for the Rearrangement of the Text *Doctrine of Virtue*, §9

Abstract: *Metaphysics of Morals*, the late work of Kant, is of great significance for understanding his whole system of moral philosophy. There are, however, many problems on the text structure of this work owing to manifold reasons, which result in some differences between the structures of the text as it was published and that designed by Kant himself. Given this point, the authors of this paper put forward two suggestions for the rearrangement of the textual structure of §9 ("On Lying") of *Metaphysical First Principles of the Doctrine of Virtue*, the second part of *Metaphysics of Morals*. Additionally, they give their reasons based on careful research of the contents of the text for both suggestions respectively. Moreover, these suggestions have been absorbed into the newest German version of *Metaphysical First Principles of the Doctrine of Virtue*, which was edited by Bernd Ludwig and published by Felix Meiner Verlag in 2017. This paper will certainly draw scholars' attention to the the structure of *Metaphysics of Morals*, and prompt the research on related thoughts in this book.

Keywords: §9 of *Doctrine of Virtue*; textual structure; suggestions for rearrangement; lying

　　《道德形而上学》两部分的文本结构有一些特定的且独特的不通畅之处，这倒不是什么新鲜事。①尽管《道德形而上学》的两部分是分开印刷的，但这两部分所携有的相似的不通畅却表明了这样一点：至少其中的一部分不通畅之处并不是出于印刷自身的问题，而是应追溯至更早的工作阶段，也就是说，追溯至付刊样稿的准备工作中。考虑到康德曾在不同时间、通过页边注或标注的方式将不同的材料吸纳进其手稿中，人们不应当排除这种可能性：由于康德手稿的不清晰或者一位力不能及的誊写员的错误，付刊样稿中也会包含一些外来的文本和被移动了位置的片段（Stück）。②此外，从一切证据来看，康德并没有充分地检查被印刷的文本。因此，不同的文段完全可能以错误的顺序被誊抄然后被印刷；因此，《道德形而上学》由以被印刷的实际形态并不总是意义通顺的。实际上，已经有人为《道德形而

---

① 关于常见的疑难与争辩形势，请参考 Parma（2000：42–565）。对于印刷文本中的诸缺陷的可能缘由，请参考 Stark（1988：26）。
② 对于康德文章脉络的一种重构，请参考 Stark（1988：25 及以下）。

上学》中的不同地方给出了证据：一些草稿内容被插入文本中，文本片段（Textstück）甚至整个章节（Paragraph）被错误地划分，或者——本文所要处理的情况也许正是处于这种问题中——文段（Textpassage）被嵌入在错误的位置。①此外，对于《法权论的形而上学的初始根据》中的那些由于不通畅的文本结构而引发问题的地方，迄今为止的研究却几乎只是着力于哲学式的研究。然而，《美德②论的形而上学的初始根据》面临相似的问题与差错，这些问题与差错使得对它的理解尤为困难。③

目前这一独特的境况要求人们在阅读和阐释《道德形而上学》的时候必须考虑这样一种可能性：在理解上的特定问题乃是由文本结构上的上述诸种不通畅所导致的；然而，我们并不具有手稿或与此类别相似的材料，以此能够直接举荐或确证在文本上的诸种改动（Eingriff）。对文本之连贯性看起来是成问题的地方的阐释，就有赖于校订④（Konjektur），而这些校订的根据仅仅在于对论证过程、内在关联和其他的一些文内信息的尽可能细致的研究。毫无疑问，这种校订需要以最慎重的方式被建议和被讨论。适当地裁剪文本以符合解释性材料，这种做法风险很大。尽管如此，校订【和校正（Emendation）】依旧是难免的，并且完全能够为"一种被普遍认可的文本订正"给出理由⑤，正如 Buchda 和 Tenbruck 对《法权论》⑥第 6 节所

---

① 例如，可参考 Tenbruck（1949：220）。
② "美德"一词的德文为"Tugend"，康德在其《道德形而上学》中明确将 Tugend 概念对应于拉丁文中的 virtus 一词，可参见 AA（6：380–381）。相应地，该词的通行英文译法为"virtue"。而在汉语学界，Tugend 目前有两种常见译法："德性"（张荣、李秋零译法）和"德行"（李明辉、邓晓芒译法），参见李明辉（2015）、张荣与李秋零（2016）和邓晓芒（2015）。但仔细思考来看，这两种译法都不妥。汉语学界之所以熟知"德性"概念，在很大程度上与学者们熟知《中庸》里的"故君子尊德性而道问学，致广大而尽精微，极高明而道中庸"有关；然而《中庸》开篇即说："天命之谓性，率性之谓道，修道之谓教。"可见"性"乃天命所赋，"德性"的实现乃是顺承天命的至高境界，这与康德所说的 Tugend 有很大不同。而将 Tugend 译为"德行"也不妥，因为尽管 Tugend 与人的具体行为相关，但康德同时颇为重视从"意向"（Gesinnung）或者说行为的"主观规定根据"方面阐述 Tugend 的内涵，并且强调 Tugend 只有一个，Tugendpflicht（Tugend 义务）才有多个，可参见 AA（6：394–395）。有鉴于此，本文译者主张将康德的 Tugend 概念译为"美德"，而非"德性"，也非"德行"，一方面是为了避免将 Tugend 与中国哲学中的"德性"概念混淆；另一方面是为了避免将 Tugend 仅仅看作是人的具体行为，从而忽视了 Tugend 的更细微的含义。——译注
③ 参见 Parma（1988：51）。与《法权论》不同，同样出自 Ludwig 版本的《美德论》并没有更大的文本改动。
④ 德语中的"Konjektur"有两个意思：1，对有瑕疵的流传文本进行改动，以使其完善；2，推测，猜测。——译注
⑤ 参见 Brandt（1990：363）。（这篇文章标题中的"Das Wort sie sollen lassen stahn"这一语句出自马丁·路德所作的一篇题为 *Ein feste Burg ist unser Gott* 的赞美诗。——译注）
⑥ 《法权论的形而上学的初始根据》被学界简称作《法权论》。——译注

作的文本订正那样①，根据他们的校正，在这一节中竟然有5个段落（Absatz）作为错误的嵌入文本是应当被鉴别出来的。

我们将在下文针对《美德论》②第9节的结构（Aufbau）给出两条建议，依据这两条建议，如果人们进行了特定的调整，那么此处的文本可以更好地被理解；正是在这一意义上，此事涉及校订。校订能够也应当实现这样的功能，即引起一场这样的讨论：对相关文本的一个修订版是否实际上是有必要的（即使这些校正本身是可以清晰辨识的，这依旧是影响到读解和阐释之历史的关键步骤）③。我们的论点在于：第9节的文本按照我们所重构的那样要比在没有这些校订的情况下，在很大程度上可以被更好地（besser）理解。这一点是否最终有资格使得将来的版本实际地改变文本形态，可以让其他人来决定。④

建议

有的文段按照其被印刷的那样，其结构（Struktur）只会是难以理解的，《美德论》第9节（"论说谎"）就是这样的一个例子。然而，如果人们进行两处调整（移位），那么此处的文本就会获得一个显然更为清晰的形态。正如目前此处文本（AA 06: 429.01-431.03）⑤被编辑的那样，它是以接下来的这种论证结构呈现的：康德引入了说谎（Lüge）这一概念（429.01-13）；然后，他并未另起一段（但其中却有一个成问题的破折号；参考下文）就谈及了内在说谎和外在说谎之差异，并将这一点与对损害之角色的思索关联起来（429.13-23）；然后，在另一个破折号之后，康德再一次在一般意义

---

① 参见前文的相关脚注。——译注
② 《美德论的形而上学的初始根据》被学界简称作《美德论》。——译注
③ 众所周知，Bernd Ludwig 在由他所编辑的那一版、那一册康德的《法权论》中，持有这样的论点："在送去排印的路途中变得难以辨认的手稿……允许借助于语文学方法对流传的文本进行重构。"（Ludwig, 1986: XXIX）与此相反，Parma（1988: 65）却为"一个近乎是外交式的版本"作辩护，这一版本"最小化地"更改了"譬如说，关乎正字法的文本……以及那些其印刷、排版的疏忽是可以被证明的地方"，而其他的那些不通畅之处只可以放在"异文注解表"（Apparat）中进行处理。
（Apparat 在德文中又作"kritischer Apparat"，是指编者或译者为原文给出的校改意见、新的读法或版本变迁说明，这些内容通常会被统一汇集于著作的最后，统称为 Apparat。——译注）
④ 在译者与本文两位作者的通信中，他们再次强调，这篇文章"并未打算致使一个《美德论》文本的修订版产生"，而仅仅是两条事关文本结构的"建议"，根据这两条建议，此处的文本将被"更好地"理解。——译注
⑤ 指 AA（6：429 第1行到431 第3行），下同。——译注

上谈及说谎,并且与第一处语言哲学式的思索(429.23-36)——如果人们愿意接受这种说法的话——相连接;在又一个破折号之后的第一处段落涉及康德对诚实(Wahrhaftigkeit)、真诚(Ehrlichkeit)、正直(Redlichkeit)和坦诚(Aufrigtigkeit)这些概念的阐明(429.34-36),但它们看起来与前边的内容并没有直接的关联。①在接下来的一段中,此前已经被引入的损害之角色,在对说谎的分析中再一次被讨论(430.01-08)。而在下一段着手第二处语言哲学式的思索(430.14-19)②之前,第9节的第三段再一次以内在说谎为主题(430.09-13),而紧跟在第二处语言哲学式的思索之后,在一个破折号之后的是对内在说谎的举例(430.19-26)。第9节的主体文本之第5段,并且也是最后一段,继续以内在说谎为主题(430.27-431.03)。

　　由此来看,康德似乎是在"对一般意义上的说谎的普遍探讨"和"语言哲学式的思索"以及"对内在说谎的分析"之间跳来跳去。但是,如果人们按照我们的建议对这一文本的两处位置进行调整,那么此处文本就会具有这样一种论证与修辞结构,该结构使得文本在很大程度上更易理解。

　　第 1 条建议:将"作为道德存在者的人……承担起诚实的义务"③(430.14-19)这一文段连接到以"……不是人本身"(429.34)结尾的句子的后面,更确切地说,也要将其置于随后的那个破折号的前面。我们在下文将其称为第一处文段(erste Passage)(430.14-19)。

　　第 2 条建议:将"说谎可能是外在的说谎……不能被视作对义务的侵犯"这一文段作为独立的段落移动到 430.08 之后【也就是移动到"……必然使人在他自己眼中变得可鄙的无耻行径"(430.08)和"证明人所犯的某些内在说谎的现实性……"(430.09)之间】。我们在下文将其称为第二处文段(zweite Passage)(429.13-23)。

　　修正后的文本如下:④

---

① 我们的思索并不涉及紧接着主体文本之后的"附释"(431.04-15)以及"个案鉴别问题"(431.16-34)部分——所有的页码和所标明的行数都采用的是科学院版(遵照其被熟知的形态)。
② 但这一处语言哲学式的思索只是延伸至 430.19。
③ 注意,由于德文和中译文在句子语序上不同,一段文本的德文原文和中译文在开头处和结尾处会有差异。译者将这种添加有省略号的句子按照"中译文"的句子语序标注文本的开头处和结尾处;下同。——译注
④ 被移动了的文本以小字号大写字母标出。为了便于与流传的文本进行对照,在其各自的文本被摘取或

就人对纯然作为道德存在者来看的自己（其人格中的人性）的义务来说，最严重的侵犯就是诚实（Wahrhaftigkeit）的对立面：说谎【aliud lingua promtum, aliud pectore inclusum gerere（口头上说一事，心中隐藏着另一事）】。伦理学是不会因为没有损害而取得权限的，而在表达自己的思想时任何故意的不真实在伦理学中都无法拒斥这个刺耳的称谓（在法权论中，只有当这种不真实侵犯到他人的法权时，它才拥有这一称谓），这一点是不言自明的。因为伴随着说谎的无耻（成为道德蔑视的一个对象），也如影随形地伴随着说谎者。(429.13-429.23)——说谎就是丢弃，仿佛就是毁掉其人的尊严。一个人若是不相信他对另一个人（哪怕是一个纯然理想化的人格）所说的话，他所具有的价值甚至比他纯然是物品所具有的价值还要小；因为既然此物品是某个现实的东西和既存的东西，那么对于它的"有用处"这种属性，另一个人就可以作某种运用；但是，通过（有意地）包含与说话人此时之所思相反的言辞，对某人传达其思想，这是一个与他的传达其思想的能力之自然合目的性截然相反的目的，因而是对其人格性的放弃，是人的一个纯然欺骗性的现象，而不是人本身。(429.34-430.14) *作为道德存在者的人（homo nonmenon ［本体的人］）不能把作为自然存在者的自己（homo phaenonmenon ［现象的人］）当作纯然的工具（言说机器）来使用，这一工具并不受内在目的（思想之传达）的约束，而是受到与对前者的解释（Erklärung）协调一致之条件的约束，并对自己承担起诚实的义务。(430.19-429.34)*——在解释中的诚实也被称为真诚（Ehrlichkeit），而当这些解释同时是承诺时，则被称为正直（Redlichkeit），但一般而言则被称为坦诚（Aufrichtigkeit）。

说谎（在这个词的伦理学的意义上）作为一般而言的故意的不真实，甚至无须有损于他人，就可以被宣告为卑鄙的；因为有损于他人乃是对他人的法权的侵犯。说谎的原因也可能只是轻率，或者完全是好心，甚至可能是旨在一项真正善的目的，但是，致力于这一目的的

者说被调整了那些地方，按照科学院版指出相应的行数。（对于作者在这里所说的"被移动了的文本"，在中译文里以斜体标出。——译注）

方式仅仅由于其形式就是人对他自己的人格的一种犯罪，而且必定是一种必定使人在他自己眼中变得可鄙的无耻行径。（430.08-429.13）

说谎可能是一种外在的说谎（mendacium externum），或者也可能是一种内在的说谎。由于前者，他使自己在他人眼中成为蔑视的对象，但由于后者，他使自己更为严重地在他自己眼中成为蔑视的对象，并且伤害了其人格中的人性的尊严；其他人于此而受到的损害并不涉及罪恶的特性（因为那样的话，这种特性就仅仅在于侵犯了对他人的义务），且因此在这里不予考虑，甚至他给自己所招致的损害也不予考虑；因为那样的话，罪恶就仅仅作为在明智方面的错误（Klugheitsfehler）而与实用的准则相抵触，而不是与道德的准则相抵触，并且绝不能被看作对义务的侵犯。（429.23-430.09）

要证明人们所犯的某些内在说谎的现实性，这是轻而易举的，但要解释其可能性则似乎要困难得多，因为为此需要一个人们有意要欺骗的第二人格，但故意欺骗自己，这其中似乎包含一项矛盾。（430.13-430.19）——例如，如果他谎称自己信仰一个未来的世界审判者，而实际上在内心并无这种信仰，但他说服自己，说道：在思想中向一位洞悉人心者表白这样一种信仰，以便在任何情况下都骗取他的恩惠，这毕竟不可能有坏处，但可能有好处。或者，即便他在这种情况下无所怀疑，但却因自己在内心尊崇其法则而阿谀奉承自己，因为除了害怕惩罚的动机之外，他在自身毕竟没有感受到其他动机。

不正直（Unredlichkeit）纯然是缺乏敬谨（Gewissenhaftigkeit），亦即缺乏在他被设想为另一个人格的内在审判者面前进行表白的纯洁性，如若最严格地来看待这种纯洁性的话。在这里，一个愿望（出于自爱）就被当作行动，因为愿望自身就有一个本身就是善的目的，而内在的说谎，即便它违背人对自己的义务，它在这里也获得了软弱（Schwachheit）这样一个称谓，如同一个情人的愿望就是发现他所爱之人身上的纯然善的特质，这使得他对其所爱之人的显而易见的缺点视而不见。——然而，人们在解释中对自己所犯的这种不纯洁性，应受到最严厉的谴责：因为从这样一个败坏之处（虚伪，它似乎是植根于人的本性中的）出发，一旦最高的诚实原理受到侵犯之后，不诚实这种罪恶就也在与其他人的关系中蔓延。①

对上述建议的阐明

通过这一调整，第 9 节的主体文本便有了两个界限分明的主要部分：第一部分（"就人对纯然作为道德存在者……在他自己眼中变得可鄙的无耻行径"）是对一般意义上的说谎的普遍讨论；在第二部分，康德更具体地再次述说内在说谎（"说谎可能是一种外在的说谎……也在与其他人的关系中蔓延"）。此外，那些被破折号所隔开的、在诸段落（Absatz）之间的或者更确切地说在诸文段（Passage）之间的过渡就有了一种更为匀称的形态。

（1）关于第一条建议

支持第一处调整的首要依据在于，那两处以语言哲学的方式行文的地方（429.23–34；430.14–19）直接相继，并因此即便从外部来看也在论证主题上处于清晰的关联之中，而它们实际上还具有内容方面的关联。因为那影射了"（思想之传达的）内在目的"（430.16）的第一处文段直接继续论述了作为思想传达之工具的"言说"所具有的"自然合目的性"（429.31）。此外，通过对作为"言说机器"（430.16）而被使用的"自然存在者"（430.15）的评述，对"人的现象"（429.33）和"不是人本身"（429.34）的谈论得以被继续和被深化。不过，还有用于支持第一处调整的更细微的文本线索。因为在当下的版本中，与"诚实"概念相关的诸概念（即"诚实"概念自身，以及"真诚""正直""坦诚"），即使它们与第一处语言哲学式的思索没有明显的关联，仍然在 429.34–36 第一处语言哲学式的思索之后（且在一个破折号之后）被引入了。但如果人们如同我们所建议的那样，将第一处文段移动到那里，那么以下这一点就会立即清晰起来：为什么对"诚实"及其他概念的所谓的语词阐明（Worterläuterung）会处于它现在所处的那个

---

① 以上为《美德论》第 9 节的主体文本，本文译者在翻译过程中参考了李明辉的译文以及张荣、李秋零的译文。请参考李明辉（2015）和张荣和李秋零（2016）。——译注

位置。这乃是因为，第一处文段中的那个甚至以"疏排"①（Sperrung）的方式来加以强调的"诚实"概念（430.19）是在与"解释"（declaratio）概念的关联之中被系统地引入的（430.18），由此，在那一个破折号之后，康德去阐明甚至说去定义上述那些概念就是颇为自然的，并且是可预期的。通过这种方式，述及诚实概念和相关诸概念的文本就在本节的框架中有了一个更易理解的定位。

（2）关于第二条建议

对于第二条建议，首先需要指出一条重要线索：在科学院版以及初版中，那个破折号位于康德用于引入外在说谎和内在说谎之差异的句子【"说谎可能是一种外在的……一种内在的说谎"（429.13–14）】的后面。而在迈纳出版社②的版本（Bernd Ludwig 编辑的版本）中——虽然没有给出理由和解释③——该破折号却位于那个句子的前面，也就是位于"说谎可能是……"这个句子的前面，由此，这一个句子就会属于第一处校订文段。如果人们将第一处校订在原则上看作是有意义的，那么下面这一点就是明确的：此处的破折号将被迫移动甚至说删除；这一点无须解释。而即便人们认为第一处调整并不令人信服，Ludwig（以及 Vorländer）对此处的破折号所作的迁移仍旧是有意义的，因为这一迁移将本来就共属一体的内容连接起来。④

第二处调整的主要根据在于，康德对内在说谎的论述（从 430.09 起）与对内在说谎和外在说谎之差异的引入（及至 429.13）是处于直接的关联中的；否则，若将他们彼此分开，这一点在这些地方看起来并没有可清晰辨识的根据。此外，在 430 那里（两处调整在这里彼此相互关联）还有一处更清楚的关联。430.09–13 的论述主题是内在说谎，然而，在科学院版的文本结构中，该主题直到第一处文段之后（亦即直到 430.19 及以下）才再

---

① 所谓"疏排"乃是德语文本中的一种用以"强调"某个或某些单词的方式，亦即通过增大单词中诸字母之间的间隙以使该单词与其他文本区别开来的方式；譬如，以疏排的方式排列的"S p e r r u n g"就与按常规方式排列的"Sperrung"不同。——译注
② 费利克斯•迈纳出版社（Felix Meiner Verlag）是德国著名的哲学著作出版社之一，由其出版的德文哲学著作被研究者们广泛认可和引用，因而也常被看作是相关著作的权威版本。——译注
③ 在和我们的私人通信中，Bernd Ludwig 提醒我们在此注意以下这一点：他对这一破折号所作的迁移是采纳了由 Vorländer 编辑的 1922 年版本。
④ 与康德（尤其是在这部著作中）对破折号的使用方法进行比照，将会证实这一点。我们放弃了这项工作。

次被谈及。而对于设想内在说谎而言所必须的"第二人格"（430.11）既不会与第一处文段中被引入的本体的人一致［是同一个东西］①，也不会与这里的现象的人一致［是同一个东西］。②确切地说，被内在说谎欺骗了的"第二人格"所影射的东西在康德谈及与"洞悉人心者"（430.22）之关系的地方才继续被论述。这里同样值得注意的是，这个"例如"（430.19）在科学院版的文本形态中很难说有什么意义：如果第一处文段保持在它在科学院版中的那个位置，那么与此直接相连的那个实际给出的例子（430.19："例如，如果它……"）是对第一处文段所声称内容的一个举例；这一点是看不出来的。③与此相反，这一个例子（某人通过说服自己相信上帝是未来的世界审判者这一方式来欺骗自己）实际上对于前一段所述的事实（430.09–13）——内在说谎的现实性是毫无疑问的（对于这样一种现实性来说，已经述及的那个人就是一个简明的例子）——来说却是一个很好的例子，同时对接下来这一点也是一个很好的例子：这样一种现实性的可能性却并不那么容易被解释。

参考文献

  Brandt, R., 1990: "'Das Wort sie sollen lassen stahn'. Zur Edition und Interpretation philosophischer Texte, erläutert am Beispiel Kants, " in *Zeitschrift für philosophische Forschung*, 44: 351-374.
  Kant, I., 1914: *Die Metaphysik der Sitten*, in Kant's gesammelte Schriften. Bd. VI, hrsg. von der Königlich Preußilchen Akademie der Wissenschaften, Berlin: Reimer.
  ——, 1986: *Metaphysische Anfangsgründe der Rechtslehre*, hrsg. von Bernd Ludwig. Hamburg: Meiner.
  Parma, V., 2000: "Es war einmal eine Metaphysik der Sitten… ", in *Zustand und Zukunft der Akademie-Ausgabe von Immanuel Kants Gesammelten Schriften*, hrsg. von R. Brandt and W. Stark, *Kant-Studien (Sonderheft)*, 91: 42-65.
  Stark, W., 1988: "Zu Kants Mitwirkung an der Drucklegung seiner Schriften ", in *Kants Rechtslehre*, hrsg. von Bernd Ludwig. Hamburg: Meiner.
  Tenbruck, F., 1949: "Über eine notwendige Textkorrektur in *Kants Metaphysik der Sitten*",

---

① 方括号内的"是同一个东西"是对"一致"的另一种译法，为译者自己所加；下同。——译注
② 然而，正是这种一致很可能导致第二处文段在付刊样稿的准备阶段被置于错误的位置。
③ 人们会发现，"例如，如果他……以便在任何情况下都取得他的恩惠，这毕竟不可能有坏处，但可能有好处"和"或者，即便他……没有感受到其他动机"这两个句子一定是不完整的，相反，它们是在"这一点体现为，例如，如果……"这种意义上对前文已述内容的举例。

Archiv für Philosophie, 3: 216-220.

附录：译者参考文献

Kant, Immanuel. 2017: *Metaphysische Anfangsgründe der Tugendlehre*, hrsg. von Bernd Ludwig. Hamburg: Meiner.

康德，2015：《道德底形上学》，李明辉译，台北：联经出版事业股份有限公司。

康德，2016：《道德形而上学》，张荣、李秋零译注，载于《康德道德哲学文集》（注释版）下卷，北京：中国人民大学出版社。

康德，2016：《实践理性批判》（第2版），邓晓芒译，杨祖陶校，北京：人民出版社。

邓晓芒，2015："康德'德行论导论'句读（一）"，《清华西方哲学研究》卷1第1期（2015年夏季卷），第25-68页。

对康德《道德形而上学》之"德性论导论"的结构分析

龚李萱(GONG Lixuan)*

摘要:本文弥补了目前对康德《道德形而上学》中"德性论导论"缺乏整体性结构梳理的理论裂隙,将导论分为"引入——目的学说——意向学说——方法论"这四个环节,并着重对两个核心环节(目的学说和意向学说)进行结构梳理。在结构梳理基础上,本文提出导论的结构完全符合康德为德性论本身设定的目的,即:自身在行动中确定方向。目的学说给出确定方向的理论可能性,而意向学说给出人作为有限理性存在者按照方向行动的能力,二者结合完成了"从概念向法则上升再向意向下降"的过程。康德的道德哲学的确具有一个连贯的整体筹划,这个筹划最终指向自由领域完整的"因果律",其形式上实现了与自然领域的接轨,而在内容上又显示了与自然因果律在指向上的差异。

关键词:德性论导论;目的学说;意向学说;确定方向

Structural Analysis of Kant's *Introduction to Tugendlehre*

Abstract: This essay intends to build a concrete theoretical structure within the frame of Kant's *Introduction to Tugendlehre*. It holds that *Introduction* as a whole can be divided into four parts in sequence:

---

* 龚李萱,清华大学哲学系(GONG Lixuan, Department of Philosophy, Tsinghua University, Beijing)。

Introduction, Zweck-lehre, Gesinnung-lehre, and Methodology. Filling a theoretical gap, it argues that structural analysis helps to recognise Kant's essential purpose for *Tugendlehre*: "Orient Oneself in Actions." Zweck-lehre corresponds to an up-ward movement from concept to principle while Gesinnung-lehre refers to a down-ward movement from principle back to us, human beings as a limited rational being. Additionally, it also suggests that *Tugendlehre*, taken as a theory on moral ends, finally establishes a moral law of causality which shares the same formal structure of natural causality.

Keywords: *Introduction to Tugendlehre*; Zweck-lehre; Gesinnung-lehre; self-orientation

1 导论

对康德《道德形而上学》中"德性论"（*Tugendlehre*，TL）之导论的分析，往往停留在逐节分析①或局部分析；又或是打破导论自身的排列顺序，结合康德诸文本对 TL 涉及的核心主题进行深入探究分析，如内在自由、道德情感、对自己和他人义务的划分等②。鲜少有学者旨在对 TL 导论做整体性结构分析，其原因包括导论自身内容的复杂性、或是判定由于康德的年迈③而导致《道德形而上学》整体缺乏结构性和严密性，忽视了康德在 TL 导论中为其德性论的形而上学准备工作而展开的概念推动和演进。基于此现状，本文旨在对 TL 导论做整体的结构分析，由此得出 1 个总结论和 2 个分结论。

总结论：TL 导论确实具有与康德哲学内在一致的整体性结构④。§1 为总述德性论的概念；§2–§11 为德性论的目的学说；§12–§17 德性论的意向学说。最后，§18–§19 为德性论的方法论（建筑术）。

分结论 1：对概念演进的分析需要摆脱康德对章节命名的束缚。

分结论 2：TL 第二版将"论一般德性"单独划分为§14 具有结构意义；§14 处在德性论的意向学说中的中心位置。⑤

---

① 见邓晓芒（2015b）（2015c）和（2016）。
② 如 Timmermann（2013：207–220）。
③ Shopenhauer（1988：475）。
④ 见附录 1：德性论导论的结构图。
⑤ 由于本文承认§14 单独成节的必要性，亦即康德调整排序的合理性，因此本文全文对 TL 导论的排序都采用§1–§19 制，而不遵循德性论研究普遍的§1–§18 制。19 节制的章节顺序可参考 2017 年出版的《德性论》单行本。

本文首先就上述总结展开说明，指出康德如何在目的学说与意向学说中分别回答："客观目的逻辑上如何可能"以及"人拥有德性如何可能"的问题，并通过这种方式将 TL 导论扩展到道德的"形而上学"之外。在结构分析过程之中，本文指出解开导论复杂性与繁复性的核心在于处理文本§14"论德性一般"的结构地位。就结构分析的意义而言，对导论整体的结构性梳理不仅可以弥补目前对 TL 导论研究的理论裂隙，也有助于理解康德如何通过从目的学说到意向学说的转换，将德性论真正实现为一门为作为有限理性存在者的人在尘世中确定行动方向的学说。

2　目的学说与意向学说的结构分析

在前言和§1 中，康德陈述了德性论区别于法权论的自我强制、道德勇气之为德性的内涵、德性论对义务概念的质料性扩展。此后，康德将德性论所要求的目的概念与义务概念结合，给出德性论的核心概念：一个目的，同时是义务[①]（einen Zweck zu setzen, der zugleich Pflicht ist, 6: 381）[②]，并提出统摄导论全文的问题："这样一个目的何以可能？"（Wie ist aber ein solcher Zweck möglich?, 6: 381）。该问题既要求解决德性义务概念上的无矛盾性，更要求超越概念的可能性而达到事情本身的客观实在性之可能（6: 382）。由此，此问题可进一步划分为两个次级问题："客观目的逻辑上如何可能"以及"人拥有德性如何可能？"两个问题，分别对应 TL 导论的两个核心板块：目的学说与意向学说。

2.1　德性的目的学说

康德本人在使用"目的学说"时旨在强调目的作为义务的质料与义务的形式的区别（6: 410），而本文则是在与意向学说之现实性相对的逻辑可能性意义上使用"目的学说"，旨在强调§2–§11 中康德试图解决"客观目的"如何可能并且对义务的规定如何扩展等逻辑问题。其实，恰恰因为康德为

[①] 为行文简洁，下文将"一个目的，同时是义务"表现为"目的–义务"，而不贸然将目的–义务等同于德性义务，因为这可能掩盖德性义务中的目的维度。
[②] 本文采用中译参考张荣、李秋零（2015），以及科学院版德文。为展现康德的行文特点，部分译文为笔者综合参考后自译。

义务添加了质料内容，扩展了义务的概念和作用范围，使德性论至高原则成为综合命题（6：396），才使得"目的–义务"的逻辑演绎成为必要。基于此，本文使用"目的学说"实属康德意义上"目的学说"的阐发，而非偏离。

康德在导论§2–§11完成了从§2"目的–义务"的概念阐释（Erörterung）到§9给出德性论的至高原则，并对此综合命题进行演绎（Deduction）和比较性阐明（§10）。在此大结构下，"目的学说"又内嵌了§4–§8的"目的–义务"具体内容和原则的澄清与解说（Exposition）。结合大小两个结构，康德才能在§11最后根据上述原则给出完整的德性义务图示（Schema）。

2.1.1 "客观目的如何可能"的逻辑

首先梳理"目的学说"的大结构，主要包括§2、§3、§9和§10，其中§2与§9为核心的逻辑推进，而§3与§10分别为二者的根据补充和阐发（见附件的结构图）。

从§2到§9，康德完成了从给出"目的–义务"概念可能性向为"目的–义务"的现实立法的推进。在§2，康德给出了思考目的和义务的两种方式：从目的出发寻找义务的行动准则；或从义务出发，发现同时是义务的目的（6：382）。康德认为德性论必须选择第二条道路：从义务出发，寻找符合义务条件的客观目的。在此，康德明确指出他先放下这种具体目的为何不考虑（这将在§4–§8中解决），而单纯"指出：这一种义务名为德性义务，以及为什么是这样"（6：383）的逻辑性特征以及合理地提出该概念的"事实基础"（§3）。在§9中，康德又直接回到"什么是德性义务"的问题，但他此时的目的，并非如其标题所示旨在解决德性义务的概念问题，因为该问题在前述中已经解决（此处指向前述的分结论1），而是要提出德性义务的至上原则："要按照一个目的的准则行动，拥有这些目的[①]对任何人而

[①] 对于德性论的至高原则的翻译与理解一直颇具争议，科学院给出的德文是："Das oberste Princip der Tugendlehre ist: handle nach einer Maxime der Zwecke, die zu haben für jedermann ein allgemeines Gesetz sein kann."争议集中在"die zu haben"中的"die"究竟指向单数的"die Maxime"（原则）还是复数的"die Zwecke"（诸目的）。本文支持两个中译本的翻译，即将die指向"目的们"。首先，虽然目的自身不是准则因此也无法上升为法则，但"拥有诸目的"却能够作为准则上升为法则；其次，将目的理解为复数形式是符合康德认为"我们只有一个德性却有多个德性目的"（6：406）的阐述，并能使德性论至高原则更加严密完整，即虽然是按照一个准则行动，但该准则指向的目标却可以是复数

言都可以是一个普遍法则"（6：395）。

　　这种逻辑推进的合理性并不需要任何经验性的证明，而只需要在《实践理性批判》中就已先行给出的一个无可辩驳的实践理性的先验事实（Faktum）：道德法则（5：31）。更精确地说，在德性论中需要的是《道德形而上学奠基》中给出的道德法则的第二个公式，即目的公式："要如此行动，即无论是你的人格中的人性，还是任何一个他人的人格中的人性，在任何时候都同时当作目的，绝不仅仅当作手段来使用。"（4：429）道德法则的目的公式在"目的学说"中有三个作用：(1) 作为道德法则为"目的-义务"的可能提供客观必然性（§3）；(2) 作为目的公式指明实践理性本身具有的设定目的的"兴趣"（§9）；(3) 作为综合命题为德性论至高综合命题作合法性辩护（§10）。以下是对上述三个作用的分别阐述：

　　康德在§3中对"目的-义务"的论证停留在"目的-义务"保障了定言命令的可能性上，该论证是基于他对定言命令必然存在的判定上的。其核心论证是："如果不存在这类目的，那么……定言命令式就会是不可能的；这将取缔一切道德论。"（6：385）只有结合康德在《实践理性批判》中提出的道德法则的事实性来理解。作为一个事实，"道德法则是自由的 ratio cognoscendi [认识根据]"（5：5），也就是道德论的第一认识根据，是绝对的前提和不可辩驳的实存。康德的道德哲学始终试图避免介入一种道德的源起的 ad infinitum [无穷倒退]；他的整个道德哲学都是基于道德事实的认识性（epistemic）分析①，或元伦理（meta-ethical）分析②。因此，在这个意义上，只要能够将"目的-义务"概念的引回到其对道德法则实存的必要性，就足以在康德的理论框架内论证其"设想根据"，而不需要更进一步追究定言命令自身是否必然存在的问题。

　　§9中对德性论至高原则的演绎在重申了定"不需要任何证明"（6：395）后，给出了从理性出发为至高原则的有效性辩护的方向：实践理性自身的兴趣。这个演绎又有两个前提：(1) 理性能够具有自己的兴趣（Interesse）；(2) 实践理性的兴趣指向"实现目的"。康德的"理性"从来不是冰冷的

形式的。因此，德性论至高法则本质上是单一与复多的统一。

① Timmermann（2013：210）："Kant emphasizes the subjective or epistemic character of these moral qualities throughout."
② Höffe（1979：1-36）.

机械物，而是具有自己的兴趣（或需要）。康德在此前曾在两个层面上将理性的兴趣（或需要）与其他兴趣区分开：在《道德形而上学》整体导论中区别了兴趣的规定根据差异，将愉快先于欲求能力的兴趣成为偏好兴趣，而欲求能力先行于愉快的称为理性兴趣（6：212）；在《世界公民观点之下的普遍历史观念》中，康德区分了人由于进入社会的主观匮乏性需要（8：22）和理性计划呈现的客观历史需要（8：29）。由此，康德的"理性"不仅具有在非时空条件下影响个体意志的理性兴趣，甚至还具有在时空历史中引导人类整体迈向公民社会的理性兴趣。在此前述的基础上，康德用理性自身的兴趣为德性至高原则辩护是毫不突兀的。而针对实践理性是否具有区别于理论理性的兴趣，康德这里给出了明确的回答："一种一般目的能力"（ein Vermögen der Zwecke überhaupt，6：395）。

确定了"目的"作为实践理性兴趣的对象尚不是"目的–义务"的充分演绎，我们还必须说明"一般目的能力"就是设立目的并实现出来的能力，即一种进入时空的综合能力。这个问题的指示潜藏在§9中，而对该问题的回答则要在§10中寻找。§9中，康德给出一个令人费解的阐述："在人与自身及他人的关系中能够是目的的东西，是纯粹实践理性面前（vor der reinen praktischen Vernunft）的目的。"（6：395，着重点与斜体为作者自加）此句必须结合§10中关于德性至高原则作为综合命题的阐释才能理解。实践理性的"人格化"处理不可避免地导向理性本身的力量（生命力），即一种超越分析的先天综合能力。康德在§10末尾指出，"尽管绝对能够并且必须预设（vor-setzen）由于自己的自由而克服一切感性地起相反作用的冲动的能力（Vermögen/facultas），但毕竟这种能力作为力量（Stärke/robur）是某种必须来获取的东西"（6：397）。任何消极的能力都需要通过积极的行动来真正赋予实在性，这也是道德法则作为先天综合命题的内涵："先天地，从而必然地（虽然只是客观地，亦即在一种完全支配一切主观动因的理性的理念之下）把意志与行动结合起来。"（GMS, 4:420）因此，德性至高原则的综合性，不仅体现在德性原则超出外在自由概念（6：396）而使得目的概念与外在自由概念相结合，即使行动与意志结合，并且反过来也必须使意志与行动相结合。综合的两个环节都具有同样重要的地位。

由此，"能够是目的的东西"只是实践理性面前的目的；而只有确实成为目的，具有现实性的东西，才能是实践理性从面前"捕获"的真正目的。

2.1.2 从消极到积极的"目的–义务"

在进入德性的"目的学说"内嵌的§4–§8，即关于"目的–义务"的具体内容和原则之前，首先要阐明这个内嵌环节在结构上是否合理，换言之，导论的顺序编排是否必然如此？本文认为，关于"目的–义务"的具体阐述只能放在"目的–义务"概念后及德性论至高原则前。因为，如果没有通过讨论该环节引出的"合法目的的多样性""法则对准则立法的宽泛性"等议题，就无法给出能够统一目的与准则的"单一与复多"关系的至高准则。因此，§4–§8 内嵌于§2–§9 的德性论逻辑推进中是完全合理的。此外，虽然本文认为 TL 导论整体溢出了康德提出的"道德形而上学"的框架，添加了诸多非形而上学的准备工作，但毕竟此导论是为"德性的形而上学"做准备，绝对有必要将"目的–义务"的概念分析，即完全符合道德形而上学要求的部分，放在"目的学说"的中心地位。

§4 中对两个核心"目的–义务"的论证是消极性的。康德给出两个"目的–义务"："自己的完善、他人的幸福"（6：385）的论断貌似突兀，但实际上此处的逻辑的确严格执行了他在§2 提出的德性论原则："从义务出发，发现同时是义务的目的。"（6：382）从义务出发，即从义务的概念出发："通过法则来强迫（强制）自由意念（die freie Willkür）"（6：379），由此可以得出义务的一组辩证性的特性：自由性和强制性。另外，§4 还有一个基于《实践理性批判》的隐藏前提：德性的目的是德福兼备的至善（5：110-113），由此得出实践理性目的的两个不可或缺的要素：德性与幸福。由此，我们得到了一组义务特征：自由与强制；一组目的要素：德性与幸福。康德在§4 中做的是用义务特征去规范目的要素，换言之，就是为至善要素做"合义务"的"减法"。因此，简化§4 的否定性论证可以得到两个公式：

1. 自己的至善–无法强制的幸福=自己的（德性）完善
2. 他人的至善–要求自由的德性（完善）=他人的幸福

至此，康德本质上已经履行了他在§2 给出的关于德性论本身的承诺：通过义务概念寻找合法则的目的。但就如康德对"自由"的消极与积极区分一样，仅仅消极的论证是不充分的，康德必须还为确定的"目的-义务"寻找积极的内容充实和行动准则。§6 的确给出了能够充实内容并且扩展义务概念的立法原则："德性论为行动的准则立法，而非为行动立法"（6：388-389）。康德明确指出必须从准则与法则不矛盾的"消极原则"（negative Princip）（6：389）向一个肯定地包含普遍立法的形式的发展，即回答"如何能存在一个对行动准则的法则？"（6：589）。唯有引入自身具有立法形式的"目的-义务"，才能"将主观目的置于客观目的之下"（6：389），进而使得一个行动的准则，不仅包含消极的"不矛盾"（nicht zu widerstreiten），同时使行动准则能积极包含"可能普遍立法的资格的条件"（6：389）。因此，§6 从通过为行动准则添加目的（质料）概念，推动准则与法则的关系从消极转向积极。由此，法则可以积极地为动机设定准则、为行动设定目的；而不是在主体给出准则后消极地等待"不矛盾"的"判决"①。

§7 提出德性论"宽泛义务"（weite Pflicht）与法权论"严格义务"（enge Pflicht）的区分，开宗明义地指出法则为目的积极立法敞开了"自由意念的一个活动空间（einen Spielraum/latitudo ）"（6：391）。积极立法本身并不意味着被法则者活动空间的压缩，恰恰相反，积极立法可以先验地澄清自己的立法领域和立法原则，从而使得被立法者（自由意念）能够在被允许的范围内与道德价值无涉（adiaphora, RGV,6：22）地自我决断。康德在《实践理性批判》中，为"善与恶的概念方面的自由范畴表"（der Kategorien der Freiheit in Ansehung der Begriffe des Guten und Bösen, 5：66）的"质"（Der Qualität）中以道德法则规定性递增而给出的三个范畴：践行的实践法则（Praktische Regeln des Begehens）、舍弃的实践法则（—des Unterlassens）、例外的实践法则（—der Ausnahmen）[pareceptivae-prohibitivae-exceptivae]，只有在道德法则最终为行动的准则（即目的）立法的前提下，即在德性义务为允许自由意念自我判断的宽泛义务的前提下，

---

① 关于康德道德法则的消极"程序性"，可参见 Deleuze（1985）。

才能理解①。

恰恰是对行动准则的目的积极立法的"严峻主义"（Rigoristen）（RGV, 6:22）才能保障宽泛义务（又被康德称为德性义务）的三个特征：（1）界限明确；（2）意念自由；（3）自我回报。以准则差异为道德判断的根据的德性义务具有明确的界限。康德反对以"程度"作为德性判断基础，因为"程度"将使一切事物都处在善–恶的连续光谱下，导致事无巨细的道德的暴政（6：404），从而也导致意念自由的丧失。另外，自我回报，即"德性在意识中就是它自己的报酬（daß die Tugend in diesem Bewußtsein ihr eigner Lohn sei）"（6：391），在积极的意义上超越了"自我亏欠"（officium debiti, 6:390），使人在德性上不再是永远赎罪的主体，而是积极获取功德的主体。虽然"自我回报"和"自我亏欠"在形式上都是自为的德性赋值，但从"回报"到"亏欠"的转换，是发生在人意识中的范式性革命（Revolution, RGV, 6:48）。只有在积极的功德概念下，人才能拥有"希望""越来越勇敢地在[德性]的轨道上向前进"（RGV, 6:68）。换言之，只有敞开宽阔的宽泛义务，才能回答康德提出的第三个问题："我能够希望什么？（Was darf ich hoffen?）"，进而使道德成为宗教的基础。②回到 TL 导论的结构顺序，通过§6 和§7 对德性论中道德立法内涵的挖掘，§4 中消极地给出的"自己的完善"和"他人幸福"作为"目的–义务" 在§8 中获得了积极的内容填充。关于两个"目的–义务"内容的主题性分析，前人研究成果颇丰③，为紧扣本文结构分析的主旨起见，本文不加赘述。

2.2 德性的意向学说

如果德性的目的学说旨在从"目的-义务"概念"上升"到普遍的德性至高原则（das oberste Princip），那么德性的意向学说旨在从道德法则再"下

---

① 关于第三个质性范畴与宽泛义务以及无限判断的关系，参见 Beck（1960：147）。

② 在这里，我们找到康德超越尼采在《论道德的谱系》中对基督教传统批判的可能性。尼采在该书第二章"负罪：良心谴责及其他"（"Schuld", "schlechtes Gewissen" und Verwandtes）中，认为基督教道德核心概念，一个是自我亏欠的负罪（Schuld），而其道德性的来源是良心（Gewissen），负罪（Schuld）这个道德概念来源于欠债（Schulde）这个非常物质化的概念（p.43）。即使不进入具体的文本分析，也能从对康德文本的直观中发现德性论要求超越义务概念而进入功德概念。另外，TL 导论行文至此已经给出了道德赋值的明确根据：法则，而非良心。同时，康德也并非禁欲主义，即不是反对人的感性需求本身，而是反对将感性需求的准则作为高于道德法则的主体准则。

③ 对自己的义务可参见 Reath（2004：349–370）； 对他人的义务可参见 Johnson（2010：192–209）。

降"①到人这一复杂的三重禀赋结合体（动物性、人性和人格性，RGV，6：27）自身的道德意向（die moralische Gesinnung）上。换言之，意向学说处理的是"人拥有德性如何可能"的问题。意向学说以§14"论一般德性"②为中介，完成了从德性的感性论准备（§12）向内在自由对欲求能力（Begehrungsvermögen）要求（§15–§17）的演进。意向学说指出，人在尘世中获得德性的方式是服从内在自由的要求，"驯服自己的激情、驾驭自己的痴迷（Leidenschaft）"（6：407）。进一步，康德指出这种"拥有"（besitzen）的可能性必须同时在德性的客观性和主观性的双重意义上来看，因而德性之获得"永远在进步，但也总是从头开始"（6：409）。

2.2.1 "论德性一般"（§14）的结构承接地位

本文认为"论德性一般"（§14）实际以"人拥有德性"（Tugend zu besitzen，6：405）的原理分析为核心，起到了总结"感性论"和开启"欲求力论"的过渡作用。因此，它必须脱离依附于§13 的补充地位，自成一节，并占据意向学说的结构中心位置（指向导言的分结论 2）。如本文导言所指出，学界对 TL 导论存在完整结构持有消极看法确为康德对章节的命名所困（指向导言的分结论1）。只有首先摆脱"一般德性"（Tugend überhaupt）概念的遮蔽，并抽离康德对前文的既有德性概念的复述，才能抓住§14 的真正核心概念：拥有德性。其具体展开为：（1）人拥有德性不是义务；（2）人拥有德性是目的；（3）仿佛德性拥有人。以下分别对此三环节进行分析：

人拥有德性不是义务，因为作为道德力量（moralische Stärke）的德性是使得义务在人的心灵上得以发挥作用的先天禀赋条件，因而是不可强制的。"拥有德性并不是义务，如其不然，就必须使人对义务有一项义务责成（eine Verpflichtung）。"（6：405）为解决这个逻辑上的无穷倒退，康德必须为道德法则给人的道德强制找到绝对的第一因：理性的自我建构（selbst-konstituieren，6：405）。在这个意义上，道德主体成为"有理性同时又能够负责的存在者，具有人格性的禀赋"（RGV, 6: 26），即"一种对道

---

① 关于将康德道德哲学的论述划分为上升与下降两条路径，可以参考 Trampota（2013：145）。
② 此处再次提醒读者注意本文采用《德性论》单行本的分节方法，即将 TL 导论分为§1–§19 节，强调§14 的独立性。

德法则的敬重的易感性（Empfanglichkeit）"（RGV, 6：27）的禀赋。对"道德力量"的分析，不仅要看到"力量"直观展现的克服障碍的强力与对抗性，还要看到"力量"是先天潜在禀赋的现实化。任何力量在未实现前，都已经要以能力（faculty）的方式被提前预设出来，任何力量都不是人能够无中生有创造的（erschöpfen）①。因此，"拥有德性"从强制义务意识的起源角度而言，是不可能的。

人拥有德性是目的，若德性不是目的而是手段，那么就会取消德性论中法则对目的立法的有效性，从而取消德性本身，这将使德性陷入自我矛盾。在文本一处颇不起眼的括号补充内，康德揭示了处理德性作为自身目的的两种方式："与法则的关系"和"与人的关系"（6：406）②。一方面，当德性与法则发生关系时，德性表现为抵抗感性偏好的准则而采取道德法则的道德勇气（fortitudo moralis），"德性作为目的"呈现（vor-stellen）为"真正的战斗荣誉，也被称为本真的、即实践的智慧（eigentliche, nämlich praktische, Weisheit）"（6：405）。人能够通过德性或道德易感性认识到自己对道德法则的服从，这就是康德认可的真正智慧，而这种智慧属于理性的实践应用领域；另一方面，当德性与人发生关系时，"德性作为目的"呈现为（vor-stellen）一种促进德性自身发展和值得称赞的进步。虽然德性的目的或成果，根据其与法则关系和与人关系的不同，可以给出不同层面的意义阐发，但其本质上就是德性自身。

仿佛德性拥有人（6：406）是康德对完善德性的绝对性的"人格化"修辞，其旨在强调德性的先天性、唯一性和意向性。德性的先天性在于它是"由无条件地立法的理性确立的"（6：406），作为人类规范学（Anthropo-nomie），其实践实在性（die praktische Realität）不受任何经验性反例的否定。唯一性强调"德性"有且只有一个，而一般对德性多元性或者可选性的理解，只是"设想不同的道德对象"（6：406），而德性"作

---

① 参见 2.1.1 中康德给出的从"能力"到"力量"的正向发展（progressive）相关内容，而此处本文是对"能力-力量"命题进行了逆向回溯（regressive），即从"力量"回归到"能力"。关于发展方法和回归方法的差异，可参见康德的《未来形而上学导论》。

② 此处对康德的原文进行了处理，德文在标准码 406 页第 4–5 行："Tugend (in Beziehung auf Menschen, nicht aufs Gesetz)"【德性（与人，而非与法则的关系）】。本文认为康德并未否认德性能够与法则产生关系，相反是强调在德性的两种关系中，他此处开始谈论德性与人的关系。因此，这两种关系都被认可存在，在与法则的关系中显示为实践智慧，在与人的关系中显示为功绩。

为意向与义务的一致（Übereinstimmung），作为形式的东西，是自身为一的（blos eine und dieselbe, 6：395）"。最后，德性作为对意向的要求，是人能够意识到道德法则的主观展示，建立在人的内在自由之上，因此同时不能强制拥有也不能强制失去的："有德性的人不可能失去德性。"（6：405）人格化虽然只是一种修辞，但却不可避免地涉及德性如何根据法则"下降"到人的意识中并使人感受到与感性刺激的道德刺激，由此康德完成了虽不属于形而上学，但却对论证"人如何拥有德性"而言不可或缺的"道德的感性论"（eine Ästhetik der Sitten, 6：406）的必要性论证。因此，拥有理想德性的方式，就是反过来仿佛德性拥有人，指向德性对自身的统治（Herrschft, 6：407）。

§14 起到了从原理向意向、从感性向欲求力过渡的黏合剂作用。综合前述可以发现，为完成§14 的核心论证推进必须依靠前述已经论证的多个原理，包括义务易感性条件的主观条件（§12）、德性的单一性原则和先验性原则（§13）等。同时§14 即点明了道德感性论的必要性（§12），又隐含了向德性之自我统治的欲求能力分析（§15–§17）。唯有在进行了§14 内部就"拥有德性"展开的概念推演后，才能反过来理解"论德性一般"为该节命名的合理性：德性一般超越了纯粹德性要求的形而上学框架，浓缩了 TL 导论几乎所有要素，是解开 TL 导论结构纽结的支点，的确有必要单独成节。

2.2.2 从感性论准备到欲求能力要求

"意向学说"完成了"心灵对于一般义务概念的易感性之感性论先行概念"（§12）向德性对"驯服激情、驾驭痴迷"（§15–§17）的内在要求过渡。"对义务的易感性"（6：399）是人主观上意识到义务，进而能够被责成义务的先天禀赋；而先天禀赋只是德性的先行准备，它还需要通过一种力量的对抗实现出来，这就是内在自由对欲求能力的两个具有等级差异的要求，因此这个演进是必要的。当然，这两个部分自身也具有次级结构。在意向学说的结尾（§17 附释），康德以人根据主观和客观二分而出现两种互洽的"拥有德性"的方式来回答"人拥有德性如何可能"的问题：客观上人可以无限地以进步的方式向德性理念靠拢；主观上必须从每一个以道德准则为动机、克服感性倾向的行动中从头获得对自身德性的意识。统一主客二分可以得到：人的道德价值是可以积累的，但对每一个道德行动的赋值都是孤立的。

基于"感性论先行概念"（§12）的结构梳理①，本文指出"道德情感"（das moralische Gefühl）在康德给出的四个道德形状（道德情感、良知、对邻人的爱和对自己的敬重）中处于基础地位。道德情感使人在道德上保持生命力（6：400），并且是使人性区别于动物性的决定性要素。"道德情感"作为"出自我们的行动与义务法则相一致或冲突的意识的愉快或者不愉快的易感性"（6：399），其概念包含两重意义：（1）道德情感使人对道德法则具有意识；（2）道德法则是道德法则激发的后置情感，这分别导向与根据法则做出宣判（6：400）的"良心"（Gewissen），以及一对由道德法则激发的情感：人类之爱（Meschenliebe）与自我敬重（Achtung）。②

欲求能力内部的斗争分为"立法的欲求能力"（6：407）对"痴迷"（Leidenschaften）③的积极斗争和对"激情"（Affecten）的消极独立。这种斗争得以可能的前提是德性论与法权论所要求自由的形式的不同：德性论要求内在自由（§15），从而使得法权论处理的人与人之间的外在对抗转变为人心灵内部的自我对抗。康德给出激情与痴迷的差异性论述较为清晰，为简洁起见，本文仅以下表做内容总结：

	所属	来源	特点	道德价值判定	克服的方式
激情	情感	知性的软弱与心灵运动的强力的结合	突如其来的（animus praeceps）	（1）可以与善（Gut）共存（2）无道德的（Untugend）	驯服（不动情）
痴迷	欲求能力	把"恶"纳入自己的准则	平静的思虑（Überlegung）	（1）具有准则的恶（qualificirtes Böse）；（2）真正的恶习（Laster）	统治（理性执掌驾驭的缰绳）

---

① 关于更多道德情感的具体内容分析，可见 Guyer（2009：130–151）以及 Goy（2013：183–206）。
② 这里已经可以看到康德在 TL 正文末尾（§45）最终将"爱与敬重"结合为"友谊"的倾向。
③ 此处开始具体讨论关于"痴迷"（Leidenschaften）的具体特征，因此将对本词的理解和翻译的澄清放在这里处理：与一般将其翻译为"情欲"（李秋零）和"激情"（李明辉）不同，本文认为"痴迷"是更符合康德语境的翻译，理由如下：1.痴迷不属于情感领域。无论"情欲"还是"激情"都隐含了"情感"性，而康德明确提出 Leidenschaften 是一种阻碍理性的对非法则的准则的偏好，属于欲求能力领域。2.痴迷具有一种病理化的倾向。在《实用人类学》中康德指出"Leidenschaften 是一种疾病（Krankheit）"（7：266），强调了 Leiden 的部分。又 Leidenschaften 与英译 Passion 都同样有"受难"的含义。3.痴迷无法被满足。同样在《实用人类学》（7：266），康德强调 Leidenschaften 具有"寻求"（sucht）的含义（Ehrsucht, Rachsucht, Herrsucht）等，强调欲望寻求之不可满足性。

康德指出，德性首要的敌人是痴迷，即一种将恶（Böse）作为自己准则的倾向而成为恶习（Laster），而非恶本身。这里有必要澄清两组概念："善（Gut）/恶（Böse）"与"德性（Tugend）/恶习（Laster）"。在康德的框架内，人同时具有向善与向恶的禀赋，但这并不导致德性或是恶习的必然性。只有人将趋向善恶的倾向（如服从道德法则与自私的自爱）作为行动准则接受下来，甚至放到与道德法则一致的高度进行判断时，这些善恶才成为被作为道德主体的人所授权（qualificirt）的德性或是恶习。换言之，善恶禀赋是先天的，人无法左右的；而德性或恶习是"被获得的"（6：477），因而人必须，也只能够对后二者负责。因此，德性的方法论只能通过对道德法则和自己所选准则的沉思与不断在行动中修行自身对服从道德法则的意向。

3 德性论的计划：自己在行动中确定方向

TL导论可以被视作康德从《道德形而上学奠基》《实践理性批判》中试图展开的自由道德领域的最终完成，并最终指向对希望问题的回答。无论在方法还是内容上，只有完成了《道德形而上学》，更进一步说是德性论对人内在设定自身目的能力的系统考察，康德的道德形而上学整体筹划才是完整而内洽的。TL导论完成了一次从义务概念上升到包含目的概念的德性至高原则再下降到体现人之有限性的意向学说的过程，在方法上，是对《道德形而上学的奠基》的继承和发展，与康德的批判学说路线有所不同；而在效果上，只有为自由因积极地添加一个自由果（目的），才能最终证成康德给出的自由领域的"因-果"法则，从而使得自由真正成为一个自在自为的行动领域。

3.1 对《道德形而上学的奠基》的继承

从论证方法而言，TL导论与康德批判哲学的路径均不相同，却完全契合于他对道德形而上学的整个筹划。在康德哲学中，处理领域的差异决定了感觉、概念、原理的分析顺序。康德在《实践理性批判》导言（5：15）

明确指出：《实践理性批判》的顺序是：原理–概念–感觉，因为它处理的是意志的内在规定根据；相反《纯粹理性批判》的顺序是：感觉–概念–原理，因为它处理的是理性与外部对象的关系。由此，可以看到，TL 导论中作为自由的内在运用之学说，必然要超越外部感觉的影响，因此其目的学说必然直接从概念–原理的关系出发，这与《道德形而上学的奠基》第二章"由通俗的道德智慧到道德形而上学的过渡"的思路是一脉相承的，即都是从义务概念出发导出道德的至高原则，只是在《奠基》中，这个最高原则又被直观化为三个公式，而 TL 导论则将其又重新融合为一个而已。这说明，康德的 TL 导论是完全契合于他的道德形而上学的整个筹划的。值得澄清的是，义务概念并非一个知性概念，而是一个理性的理念，即义务理念（die Idee der Pflicht）（6：219）。义务理念是来自对善的意志的阐述需要，并不需要在对象世界寻找它的对应直观，这是实践理性超越性的能力。

另外，从德性最高原则向人有限理性者的意向学说的下降，说明康德将视角从一般的"理性存在者"转向了人作为特殊的"有限存在者"。虽然"目的–义务"概念本身必须停留在理性的领域，但人如何现实地朝向这些目的行动，却不得不面对"人被置于其中的世界里面的种种状态"（4：389）。因此，在康德处，持续与人的感性冲动作斗争就成为了一种人的普遍的道德境遇。康德在《奠基》的前言和文中（4：409）提出了这种"上升"（Erhebung）和"下降"（Herablassung）的必要性以及二者顺序的不可颠倒性：上升保证德性能够确立在形而上学稳定的基础上，而下降则使这种学说能够被普遍地进行运用。

3.2 自由因果律的最终完成

从内容而言，TL 对"目的–义务"概念的积极建构使康德的自由"因–果律"具有了类似自然"因–果律"的完备形式，但二者仍然存在使用时探寻方向的差异。自由的理念虽然使我们能够开启一个新的因果序列，但自由本身只是一个作用者的原因（wirkende Ursache，4：450）[①]，而非完整

[①] 本文同意邓晓芒（2015a）的观点，即自由应被视为"原因"，而非完整的"因果性"。

的因果性；但同时，康德给出的绝对律令第二公式又要求："好像你的准则……成为普遍的自然法则似的。"（4：421）如果将自然法则视为康德反复强调的自然因果律，那么通过上述可知：（1）自由是原因；（2）自由法则要迫近自然因果律。由此我们可以发现，一个完整的自由因果律必然需要一个对自由的结果（即目的–义务概念）在自由领域中的意义和运用方式进行的充分阐释说明。然而在德性论以前，康德对道德目的的阐述始终是相对消极的。虽然康德在其所有道德学说里都为意志的目的留下了空间，如在《实践理性批判》中给出了"至善"作为目的，但他始终强调意志的规定根据只能是出自道德法则的动机，而不能是任何形式的目的。康德给出目的只是作为"意志规定不可能没有任何结果"（6：4）的应对策略，却并没有用人的具体生存状态将目的概念充实起来，"至善"作为目的而引导意志的前进方向，这个工作直到 TL 导论§4 利用义务概念为至善做减法并呈现"对自己的义务"和"对他人的义务"后才最终完成。

相反，在德性论中康德积极地将"设定目的"视为人的内在行动（6：239），目的作为内在行动的对象成为了人的道德行动不可缺少的一部分，从而为目的赋予了在自由领域内真正积极的内涵：人可以克服感性倾向积极地为自身预先设立目的。将目的视为自由的必然结果，需要两个环节：（1）目的可以被视为结果；（2）目的作为结果必须与自由理念一致。经分析可以得知，上述两个环节又是内在一致的：将目的视为结果要求目的具有超越时空的能力，进而与自由理念一致。就第一个环节而言，目的并非必然就是结果，经验性的目的往往需要依赖充足的经验知识，并且也不能保障时空中的必然实现；另外，目的往往在时间上先于行动预先给出，因而亚里士多德将其称为"目的因"，而非结果。因此，将"目的转化为结果"（finis in consequentiam veniens，6：4）必然要求目的不能服从时空秩序，因而任何可以作为结果的目的必然要求我们超越到自由的领域内。这就将我们引向了第二个环节：确保目的与自由理念的一致。必须按照 TL 导论给出的路径从义务概念出发走向目的，即用义务概念限制目的的界限，才能使得"目的–义务"概念成为一个自由的内在运用的结果，即一个自由结果。由此，自由因果律对行动的规定性上具有了完整的规定性：（1）"自由因"规定人以道德法则为根据给出行动并在时空内产生效果；（2）"目的果"规定了出自道德法则的行动"朝哪个方向产生效果"（6：4）。

3.3. 道德对希望的保障

当然，自由因果律与自然因果律虽然在形式上都满足了"因–果"的形式结构，但二者的内在关系却是不同的：在自然领域中，自然因果律是"有果必有因"，即每一个自然变化都有一个可上溯的原因；而在自由领域，自由因果律是"有因必有果"，即使得每个道德行动都能够起码在本体领域产生效果使人能够朝着至善前进。实际上，实践领域与思辨领域这种在形式上的同一性和论证方向的差异性，其实早在《纯粹理性批判》对希望问题的阐述中就已经给出了。

> 希望在实践的东西和道德法则方面，恰恰就是知识和自然规律在事物的理论知识方面所是的同一东西。前者最终导致的结论是：某物**存在**（它规定者终极的可能目的），**乃是因为有某物应当发生**（daß etwas sei (was den letzten möglichen Zweck bestimmt), weil etwas geschehen soll）；后者最终导致的结论则是：某物**存在**（它作为至上原因起作用），**乃是因为有某物发生**【daß etwas sei (was als oberste Ursache wirkt), weil etwas geschieht.】。（KrV, B833-834）

因此，我们可以看到，思辨领域运用自然因果律旨在向上寻找最高原因，而实践领域运用自由因果律向下寻找终极的可能目的。二者虽然都是通过利用因果律论证某物的存在，但前者是在时空领域内指向过去已经发生的事件，而后者则是通过"应当"指向了一个可以期待的未来。这个未来不需要服从时空秩序，而是朝向意志自己给出的最终目标，而这就是人在自由的行动中具有确定性的希望。因此，对康德给出的理性不可避免的三个旨趣中的第三个问题——"我可以希望什么"——的回答必须以道德形而上学为基础。当然，道德形而上学是否是希望的充分条件，换言之，希望的确定性在康德的哲学体系内是否还必然要求有一个宗教学说或者上帝存在，这是一个有待商榷的问题。然而此问题超出了本文讨论的范围，因此不做具体的展开。

四 总结

就德性论自身而言，康德为德性目的赋予的使命是：使人自己在行动中确定方向①。与"自己在思想中确定方向"不同，"自己在行动中确定方向"不仅需要在思维中完成对"确定方向"是否可能的理论论证，还需要"自己确实能够按照该方向给出行动"的意向学说证。因此，对德性论的有效论证必然要包含两个部分：（1）分析"目的–义务"是否可能以及如何充实的"目的学说"；（2）分析人何以产生义务意识的基础并服从法则的"意向学说"。后者虽然包含了超越康德给出的形而上学的定义，但却是德性论的必要前提。如果"目的学说"是对一般理性存在者都适用的话，那么"意向学说"就是专门为有限理性存在者的人建构的德性基础。

将德性论置入康德道德形而上学的整体规划中，康德的道德形而上学论证方式与他的批判哲学不同：TL 导论先"上升"后"下降"与《道德形而上学奠基》一脉相承，二者都企图指向对现实运用的回归。康德的道德哲学的确具有一个连贯的整体筹划，这个筹划最终指向自由领域完整的"因果律"，其形式上实现了与自然领域的接轨，而在内容上又显示了与自然因果律在指向上的差异，这种融合和差异最终又能指向自由赋予人类的希望。

---

① 此处借用康德在 1786 年发表的短文的命名形式《什么叫"自己在思想中确定方向"？》（*Was heißt: Sich im Denken orientiren?*），将其改写为"自己在行动中确定方向"。

附件：德性论导论的结构图

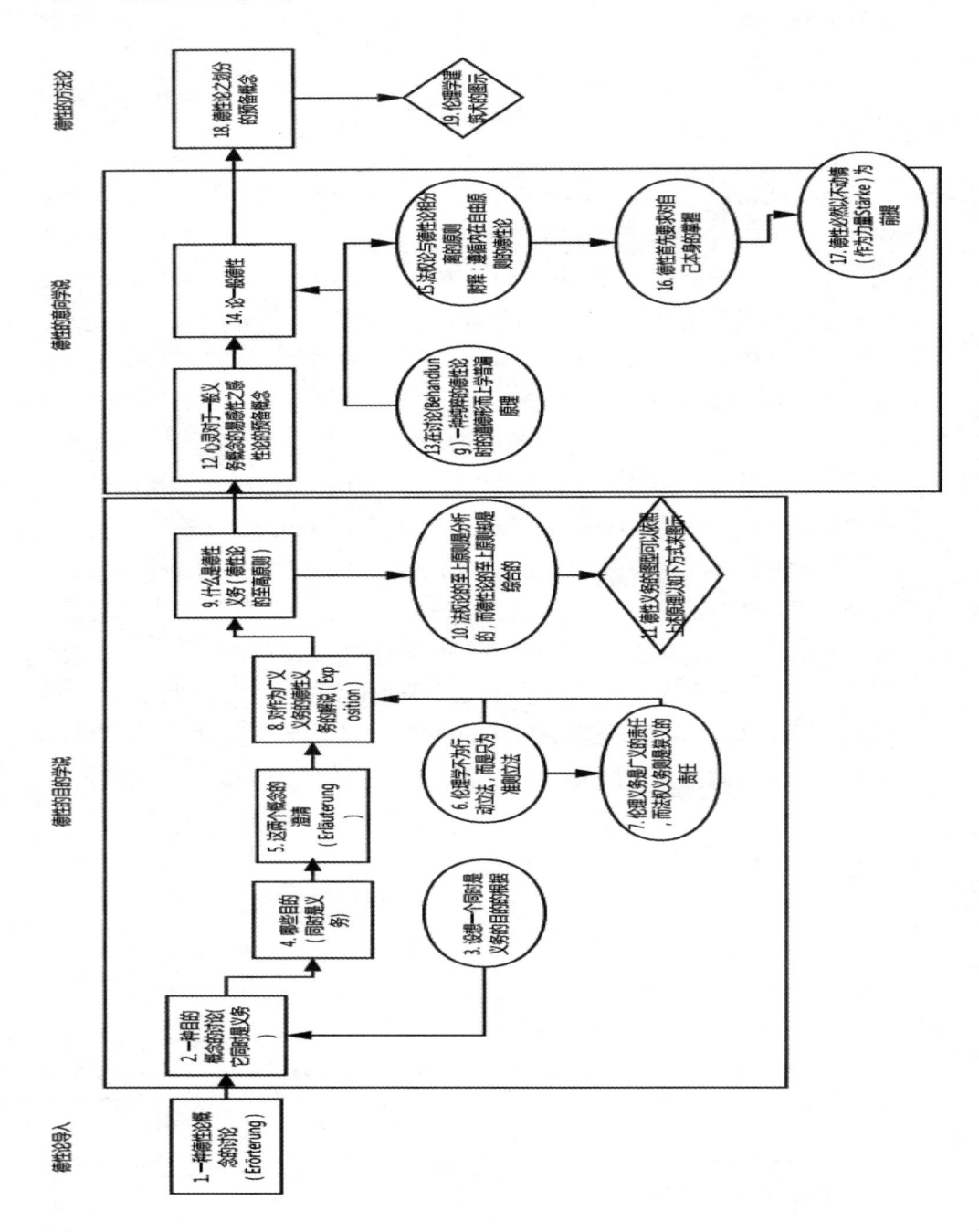

参考文献

Akademieausgabe von Immanuel Kants Gesammelten Werken（online）
https://korpora.zim.uni-duisburg-essen.de/kant/verzeichnisse-gesamt.html

Beck, W.B.1960: *A Commentary on Kant's Critique of Practical Reason*, Chicago: University of Chicago Press.

Deleuze, G., 1985: *Kant's critical philosophy: The doctrine of the faculties*. Minnesota: University of Minnesota Press

Goy, I., 2013: "Virtue and Sensibility (TL 6:399-409)", *Kant's "Tugendlehre": a Comprehensive Commentary*. Hrsg. von Andreas Trampota, Oliver Sensen und Jens Timmermann. Berlin/Boston: de Gruyter, 183-206.

Hoffe, O., 1979: "Recht und Moral: ein kantischer Problemaufriß", *Neue Hefte für Philosophie Gottingen* 17, 1-36.

Johnson, R., 2010: "Duties to and regarding Others", *Kant's "Metaphysics of Morals": a critical guide,* Cambridge: Cambridge University Press, 192-209.

Kant, I., 2017: *Metaphysische Anfangsgruende der Tugendlehre*. Herausgegeben und eingeleitet von Bernd Ludwig. Hamburg: Felix Meiner Verlag.

Reath, A., 2004: Self-Leigislation and Duties to Oneself, *Kant's Metaphysics of Morals: Interpretative Essays*, 349-370

Timmermann,J., 2013: "Duties to Oneself as Such (TL 6:417-420)", *Kant's "Tugendlehre": a Comprehensive Commentary*. Hrsg. von Andreas Trampota, Oliver Sensen und Jens Timmermann. Berlin/Boston: de Gruyter, 207-220.

Shopenhauer, A., 1988:*Werke in fünf Bänden*, Haffman Verlag.

Trampota, A., 2013: The Concept and Necessity of an End in Ethics. *Kant's "Tugendlehre": a comprehensive commentary,* Berlin/Boston: Walter de Gruyter, 139-157.

康德，2013：《道德形而上学》，李秋零译注，北京：中国人民大学出版社。

康德，2015：《道德底形而上学》，李明辉译，台北：台湾联经出版事业股份有限公司。

邓晓芒，2015（a）："实践理性批判导言句读"，《德国哲学》，北京：社会科学文献出版社。

——，2015（b）："康德'德行论导论'句读（一）"，《清华西方哲学研究》卷1第1期（2015年夏），第25-68页。

——，2015（c）："康德'德行论导论'句读（二）"，《清华西方哲学研究》卷1第2期（2015年冬），第163-216页。

——，2016："康德'德行论导论'句读（三）"，《清华西方哲学研究》卷2第1期（2016年夏），第17-54页。

尼采，2000：《论道德的谱系》，谢地坤译，桂林：漓江出版社。

康德的伦理学不是义务论吗？

舒远招（SHU Yuanzhao）*

摘要：人们通常认为，康德的伦理学是一种义务论的伦理学，包括其《道德形而上学》中的德性论，也首先是一种关于德性义务的学说。但任丑先生却认为，把康德的德性论理解为义务论是一个思想"误区"，康德的伦理学是"批判的德性论"，而不是义务论。这是一种把康德的德性论同义务论截然对立起来的片面观点，它仅仅看到德性论有关德性的论述，而没有看到有关德性义务的大量论述。其实，在康德的德性论中，有关德性的论述从属于其义务论，首先是从属于其德性义务论。德性首先包含于"伦理义务"中，它就是一种自我强制的道德能力。本真的德性义务超出了单纯形式的伦理义务，它是"同时是义务的目的"，而包含在它之中的德性，则是人在遵循其义务时意志的一种道德力量，一种抵抗感性偏好的诱惑、自觉履行义务的道德力量。可见，康德对德性的论述，始终是在其德性义务论的框架中展开的，撇开这一基本框架来理解其德性论是不可取的。

关键词：康德伦理学；德性论；义务论；德性义务

Is Kant's Ethics not a Deontology?

Abstract: It is generally believed that Kant's ethics is a kind of deontology. The doctrine of virtue in his *Metaphysics of Moral* is, first of all, a doctrine of obligation on virtue. However, Mr.Ren Chou believes that to comprehend Kant's doctrine of virtue as deontology is a "misunderstanding",

---

* 舒远招，湖南大学岳麓书院教授，博士生导师，主要研究德国古典哲学（Shu Yuanzhao, Professor of Yuelu Academy, Hunan University, Hunan）。

and that Kant's ethics is a "critical theory of virtue" rather than deontology. The view separates Kant's doctrine of virtue from his deontology, and in this sense, is somehow partial. He focuses merely on the discourses about virtue with that on obligation being neglected. In fact, in Kant's doctrine of virtue, the discourses on virtue are subordinated to his deontology, and subordinated first of all to his doctrine of obligation on virtue. Virtue, which is a moral power of self-enforcement, is firstly contained in "ethical obligation", while the genuine obligation on virtue which acts as "an end that is also a duty" and goes beyond the mere form of the ethical obligation. And the virtue contained in the former is a moral force of will when people abide by their obligations, i.e., a force to resist the temptations of perceptual preference and perform their obligations consciously. It can be concluded that Kant launched his expositions of virtue wholly in the framework of the doctrine of obligation on virtue, and it is not advisable for people to understand his doctrine of virtue by dismissing this basic framework.

Keywords: Kant's ethic; doctrine of virtue; deontology; obligation on virtue

众所周知，康德在西方伦理思想史上以提出同幸福论（功利论、后果论）相对的义务论著称。当人们从义务论的角度理解康德在《道德形而上学》中系统阐释的德性论时，通常也会认为这种德性论就是一种关于德性义务的学说，认为康德不会提出一种不再是义务论的德性论。但近年来，在西方德性论伦理学强势崛起的背景下，国内康德研究界不仅加强了对康德德性论的研究，而且出现了一种将康德德性论同义务论割裂开来的倾向。于是，有人明确提出康德的德性论不是义务论，并且由于他们认为康德的伦理学就是德性论，进而还得出了康德伦理学不是义务论的激进观点。在这方面，任丑先生的《义务论还是德性论？——走出"康德伦理学是义务论"的误区》[①]一文很有代表性。文章提出：康德的伦理学实际上是"批判的德性论"而非义务论，把康德伦理学判定为义务论，这是康德伦理学研究的一个长期存在的误区。

笔者不赞同任丑先生的这种观点，因而撰写本文展开讨论。本文试图论证：康德在《道德形而上学》中确实提出了德性论（Tugendlehre），并把这个德性论理解为严格意义上的伦理学（Ethik），但这种德性论的伦理

---

① 任丑（2008）。

学首先是一种关于德性义务的学说，而不能被归结为一种完全非义务论的"批判的德性论"。在康德这里，德性论在某种意义上就是德性义务论，尽管康德并未把"德性"和"德性义务"相等同，但他有关德性的全部论述，都是与关于德性义务的论述紧密相关的，并且他所理解的德性，也就是人在履行义务的过程中所体现出来的一种道德力量，因而绝不可以夸大德性论与义务论在康德伦理学中的区别，人为地将二者割裂，乃至对立起来。

一　"康德伦理学是批判的德性论而非义务论"这一观点及其"依据"

任丑先生的基本观点是：康德伦理学是批判的德性论，而不是义务论，他从一开始就把德性论与义务论当作非此即彼、相互对立的两种伦理学形态。那么，他究竟是如何认定康德的伦理学是一种同义务论截然不同的批判的德性论呢？

任丑先生之所以把康德的伦理学概括为"批判的德性论"，主要是基于两点考虑：一是康德在《道德形而上学》的德性论导论中对德性作出了正面阐释；二是在康德作出正面阐释之前，还对传统德性论作出了批判。

康德对传统德性论的批判，是在德性论导论XIII中展开的。在他看来，传统德性论遵循三条古老的格言：1. 只有一种德性，且只有一种恶习；2. 德性就是遵循两种相反意见之间的中道；3. 德性必须（与精明一样）从经验中学到。[①]但是，他认为这三条格言都不能成立，因而针锋相对地提出了三条用以指导德性论研究的"准则"：第一，"对于一个义务而言，也只能找出承担义务的**唯一的**根据，如果对此作出两个或者更多的证明，这就是一个可靠的标志，说明人们要么还根本没有一个有效的证明，要么也存在着多个并且不同的义务，人们却把它们视为一个"[②]；第二，"德性与恶习

[①] 可参阅译本：康德（2007：417）。康德这条准则实际上在说德性义务是多而非一，而他所针对的古老格言则认为"德性是一而不是多"，可见，康德在用德性义务的"多"来对应德性的"一"，这个看起来不显眼的"不对称"，恰好表明康德可以用德性义务来替换德性，也表明他所探讨的德性与德性义务的不可分割的密切联系。

[②] 康德（2007：415）。

的区别绝不能在遵循某些准则的程度中去寻找，而是必须仅仅在这些准则特殊的质（与法则的关系）中去寻找。换句话说，（亚里士多德的）受到称赞的原理，即把德性设定为两种恶习之间的**中道**，是错误的"①；第三，"伦理义务必须不是按照赋予人的遵循法则的能力来评价，而是相反，道德能力必须按照无条件地发布命令的法则来评价，因而不是按照我们关于人是怎样的经验性知识来评价，而是按照关于人依据人性的理念应当是怎样的理性知识来评价"②。

任丑先生对康德的这些论述作出了概述。在他看来，第一条准则表明德性并非仅仅是"一"或者"多"，在康德这里，德性的形式只有一种，但从质料或意志的目的来看，则有多种德性，由此一来，康德在纯粹实践理性的基础上，"把德性的形式（绝对命令）和德性的质料（意志目的）结合起来，解决了德性的一和多的问题"③。接着，他对第二三条准则作出概括：德性并非两种对立的恶之间的中道；德性并非是来自经验的习性或习俗。

在作出这些概述后，任丑先生阐释了康德是如何从正面界定人的德性的。他认为，在康德德性论中，"德性就是人的意志基于自由法则，在履行德性义务的过程中所体现的道德力量"④。在给出这一总体界定的基础上，他还指出康德所说的德性具有三层含义："其一，德性是不为情所动的尊重德性法则的力量；其二，德性是理性积极地执行德性法则的力量；其三，德性是不断进展和重新开始的力量。"⑤任丑先生还充分肯定了康德在德性论研究中所取得的突破性贡献，认为康德在批判传统德性观的基础上，把德性的静态分析和动态过程结合起来，提出了批判的德性论伦理学体系。⑥

---

① 康德（2007：416）。
② 康德（2007：417）。
③ 任丑（2008：31）。任丑先生对第一条准则的概述是不准确的。康德针对传统德性论"德性义务是一"的格言，提出了"德性义务是多"的观点，这不能被理解为"德性义务在形式上是一，就形式和内容的结合而言是多"，任丑先生把康德的思想弄模糊了。对康德而言，有一些法权义务，在不可以强制的时候被人"出于义务"而遵行，则这类原本是外在强制的法权义务也成了有德性的（tugendhaft）义务，但该意义的义务被康德叫作"伦理义务"，由于仅仅关涉外在立法的形式而不涉及质料或目的，因而只有唯一的一种，但本真的德性义务作为"同时是义务的目的"则具有多种，这是他的严格的德性论所要求的。
④ 任丑（2008：32）。
⑤ 任丑（2008：32）。
⑥ 从总体上看，任丑先生的理解和阐释大致符合康德的原意。但是，他在阐释康德的德性概念时，一直未意识到康德对"一般德性"（die Tugend überaupt）和狭义的德性（Tugend）所作的区别。对康德

任丑先生想要通过这些概述来表明：康德作为一位"批判的德性论"的创立者，在提出这种德性论的同时从根本上否定了义务论。于是，在文章第三部分"德性是什么"的结尾处，他在肯定批判的德性论伦理学体系的提出是对德性论研究的重大突破时，还指认"它将引导我们走出把康德伦理学判定为义务论的误区"①。可见，他不仅想通过这些叙述来表明康德的伦理学是批判的德性论而非义务论，而且认为依据这些叙述，可以走出把康德伦理学判定为义务论的"思想误区"。

那么，任丑先生究竟有何理由认为康德的伦理学是批判的德性论而非义务论，并把通常的观点判定为一种"误区"？这仅仅是因为康德对传统德性论作了批判，并且提出了自己研究德性的准则和对德性作出了界定和说明？但人们对此很可能说：在康德这里，德性论与义务论是可以无矛盾地同时并存的，怎么可以根据康德对德性所作的这些论述，就认为他的德性论不是义务论呢？

从任丑先生的文章第一部分看，他之所以得出康德的德性论不是义务论的观点，是与他对《道德形而上学》德性论导论开头第一段话的独特解读有关的。康德在此指出：在古代，Ethik（伦理学）意味着一般的 Sittenlehre（道德学说）②，人们也称后者为义务学说（义务论）。后来，人们觉得最好把 Ethik 这个名称只转用于 Sittenlehre 的一个部分，即转用于不服从外部法则的义务学说上，而且人们在德语中也适当地给它找到了 Tugendlehre（德性论）这个名称，这样，总的义务学说的体系就被划分为能够有外部法则的法权论（Rechtslehre，ius）体系和不能有外部法则的德性论（Tugendlehre，Ethica）体系。③

而言，严格意义的德性，就是遵循内在自由原则的德性论所要阐释的德性，也就是在遵循本真的德性义务的过程中所体现出来的内在道德力量。

① 任丑（2008：33）。
② 在康德道德哲学中，Sitten 这个词通常被译为"道德"，Sittenlehre 也常被译为"道德学说"或"道德论"。近来，一些学者如邓安庆教授主将 Sitten 翻译为"伦理"，于是，Sittenlehere 相应地也就要被译为"伦理学说"了。本人赞同把 Sitten 译为"伦理"，但这个翻译问题不是本文探讨的重点，故在行文中采用通行译法。
③ 康德（2007：392），引文略有改动，关键词后面添加了德文单词。

这段话，原本是表明 Tugendlehre 作为总的义务学说体系的一部分，是从属于义务学说的，但在任丑先生看来，这段话却可以作为德性论是关于德性的理论，而非关于义务的学说的主要依据。他说：

> 可以这样说，康德的道德哲学（Sittenlehre）即义务论相当于（黑格尔意义上的）客观精神哲学，它主要研究与人的自由相关的法权问题和德性问题。……康德根据外在自由和内在自由把 Sittenlehre 划分为以"合法性"为目标的法权学说（Rchtslehre）和以"合道德性"为目标的德性学说（Tugendlehre），并在其《道德形而上学》中专门探讨了这两种学说的形而上学的根据。(任丑，2008：30)

他由此得出了结论："德性是康德伦理学的核心概念。"①

可见，任丑先生基于德性论就是关于德性的学说，而将德性论同德性义务的关联加以忽略，他也正是依据这种理解，展开了对康德的"批判的德性理论"的阐释。他在文章第四部分"走出误区"第一段话中，还作出了如下总结："如上所述，康德深知伦理学（Ethik）的传统意义是义务论，他把这个伦理学的传统进行了改造：以道德哲学（Sittenlehre）代替传统的义务论即伦理学（Ethik），把他的伦理学（Ethik）限定在德性领域，建构了批判的德性论伦理学体系。"②

任丑先生接着指出了人们之所以把康德德性论"误判"为义务论的两大原因：

> 第一，人们往往想当然地把康德的道德哲学（Sittenlehre）等同于康德的伦理学（Ethik 或 Tugendlehre），而没有深究《道德形而上学》对 Sittenlehre、Tugendlehre 的区分以及对伦理学的德性论的内涵的限定，仅仅根据《道德形而上学原理》就判定康德伦理学是义务论，这是一种较为普遍的误解；第二，更根本的原因是，一些伦理学研究者用表面的理论现象去附会伦理学的根本，而没有从伦理学的根本出发去研究伦理学。(任丑，2008：33)

---

① 任丑（2008：30）。
② 任丑（2008：33）。

任丑先生还认为，伦理学的"根本"就是"德性"，其本义是任何事物的卓越或优秀。他在回顾了德性论的历史之后指出："德性本身不是义务，拥有德性也不成其为义务，但它命令人有义务，伴随着其命令的是一种只可能由内在自由的法则所施加的道德强制。"①笔者在此不再引用他的一段长文，其实他的这段关于"德性本身或拥有德性不是义务"的论述，主要也是来自《道德形而上学》德性论导论 XIII "论一般德性"部分。在论证伦理学的根本就是"德性"的过程中，他还高度肯定了马克思的实践本体论的意义，认为可以在实践本体论的基础上，"确证"伦理学就是德性论。

最终，任丑先生还依据"伦理学就是德性论"的观点，从根本上否定了伦理学的传统分类模式。他写道：

> 既然伦理学就是德性论，流行的伦理类型学把伦理学（即德性论）分为德性论、规范论（包括目的论、义务论两大形态）、元伦理学的观点就不能成立，当然也就不能把康德伦理学归为规范伦理学之一的义务论了。同时，这也从另一个角度反证了康德伦理学的批判德性论的本质。至此，我们彻底走出了"康德伦理学是义务论"的误区，同时也颠覆了传统的伦理类型学的观点。（任丑，2008：33）

二 上述观点及其论证所存在的主要问题

本文仅仅聚焦于康德伦理学（德性论）是不是义务论这个中心问题，因此，对于任丑先生提出的全部伦理学就是德性论、马克思的实践本体论确证了伦理学就是德性论等宏观高论暂时不加评析。仅就他对康德伦理学是批判的德性论而非义务论的阐释来看，其可取之处主要有：1. 尽管他未能论证康德的整个伦理学都是德性论，但毕竟比较充分地论证了《道德形而上学》中的狭义的伦理学（Ethik）就是德性论（Tugendlehre）；2. 他阐明了康德的德性论是在批判传统德性论的基础建立起来的，因而具有"批判"的特质；3. 他对康德有关德性的界定和说明作了大致符合康德原意的概括。当然，他的文章还以尖锐的方式提出了一个重大理论问题：康德《道

---

① 任丑（2008：33）。

德形而上学》中的德性论到底是不是义务论，德性论所说的德性与德性义务到底关系如何？然而，任丑先生的文章所提出的极具创新意味的观点，其实是很难成立的，文章所给出的论证也是牵强的。

如前所述，任丑先生在文章的第一部分曾引用了《道德形而上学》德性论导论开头第一段话，并作了认真分析。应该承认，他有关康德的"道德学说"（Sittenlehre）包含法权学说（Rchtslehre）和德性学说（Tugendlehre）两个部分的判断是成立的，他也看到了康德把 Ethik 一词（该词原本与包含法权论和德性论两个部分的 Sittenlehre 含义相同）专门用于 Tugendlehre，由此顺理成章地得出了伦理学等于德性论的观点。但任丑先生却一直未能指出：这个与 Tugendlehre 等同的 Ethik，始终是广义 Sittenlehre 的一部分，而 Sittenlehre 始终是一种关于义务的学说（die Lehre von den Pflichten），即义务论。对康德而言，法权论固然是关于法权的学说，但同时也是关于法权义务的学说；同样，德性论固然是关于德性的学说，但同时也是关于德性义务的学说。任丑先生强调德性概念在康德德性论中的重要性是可以理解的，但忽略德性义务是不可取的。

正是由于任丑先生只强调德性论是关于德性的学说，而不提它是关于德性义务的学说，所以，他在解读《道德形而上学》德性论导论时，关注的仅仅是直接论述德性（Tugend）的部分，而撇开了其他更多论述德性义务的部分。由于这种极强的"选择性"，结果给人造成德性论没有义务论的片面印象。实际上，康德在《道德形而上学》中有大量关于德性义务的论述。

德性论导论 I "一种德性论的概念的阐释"一开始就提出了"义务"概念，认为义务意味着自由的任意（die freie Wllkür）受到法则的一种强制或强迫①。康德认为，人虽然具有理性，并因此具有一定的神圣性，但人还未能像神圣存在者那样，足以神圣到很乐意完全出于义务而行动，因此，他虽然心中有道德法则，但不能自动地把法则转化为行为动机。但是，人毕竟是一个自由的存在者，因此，义务对人的强制，就始终只能是一种自我强制，而这正好是德性论中所出现的情况。法权论中的外在强制，在德

---

① 康德同时用 Nötigung 和 Zwang 这两个词来表达义务的强制性。

性论中转变为自我强制。法权论中的义务是可以外在强制的法权义务,而德性论中的义务,则是不可以外在强制、只能自我强制的德性义务。康德进一步指出,法权论仅仅与外在自由的形式条件有关,但德性论(伦理学)还提供一种质料,即纯粹理性的目的,"这个目的同时被表现为客观必然的目的,亦即对人来说被表现为义务"①,这就是"同时是义务的目的"。康德虽然从人的自由的形式和质料(目的)两个方面来区分法权论和德性论,但由于德性论所涉及的目的是纯粹理性的质料(目的),是同时是义务的目的,因此,德性论(伦理学)不可能不是义务论。康德明确指出:"目的和义务把总的道德论(Sittenlehre)的两个部分区分开来。伦理学(Ethik)包含着人们不可能被他人(以物理的方式)强制去遵从的义务,这仅仅是从伦理学一种**目的**学说得出的结论,因为为此(拥有这些目的)的一种**强制**是自相矛盾的。"②康德接下来还说,伦理学是一种德性论,同时,他用加注的拉丁语 *doctrina officiorum virtutis*,来表明它就是"德性义务的学说"。③

接着,康德在导论Ⅱ中对一种"同时是义务的目的"作出了专门阐释,表明伦理学(德性论)作为一种关于德性义务的学说,其对象就是"同时是义务的目的"。他在此概括地指出:是否可以外在强制,这是"德性义务与法权义务的本质区别"④。而在可以外在强制的法权义务和只能自我强制的本真的德性义务之间,还有一种特殊的"伦理义务",这种伦理义务是在外在强制的法权义务不可以外在强制,而由人出于义务而自觉遵守的情况下出现的。法权义务出于内在自由原则而被履行,也会具有德性(tugendhaft)。

导论Ⅲ进一步探讨"设想一个同时是义务的目的的根据",指出德性论是探讨义务的、客观的"道德目的论",它所依据的则是"先天地在纯粹实践理性中被给予的原则"⑤,因而不同于主观的、技术的、实用的目的论;导论Ⅳ则把"自己的完善"和"他人的幸福"当作同时是义务的目的;

---

① 康德(2007:393)。
② 康德(2007:394)。
③ 康德(2007:394)。
④ 康德(2007:396)。
⑤ 康德(2007:398)。

导论V继续展开对这两个概念的阐释；导论VI则指出：伦理学不为行动立法，而是为行动的准则立法，为行动立法是法学的事情，这里依然在强调义务与法则的关联；导论VII指出伦理义务是宽松的，法权义务则是狭窄的、严格的，提出"惟有不完全的义务才是**德性义务**"①，履行它是功德，而不履行它并非过失；导论VIII继续对宽松的德性义务加以解说。

德性论导论IX是非常重要的一个部分，集中回答何谓德性义务的问题。康德指出，自觉地、出于义务而履行法权义务，会使法权义务也因此而获得德性，但即使做了有德性的事情，也并不就是本真的德性义务了。因为前者只涉及准则的形式，而后者涉及准则的质料，即同时是义务的目的；前者数量为一，后者数量为多。他接着提出了德性论的至上原则，该原则也就是德性义务的总原则——"你要按照一个**目的**准则行动，拥有这些目的对任何人而言都可以是一个普遍法则"②。导论 X 指出法权论的至上原则是分析的，而德性论的至上原则是综合的，由此进一步对法权义务和德性义务进行区分。导论XI提供了一个德性义务的质料东西的图表，把德性义务分为内在的和外在的。导论XII论述了人的道德情感、良知、人类之爱和敬重（自重）等感性禀赋，指出它们本身或获得它们并非义务，因为它们是人们履行义务的感性条件。但是，人们也有促进它们的义务。

导论 XIII在批判了传统德性论三条格言的基础上，论述了"一般德性"，这是任丑先生文章着重阐释的。导论 XIV论述了德性论同法权论分离的原则，提出了遵循内在自由原则的德性论概念。接着，在 XV 和 XVI 中，康德对基于内在自由的德性作出了两项规定：一是要求对自己本身的控制；二是必然以不动情为前提。尽管康德在此侧重于论述一般德性和内在德性，但始终是紧扣德性义务来谈德性的。

导论最后两部分对德性论所作的划分，其实也就是对德性义务的划分。康德把伦理学（德性论）的义务，分为人对人的义务和人对非人的存在者的义务，前者又包括对自己的义务和对他人的义务，后者则包括对人下存在者（动植物）的义务和对人上存在者（神）的义务。在后面的伦理要素论中，康德正是按照上述有关义务的区分展开阐释的。

---

① 康德（2007：403）。
② 康德（2007：408）。

康德的法权论离不开法权义务论，德性论也同样首先是德性义务论。这一观点，还明确出现在法权论"一般道德形而上学的划分"中。康德在此指出：一切义务，要么是可以外在强制的义务，要么是不能外在强制而只能自我强制的德性义务。①

无须提供更多的文本证据，上面的叙述足以推翻康德的伦理学（德性论）不是义务论的观点了。我们发现，任丑先生为了证明自己的观点，基本上忽略了康德有关德性义务（包括伦理义务）的论述。

虽然任丑先生在强调康德德性论不是义务论是只谈康德对德性的界定和说明，而不谈康德高度重视的德性义务，但他在对康德的德性概念进行界定时，又不能不谈及义务概念。如前所述，他认为康德所说的德性，就是人的意志基于自由法则，"在履行德性义务的过程中所体现的道德力量"。在此界定中，德性义务是与作为道德力量的德性密切相关的。尽管我们看不出康德在此断定德性就是义务，但至少可以肯定他是把德性与义务联系起来思考的。如果任丑先生认为自己的这个界定是成立的，并且依然认为德性论就是义务论，本当进一步阐释德性与德性义务的关系，但遗憾的是，他没有展开这方面的工作。

任丑先生在分析人们之所以陷入把康德德性论归结为义务论的"误区"时，还提出了一个很重要的原因，那就是人们并没有深究《道德形而上学》对 Sittenlehre、Tugendlehre 的区分以及对伦理学的德性论的内涵的限定，仅仅根据《道德形而上学原理》②就判定康德伦理学是义务论，由此造成了普遍的误解。可见，他至少是承认康德早期伦理学是一种义务论，这其实也否定了康德伦理学不是义务论的观点，因为不论是晚期的还是早期的伦理学，都是康德所提出的，如果康德早期的伦理学是义务论，也就不能简单地认为康德伦理学是德性论而非义务论了。

更为重要的是，康德早期和晚期的伦理学也并非两种截然不同的伦理学形态，我们不能认为早期的是义务论，而晚期的是德性论。如此理解，等于把康德的伦理学两部著作(《道德形而上学的奠基》和《道德形而上学》)

---

① 康德（2007：249）。
② 《道德形而上学原理》是苗力田先生的对 Grundlegung zur Metaphysik der Sitten 的翻译，该书李秋零先生翻译为《道德形而上学的奠基》。

截然对立起来了。事实上,《道德形而上学》是《道德形而上学的奠基》(以下简称《奠基》)的展开。在《奠基》中,康德侧重于阐明道德法则(定言命令),只是在说明定言命令的表达式的有效性时提到了对自己的完全的义务(不得自杀)和不完全的义务(发挥潜能),对他人的完全的义务(不得害人)和不完全的义务(帮助他人),但尚未建立一个完整严密的义务论体系。义务论体系的建立,是在《道德形而上学》一书中才宣告完成的。基于同样的道德法则,康德在本书中不仅系统阐释了法权义务,而且全面详尽地论述了德性义务。

总之,我们不能根据"德性论"这个三个字,就简单地认定它只是关于德性的理论,也不能仅仅根据德性论导论对德性的阐释,就撇开康德对德性义务的大量论述。我们要更准确地把握康德德性论与义务论的关系,以及《道德形而上学的奠基》与《道德形而上学》之间的内在一致性,不能人为地将它们对立起来。

三 德性与义务的关系究竟如何

尽管任丑先生的观点不能成立,但他确实提出了一个极为重要的问题:在康德的德性论伦理学中,德性(Tugend)与义务(Pflicht)的关系究竟如何?只有真正弄清两者之间的关系,我们才能更好地判断康德的德性论到底是不是义务论。前文已经表明,康德在德性论中固然有着关于德性的论述,但也有更丰富的关于义务,尤其是德性义务的论述,因此,德性论与德性义务论自然不会构成任何矛盾。现在,我们有必要进一步弄清楚:究竟是有关德性的论述是根本的,有关义务的论述从属于德性论;还是相反,有关义务的论述是根本的,而有关德性的论述从属于义务论?

笔者认为,在康德的伦理学中,有关德性的论述事实上从属于其义务论,当然,首先是从属于其德性义务论。为了论证这一点,在此讨论两个问题:德性与伦理义务的关系;德性与德性义务的关系。

(一)德性与伦理义务的关系

在康德严格的伦理学即德性论中，德性无疑主要地与德性义务对应，但我们也看到，康德对德性的论述，其实超出了严格的德性论的范围，而与伦理义务有关。也就是说，康德认为在伦理义务出现之际，也会出现一种德性，人们履行伦理义务的过程，也是包含着德性的。

康德把全部义务分为了两大类：一是可以外在强制的法权义务；二是不可以外在强制，而只能自我强制的德性义务。但如果可以外在强制的法权义务，不是以外在强制的方式，而是以自我强制的方式被人履行，则外在强制的法权义务就变成了自我强制的"伦理义务"，并因而具有了德性。在《道德形而上学》总导论中，康德以遵守诺言为例说明了这一点。他写道："遵守诺言不是德性义务，而是一种法权义务，对于这种法权义务，可以强制人们来执行。但是，在不可以**执行**强制的地方，如果也遵守诺言，那倒是一种有德性的（tugendhaft）行为了【德性的证明（Beweis der Tugend）】。"①可见，如果一种义务，哪怕是可以外在强制的法权义务，只要是人们出于对法则的敬重，即出于义务而履行的，则其义务行为就是"有德性的"（tugendhaft），就具有了道德性（Moralität）而不只是合法性（Legatität）②。

在德性论导论IX中，康德在回答何谓德性义务时也谈到了这个特殊意义的伦理义务。他指出，一切义务都包含一种由法则而来的强制概念，但伦理义务虽然还不是本真的德性义务，也包含了一种只可能有内在立法的强制，而不像法权义务那样包含一种可能有外在强制的义务。这实际上是说，伦理义务包含内在的自我强制，法权义务包含的则是通过他人的外在强制。于是，自我强制的道德能力（das moralische Vermögen）就可以被称为"德性"（Tugend），而产生自这样一种意向的行动就可以被称为"德行"（Tugendhandlung），尽管法则所表达的依然是一种法权义务。③

---

① 康德（2007：227）。
② 在康德道德哲学中，Moralität 大致等同于 Sittlichkeit，而 Legalität，则等同于 Gesetzmäßigkeit。在《纯粹理性批判》和《实践理性批判》中，康德在谈到人的配享幸福的道德资格时，经常交替使用 Tugend 和 Sittlichkeit 两个术语。
③ 读者可参阅 Kant（1977：525）和康德（2007：407）。Tugend 一词也经常被翻译为"德行"，但康德似乎更多地在内心意念（Gesinnung）的角度谈论它。在这里，他把 Tugend 和 Handlung 两个词这在一起来表达，显然也是从内心意念或动机的角度来理解 Tugend 的，而不是强调外在的行动。如果把 Tugend 直接翻译为"行动"，则 Tugendhandlung 就应该译为"德行行动"，这就有点重叠了。

由此可见，康德是把德性放在伦理义务之内来理解的，它主要是指伦理义务所包含的内在的、自我强制的动机或意念，只是伦理义务还不是本真的德性义务，还不包含"同时是义务的目的"。但尽管如此，包含在伦理义务之中的德性，毕竟也是一种德性①，尽管它是一而不是多。这种仅仅与法则形式相关的"伦理德性"与包含在德性论当中的德性，共同构成了康德在德性论导论XIII中所说的"一般德性"（die Tugend überhaupt）。而专属于德性论、与本真的德性义务（同时是义务的目的）相应的德性，则是在德性论导论XV和XVI中所论述的内容：德性要求对自己本身的控制，德性必然以不动情为前提。

（二）德性与德性义务的关系

德性不仅包含在所谓"伦理义务"之中，而且包含在本真的德性义务之中。与伦理义务一样，本真的德性义务也是意志的一种由法则所规定的自我强制，只不过它包含一种由理性规定的、客观的目的，即同时是义务的目的。也就是说，在自我强制的过程中，本真的德性义务不仅是义务，而且指向了不同于感性目的的理性目的（质料）。换言之，本真的德性义务在提供一个理性的目的体系的同时，也把这些理性的目的作为一种特殊的德性义务规定下来。

既然是超出了伦理义务的本真的德性义务，而且被规定为"同时是义务的目的"，因此，自然也就内在地包含了德性。这个德性，完全不能离开德性义务而得到独立的解释，也决定了任丑先生在叙述康德的德性概念时，不能不涉及义务概念。德性义务是"同时是义务的目的"，决定了包含于其中的"德性"，就是内心抵抗本性之冲动（这种冲动构成了人们履行德性义务之障碍），同时把德性义务本身当作行动动机的一种道德力量（eine moralische Stärke），由于义务是由纯粹实践理性颁布的，因此，德性也可以说就是意志对抗感性欲望（偏好）的诱惑而遵行道德法则的一种理

---

① 康德认为履行本真的德性义务是一种功德（Verdienst），而仅仅在行动中符合法则则称不上功德，只是没有过失。但是，他认为包含德性在内的伦理义务的履行也同样称得上功德。"'出自义务而合乎义务地行动'，这个普遍的伦理命令也具有这样的情况。在内心建立并激发这种意向，与前面的意向一样是**有功德的**，因为它超出了行动的义务法则，并且使法则自身同时成为动机。"（康德，2007：403）

性的自我约束的力量。在德性论导论中，有关于德性与德性义务的相互关系的明确论述。

在导论 I 中，康德在提出德性义务是一种自我强制的义务之后，接着指出人性（Natur）的冲动包含了人的心灵中履行义务的障碍和反抗的力量（Kraft），因此，人必须判断自己有能力（vermögend）同这些障碍进行战斗，并且立即通过理性（Vernunft）来战胜它们。于是，康德得出了关于德性的这样一个说法："反抗一个强大但却不义的敌人的能力和深思熟虑的决心是勇气（fortitudo），就我们心中的道德意向的敌人而言是德性【virtus，fortiudo moralis（道德上的勇气）】。"①在这里，德性是指一种自觉地履行德性义务的道德能力或力量。

在导论 IX "何谓德性义务"的一开始，康德也给出了德性的界定："**德性**就是在人遵从自己的义务时准则的力量。"②康德认为，所有力量（Stärke），都只有通过它能够克服的障碍才得以认识。而在德性（Tugend）这里，自然偏好就是与道德决心相冲突的障碍，而且，"既然正是人为自己的准则设置了这些路障，所以，德性就不单是一种自我强制……而且是一种依据一个内在自由原则，因而通过义务的纯然表象依据义务的形式法则的强制"③。在这里，康德似乎并没有严格地区分德性和德性义务，因为他把德性直接就说成了一种自我强制，而自我强制一般认为是指德性义务。这段话表明：在康德这里，德性论中的德性和德性义务并没有清晰的界限。

在导论 XIII 论述 "一般德性"时，康德给出的德性定义也跟前面所说差不多。他指出："德性意味着意志的一种道德力量。但这还没有穷尽这个概念；因为这种力量也可能属于一个**神圣的**（超人的）存在者，在他身上没有任何阻碍的冲动来抵制他的意志的法则；因此他很乐意遵循法则来做这一切。所以，德性是一个人在遵从**义务**时意志的道德力量，义务是由其自己的立法理性而来的一种道德**强制**，如果这理性把自己构建成一种执行法则的力量（Gewalt）本身的话。"④在这里，对德性的理解同样是紧扣

---

① 康德（2007：393）。
② 康德（2007：407）。"准则的力量"，原文为 die Stärke der Maxime，康德较少使用 Kraft 这个词来表示作为道德力量的德性，而偏爱使用 Stärke 这个词。在某些文本段落，这个词似乎翻译为"坚强"更加合适。
③ 康德（2007：407）。
④ 康德（2007：417-418）。Gewalt，是指理性之威力。

义务概念而进行的，而且被说成是一个人在遵从义务时意志的道德力量（die moralische Stärke）。

在导论 XV 部分，康德把基于人的内在自由的德性（这是遵循内在自由原则的德性论所论述的德性），首先理解为"要求对自己本身的控制"。他还明确指出："因此，德性只要基于内在的自由，对人来说就也包含着一项肯定的命令，以及把人的一切能力和偏好都纳入自己的（理性的）控制之下，因而是对自己的统治的命令，这种统治添加在禁令之上，即不让自己受情感和偏好的统治（不**动情**的义务），因为，若不是理性执掌驾驭的缰绳，情感和偏好就会对人扮演主人。"①在这段话中，康德提到了理性对人而言包含了一项肯定的命令（Gebot，诚命），把人的一切能力和偏好都置于理性的威力（Gewalt）②之下。

在导论 XVI 论述德性必然以不动情为前提时，康德认为这种不动情就被视为 Stärke③。不动情通常是个贬义词，意味着冷漠，但他认为不动情作为德性的前提，只能被理解为道德上的不动情："此时出自感性印象的情感之所以失去了对道德情感的影响，只是由于对法则的敬重总的来说要比上述情感更加有力。"④康德反对道德狂热，支持节制，认为人们习惯于把节制推荐给德性的实施。他写道："德性的真正力量就是平静中的心灵及其一种深思熟虑的和果断的决定,即实施德性的法则。"⑤从这些论述来看，康德始终把基于内在自由的德性同对法则的遵守即义务联系起来进行思考。

总之，在德性论导论中，康德不仅在论述德性时论述了义务，包括伦理义务和本真的德性义务，而且始终把德性放在义务的范畴内加以理解。一般而言，他把德性理解为人的意志执行道德法则、抵抗感性欲望诱惑的一种道德力量，即遵从义务时意志的道德力量，在某些地方如导论IX的第一段话中，他甚至把德性说成是人的基于内在自由的自我强制，这几乎抹杀了德性与德性义务的区别。所以，虽然在康德的德性义务论中德性占有重要地位，康德也确实花费很大的篇幅来论述它，但康德有关德性的论述，

---

① 康德（2007：420–423）。
② 原文中有 Gewalt 一词，见 Kant（1977：540）。
③ 张荣、李秋零通常把这个词译为"力量"，但在本节标题中译为"坚强"。
④ 康德（2007：421）。
⑤ 康德（2007：421）。

毕竟是从属于其德性义务论的，因此，我们绝不能像任丑先生那样，仅仅依据康德关于德性的这些论述，就得出其德性论（伦理学）不是义务论的结论。

参考文献

康德，2007：《道德形而上学》，张荣、李秋零译，载于李秋零主编《康德著作全集》第6卷，北京：中国人民大学出版社。

任丑，2008："义务论还是德性论?——走出'康德伦理学是义务论'的误区"，《理论与现代化》（4），天津：天津市社会科学界联合会，29–34页。

Kant, I., 1977: *Die Metaphysik der Sitten*. Herausgegeben von Wilhelm Weischedel. In: Immnanuel Kant Werkausgabe VIII. Frankfurt am Main: Surkamp Verlag. Erste Auflage.

分析哲学

Analytic Philosophy

闭合原则、演绎与枢纽承诺[*]

张小星（ZHANG Xiaoxing）^{**}

李潇（LI Xiao）/译（trans.）^{***}

摘要：Duncan Pritchard最近提出了一个对基于闭合原则的怀疑论的维特根斯坦式的解决方案。根据维特根斯坦的说法，所有的认知系统（epistemic system）都假定了某些真理。以下观点，诸如我们不是脱离身体的大脑，地球已经存在很长时间了以及一个人的名字是某某之类，都起着"枢纽承诺"的作用。Pritchard将枢纽承诺视为肯定的命题态度而不是信念。闭合原则因为只涉及适于成为知识的信念（knowledge-apt belief），所以不适用于枢纽承诺。因此，从一个主体知道他坐在房间里这一事实，以及这个主体坐在房间里蕴涵其身体的存在这一事实，并不能推出这个主体也知道自己不是缸中之脑。本文拒绝Pritchard对枢纽承诺的非信念式解读。首先，我将说明非信念式解读并不能解决怀疑论悖论，因为Pritchard用来支持非信念式解读的理由并不足以使枢纽命题例外于闭合原则。其次，我会接着论证非信念式解读是错误的，因为它声称枢纽承诺与日常信念不同，不能对证据理性地做出回应（rationally unresponsive）——借助一个主体的经验是内在混乱的例子，我们可以安全地得出结论：一个人不会有关于世界的系统性错误这一枢纽承诺，也同样会对证据情况进行回应。

关键词：怀疑论；闭合原则；演绎；枢纽承诺；维特根斯坦；认知修正；笛卡尔式怀疑

---

* 译自 Xiaoxing Zhang, "Closure, deduction and hinge commitments," *Synthese*, 2018(1):1-19.

** 张小星，巴黎索邦大学哲学博士，现任职于云南大学（ZHANG Xiaoxing, Ph.D. in philosophy from Paris-Sorbonne University, faculty member of Yunnan University, Kunming）。

*** 李潇，清华大学哲学系硕士研究生（LI Xiao, Department of Philosophy, Tsinghua University, Beijing）。

Closure, Deduction and Hinge Commitments

Abstract: Duncan Pritchard recently proposed a Wittgensteinian solution to closure based skepticism. According to Wittgenstein, all epistemic systems assume certain truths. The notions that we are not disembodied brains, that the Earth has existed for along time and that one's name is such-and-such all function as "hinge commitments."Pritchard views a hinge commitment as a positive propositional attitude that is not a belief. Because closure principles concern only knowledge-apt beliefs, they do not apply to hinge commitments. Thus, from the fact that a subject knows that he is sitting in a room, and the fact that the subject's sitting in a room entails his bodily existence,it does not follow that the subject also knows that he is not an envatted brain. This paper rejects Pritchard's non-belief reading of hinge commitments. I start by showing that the non-belief reading fails to solve the skeptical paradox because the reasons that Pritchard uses to support the non-belief reading do not exempt hinge propositions from closure principles. I then proceed to argue that the non-belief reading is false as it claims that hinge commitments, unlike ordinary beliefs, are rationally unresponsive—with the help of a scenario in which a subject's experience is internally chaotic, we can safely conclude that the hinge commitment that one is not systematically mistaken about the world is equally responsive to one's evidential situations.

Keywords: Skepticism; Closure; Deduction; Hinge commitment; Wittgenstein; Epistemic revision; Cartesian doubt

1 导论

我们可以把怀疑论理解为一个涉及认知闭合的悖论。如果我们假设主体 S 有意识地坐在房间里，我们会得到一组矛盾的命题：

(a) S 不知道他不是缸中之脑。

(b) 如果 S 不知道他不是缸中之脑，那么 S 不知道他坐在房间里。

(c) S 知道他坐在房间里。

放弃（c）将把我们引向极端怀疑论。一些认识论学者拒绝（a），但是另外一些则不会一开始就拒绝它，因为 S 坐在房间里的真实经验与假如他是缸中之脑会得到的经验在主观上是不可区分的。条件（b）由被普遍接受的知识的闭合原则所支配，该原则大体如下：

（闭合_{简单}）如果一个人知道 p，并且 p 蕴涵 q，那么这个人知道 q。

因为 S 知道他正坐在房间里，而这蕴涵他不是缸中之脑，于是由闭合_{简单}原则可以推出 S 知道他不是缸中之脑。因此，（a）（b）和（c）是矛盾的。

Duncan Pritchard 最近提出来一个对该悖论的维特根斯坦式的解决方案。对于维特根斯坦来说，"我不是一个缸中之脑"是一个"枢纽命题"（维特根斯坦，1969）。Pritchard 将枢纽命题视为我们认知系统的基础，针对这些命题我们可以持肯定的命题态度但并不持有**信念**。特别地，虽然 S 认为他不是缸中之脑这一命题是真的，但是这一态度不是一个适于成为知识的信念。根据一种对闭合原则的可能正确的描述，这些原则只关涉适于成为知识的信念。因此，它们并不适用于（b）这样的推理。结果，我们也许可以使（a）和（c）与闭合原则相协调。（Pritchard，2012，2016）

本文将反驳 Pritchard 的反怀疑论方案，并批判地评估其对枢纽承诺的非信念式解读的辩护效力。第 2 部分将呈现 Pritchard 对枢纽承诺的非信念式解读的两个首要的基础论题：枢纽承诺并不通过理性的认知过程获得，以及它们不能理性地对证据做出回应。我将在第 3–5 部分证明这两个特征，根据 Pritchard 的论证，并不能使枢纽承诺例外于所有相关的闭合原则。第 6 部分将说明枢纽承诺并不是不能理性地对证据做出回应。因此，对枢纽承诺的非信念解读不仅未能解决怀疑论悖论，而且还是错误的。

2 充足能力演绎（competent deduction）与非信念式的枢纽承诺

维特根斯坦注意到所有的认知系统都假定某些真理。诸如我们不是脱离身体的大脑，地球存在了很长时间以及一个人的名字是某某这些观点，都能够作为"枢纽承诺"发挥作用：它们的真理过于基础以至于它们不能被理性地评估。他写道：

……我们所提出的问题和我们的怀疑依靠于这一事实，即某些命题不容怀疑，好像就是这些问题和怀疑赖以转动的枢轴。

这就是说，某些事情事实上是不受怀疑的，这一点属于我们科学研究的逻辑。

……我们根本不能研究一切事物，因此不得不满足于假定。如果我想转动门，就得把枢纽固定下来。（《论确实性》，§§341-3）[①]

用一个具体的认识论理论来适当地解释与阐明枢纽承诺的本质是颇有挑战性的。（Coliva，2015，2016；Koreň，2015；Orr，1989；Pritchard，2005；Schönbaumsfeld，2016；Tomasini Bassols，2010；Williams，1991；Wright，2004，2014；Wright and Davies，2004）Pritchard首先检验了对枢纽承诺的外在论解读。根据Pritchard，认知外在论不要求知识总有理性的基础。即，一个人拥有知识的理由不需要通过反思获知。外在论者可以由此承认S知道他不是缸中之脑，但是同时S并未理性地将该知识奠基于其他信念（例如他正坐在房间里）。这一可能性与认为我们的一些认知能够免于认知评估的维特根斯坦式理念相符合。（Pritchard，2016：19–22）这一结果明显地与（a）相冲突，但也保留了一种直觉：S缺乏能够区分其感知经验与相应的错觉的证据基础。由此就给出了一种对包含闭合_{简单}原则的怀疑论悖论的解决方案：S知道他正坐在房间里（外在论者当然同意），S坐在房间里蕴涵他不是缸中之脑，依据外在论S也知道他不是缸中之脑。

Pritchard认为，不管是作为对维特根斯坦作品的解读还是对怀疑论悖论的解决方案，这种外在论路径都是不成功的。尽管闭合_{简单}原则对一个人的知识p和q之间的认知关系保持沉默，闭合原则在本质上关涉能够用来帮助我们拓展知识的充足能力演绎（competent deduction）。（Pritchard，2016：13–19）通过充足能力推理，一个人可以意识到一个结论是如何被其前提所支持的。更精确地说，如果一个人的知识p是有理性根据的（rationally grounded），并且如果他能有充足能力地由p推出q，那么他的知识q也应该被理性地证明了：

[①] 《论确实性》的译文引自张金言译本，见涂纪亮主编《维特根斯坦全集》第10卷，河北教育出版社2002年版，第190页以后。下同。

（闭合$_{RK}$）如果S的知识p有理性根据，并且S能有充足能力地从p推出q，从而在此基础上形成信念q并保持有理性根据的知识p，那么S就有知识q，且q有理性根据。

正如我们所假定的，S所持的他正坐在房间里这一知识是有理性根据的，例如他的感官证据，他对自己视觉的信心等。由此，如果S从他正坐在房间里推出他不是缸中之脑，那么基于闭合$_{RK}$原则，他应该持有他不是缸中之脑这一知识，并且该知识是有理性根据的。尽管外在论者可以解释S如何不借助理性支持就知道他不是缸中之脑，他们并不能阻止S由他正坐在房间里推出这一结论。而这个结果是与维特根斯坦的立场相冲突的，因为他认为枢纽承诺是没有认知根据的。

除了上述反维特根斯坦主义的结论，外在论者同时也抵御不了怀疑论悖论。S对怀疑论的可能性的否认是有理性根据这一点是与条件（a）背后的直觉相冲突的。在实践中，S当然被允许假定自己并非身处一个怀疑论的世界之中。这一预设对他的认知评估也是必要的。但是，它并非奠基于任何能够消除怀疑论可能性的证据。由此，怀疑论悖论又卷土重来，就有理性根据的知识而言重现了（Pritchard，2016：23）：

（a'）S不能有理性根据地拥有他不是缸中之脑这一知识。
（b'）闭合$_{RK}$原则。
（c'）S有理性根据地知道他正坐在房间里。

同样的问题困扰着"权利"（entitlement）解读，Crispin Wright 已从该角度发展出了另一种对维特根斯坦的枢纽命题的解读（Wright，2004，2014；Wright and Davie，2004）。权利是对某个命题的一个可被反驳的理性基础，在尚不知道任何能够说明其错误性的理由时，某人就默认享有这一权利。我们有权利相信我们不是缸中之脑以及地球已经存在了很长时间。即便这些命题缺乏证据支持，我们也能够在发现他们的反驳之前合理地相信它们。一个权利解读的支持者可以由此同意他有枢纽命题的知识，但是这些知识有一类特殊的理性支持。不幸的是，由于闭合$_{RK}$原则，枢纽命题除了仅仅有权利被相信之外依旧接受普通的理性支持。（Pritchard，2006：78）。事实上，当S有充足能力地推出他不是缸中之脑，他对怀疑论悖论的否定就被他正坐在房间里这一有理性根据的知识所支持。我们就又一次违背了条件（a'）。

Pritchard的解决方案是不把枢纽承诺解读为**信念**，而是解读为作为"我们之所以能够获得对非枢纽命题的信念的心照不宣的背景的一部分"（Pritchard，2012：263，2016：76）的命题态度。因为知识的闭合原则例如闭合$_{RK}$原则仅仅适用于能够成为知识的信念，如果枢纽承诺不是信念就能避免怀疑论悖论。

尽管这一解决方案听起来挺有希望，去解释为什么枢纽承诺不是信念可并不是无足轻重的事情。仅仅规定一种非信念式的解读并不是切实可行的选择。枢纽承诺与日常信念在现象上是相似的（Pritchard，2016：102）。就像日常信念一样，我们可以使用充足能力演绎获得一个枢纽命题；人们也倾向于相信他们对枢纽命题持有信念（Pritchard，2016：92）。因此，为了捍卫非信念式解读，Pritchard论证道，尽管一个人相信他持有一个信念，他可能并没有该信念；他也否认一个人的命题态度能被现象决定。（Pritchard，2016：99，102）

由于以上观点有争议，非信念式解读必须被确立好才能解决怀疑论悖论。但是，一般来说，相似性与差异是分等级的；任何两个观念之间都有其特有的相似性与差异。因此，如果想要难以被反驳地用非信念式解读来解决怀疑论悖论，就得合理地解释为什么枢纽承诺与日常信念之间的差异能够充分地使枢纽承诺例外于闭合原则。Pritchard为此给出了以下两个论证：（i）枢纽承诺不是通过理性过程获得的；（ii）枢纽承诺不能对证据理性地做出回应。认知上不能对证据做出回应可以进一步被分析为认知不可修正性（epistemic non-revisablity）与认知惰性（epistemic inertia）。但是，本文接下来的三个部分将说明，认知上的不可修正与缺乏理性的获得过程太弱了，并不能使枢纽承诺例外于闭合原则，而认知惰性将使非信念式解读变得冗余和缺乏动机。

3 理性的获得过程

Pritchard发现枢纽承诺与日常信念之间的第一个差别在于获得过程。我们大部分的日常信念都是通过个别的理性过程获得的。但是，枢纽承诺却并非如此：

> 事实上，我们的枢纽承诺似乎并不是任何个别种类的信念形成过程的产物……（Pritchard，2016：76）
>
> ……按照假说我们的枢纽承诺从不是一个理性过程的结果……因此它们不是信念的可信的候选者。（Pritchard，2016：90）

例如，地球并非五分钟之前形成的这一枢纽承诺并不是通过任何理性的过程获得的。它已经为所有个别的历史研究所预设。（Pritchard，2016）

Pritchard并没有解释理性的过程的意义，但是他的发现对内在证明的推理和外在的认知过程都适用。也就是说，地球已经存在很长时间了这一命题既不是因为有充足能力的推理得来的，也不是因为诸如视觉或记忆之类的认知机能得到的。

枢纽承诺的这一特征对Pritchard解决闭合问题是十分重要的。回想一下闭合$_{RK}$原则，该原则描述了这样一种情况：主体从p演绎出q，并由此**形成**对于后件q的信念。而正如Pritchard所言：

> ……这一原则的关键是，它描述了通过充足能力演绎的**理性过程**来**获得**（适于成为知识的）信念。（Pritchard，2016：91）

因为在某个意义上，枢纽命题**已经**被赞同了，我们对他们的承诺就不能再通过任何充足能力演绎获得。如果我们关注枢纽承诺与日常信念各自的获得过程是如何不同的，那么闭合$_{RK}$原则——曾经困扰了对枢纽承诺的外在论与蕴涵解读——现在就能被容纳了。

尽管获得过程的差异解释了为什么闭合$_{RK}$原则不能适用于枢纽命题，它依旧对怀疑论悖论无效。事实上，闭合$_{RK}$原则是闭合原则的一种被限制的版本。演绎不仅仅用于获得新的信念，也能用于重估以前获得的意见。（见Coliva，2012；Moretti and Piazza，2013）为了澄清这一点，考虑下述情境：

> （数学）一个数学家由于同事告诉他T是真的而获得了信念T。之后，这个数学家独立地证明了T。

该数学家的第二个行动是一个清晰的充足能力演绎的例子，并且它用新的证据支持确认了一个之前获得的信念。现在，如果我们与Pritchard一样都认为闭合原则在本质上是关于充足能力演绎的，那也就能有一个更普遍的版本来解释这个数学家的例子。

为了满足这一目的，我们将闭合$_{RK}$原则中的"形成信念"换成"持有信念"：

> （闭合$_{RKH}$原则）如果S的知识p有理性根据，并且S能有充足能力地从p推出q，从而在此基础上持有信念q并保持有理性根据的知识p,那么S就有知识q，且q有理性根据。

尽管闭合$_{RK}$原则只关涉通过演绎新获得的信念，闭合$_{RKH}$原则却还适用于加强之前获得的信念的演绎。

不幸的是，枢纽承诺并不是通过任何理性的过程获得的这一观察结果不再能使其例外于闭合$_{RKH}$原则了。枢纽命题已得到赞同的事实能够与对其通过充足能力演绎进行重估相容。当Pritchard通过闭合$_{RK}$原则反对对维特根斯坦的外在论与蕴涵解读的时候，他承认通过基于日常知识的演绎来支持枢纽承诺的可能性。

Pritchard的解决方案的支持者不能这样回应，即坚持枢纽承诺不仅是"已经得到赞同的"，还是"从不现实地通过理性过程被赞同"。这一细微差别尽管是实在的，却与通过充足能力推理进行的理性重估无关。自然地，我们可以对闭合$_{RKH}$原则进行详细规定：q必须要么是新的信念，要么是已经现实地通过理性过程被获得了的。如此修改，闭合$_{RKH}$原则就不再适用于枢纽承诺了。但是，这一版本的闭合$_{RKH}$原则依旧有过多的限制。一个主体可以先验地通过不对理性考虑做出回应的方式获得意见，尽管如此仍能在之后的情境中修正它们。假设一个疯狂科学家用一个仪器每天在我脑中植入五个任意的观念——我一开始不得不赞同这些观念。从我自己的视角看，这些观念持续出现，我不能追问它们如何以及为何出现；在这方面，它们的获得也不对理性考虑做出回应。但是我随后依旧可以通过充足能力演绎重估这些观念。

更进一步，有人可能会反驳说通过闭合$_{RKH}$原则重估枢纽承诺预设了首先通过演绎获得它们的可能性。由此闭合$_{RKH}$原则与闭合$_{RK}$原则一样不再适用于枢纽承诺。尽管这可能是真的，该反驳基于这样一种观念，即枢纽承诺永远不**能**被理性地获得。这一断言比Pritchard关于枢纽承诺从不通过理性过程被获得的观察结果要更强。因此它需要更进一步的独立的理由。

Pritchard的解决方案的支持者可能依旧认为上述批评是不足以令人信服的。然而，为了合理地辩护Pritchard的解决方案，一个人就得解释为什么对枢纽承诺的非信念式解读是有效的，尽管它们的获得过程与此无关。在此，某人不能简单地诉诸维特根斯坦原来的对枢纽命题与确定性的论题，这是Pritchard要去阐释的。个中缘由在于恰是因为维特根斯坦的观点并没有详细到能够立即被用于处理当代认识论问题，Pritchard才会提出非信念式解读。Pritchard所指出的对维特根斯坦的外在论与蕴涵解读的失败明确地说明了这一点。因此，为了给Pritchard的建议辩护，就必须借助其他论证，而不能使用Pritchard所用的那些论证，来辩护非信念式解读能够解决怀疑论悖论。我们将考察这些其他的论证。到现在为止，我们能够做出这样的结论：枢纽承诺与日常信念在其现实获得过程上的差异不足以使前者例外于相关的闭合原则。

4　认知不可修正性

除了缺乏理性的获得过程，枢纽承诺还被认为有不对理性考虑做出回应的特点。下面全文引用之前引用过的Pritchard的话：

> ……按照假说我们的枢纽承诺从不是一个理性过程的结果，并且就其本性不对理性考虑做出回应，因此它们不是信念的可信的候选者。（Pritchard，2016：90）

日常信念以至少两种方式对理性考虑做出回应。它们既能被正面地支持也能被负面地怀疑。由此，我们能够从认知不可修正性和认知惰性两个方面来分析认知上的不能做出回应的性质：

> （认知不可修正性）一个主体的信念p是认知不可修正的当p在任何认知条件下都不能被修正。

> （认知惰性）一个主体的信念p是有认知惰性的当p不能被任何认知条件正面地支持。

Pritchard主要用认知不可修正性来解释不能做出回应的性质。在介绍了不能做出回应的概念之后，紧接着他就解释道，一个持有日常信念的主体应该基于他所获得的反例修正其信念。（Pritchard，2016：91）日常信念普遍地被认为是可修正的。那么枢纽承诺是否在相关的意义上不可修正呢？

4.1　不可修正性的两个意义

Pritchard对枢纽承诺的"不可修正"式解读是基于维特根斯坦对怀疑论式怀疑的评论。根据维特根斯坦，某人有两只手这个枢纽命题过于基础，以至于它不能通过看两只手来"证明"：

> 如果我对此有任何怀疑，我就不知道为什么我应该相信我的眼睛。因为我为什么不应该通过发现我是否看见我的双手来检验我的**眼睛**呢？

(《论确实性》,§125)

维特根斯坦还表明怀疑摩尔式的确实的命题将会"把一切都置于怀疑之下并使之陷入一片混乱"(《论确实性》,§613)。因此,"怀疑本身就预设了确实性"(《论确实性》,§115)。由这一评论,Pritchard得出结论:枢纽承诺"免于理性的怀疑"(Pritchard,2016:65)。

为了论证,让我们同意维特根斯坦和Pritchard,认为枢纽承诺抵抗得住**对怀疑的可能性的考虑**。然而,除了对可能情境的考虑,日常信念也随着**新的证据**而被修正。当我通过某种方式相信明天是晴天,我当然可以悬置我的判断,例如用假设性的"如果……会怎么样"的问题来考虑其他的可能性;但是如果天气预报预测明天下雨,我更有可能修正我的信念。因此,我们可以区分出两种认知不可修正性。

(认知不可修正性$_1$)一个主体的信念p是不可修正$_1$的,当尽管出现了现实的针对p的否决者p也不能被修正。

(认知不可修正性$_2$)一个主体的信念p是不可修正$_2$的,当p不能被对p的一个可能否决者的考虑所修正。

尽管可能存在其他的不可选择性的观念,不可修正性$_1$和不可修正性$_2$是与当前讨论最为相关的观念。我们已经提过,日常信念在两个方面都是可修正的。我对明天是晴天的信念既可以被对其他可能性的"如果……会怎么样"式考虑所修正,也可以被来自天气预报的反例所修正。与之相对的另一种命题态度——愿望——就在两方面都不可修正:它既不能被对其他可能性的考虑也不能被反例所修正。(Pritchard,2016:90)

可以这样理解不可修正性的这两个意义,即注意到它们独立于典型的对釜底抽薪式否决者(undercutting defeater)和当头一棒式否决者(overriding defeater)的区分。

一个典型的对信念p的釜底抽薪式否决者是这样一个证据q,即支持p的认知过程是不可靠的。一个典型的对p的当头一棒式否决者是非p为真这个直接的反例。如果我现实地被告知我的气象学的信息源是不可信的，我的"明天是晴天"的信念就遭遇了釜底抽薪式否决者。而如果我第二天看见下雨，该信念就遭遇了当头一棒式反对者。在以上两个例子中，"明天会下雨"这个论断都是可修正性$_1$的。在两个例子中，它都应该由于现实的指出该论断的错误的证据而被修正。

我们也能通过可修正性$_2$使用这同一对否决者。假设我很谨慎，尽管实践需要使我倾向于赞同某些命题，我经常怀疑它们的真实性。例如，仅仅借由"如果明天下雨会怎么样？"这一想法，我就能有理由地悬置我的"明天是晴天"的信念。我同样也可以通过问"如果天气预报不可信会怎么样？"来做到这件事。在以上两个例子中，我是借由假设性的对可能否决者的考虑来修正我的信念的，不管否决者是釜底抽薪式的还是当头一棒式的。尽管我可能会被批评为多疑，这个批评并不能否定我关于天气的信念的可修正性$_2$。

这两个可修正性概念可以被进一步阐明，但是它们初看起来的差异对现在的讨论来说已经足够了。我们已经提及日常信念在两个意义上都是可修正的。枢纽承诺是不是在两个意义上也都是可修正的呢？因为我们暂时同意Pritchard和维特根斯坦，认为枢纽承诺在假设性的对怀疑论式场景的考虑面前是不可修正$_2$的，那么我们有充分理由去问，考虑到新的证据，它们是不是不可修正$_1$的。

答案显然是否定的。对我来说，我有两只手是枢纽命题。根据维特根斯坦，我不应该借由类似于"缸中之脑"的假设性情境来怀疑我有两只手：该命题是不可修正$_2$的。然而，如果我出事故失去了双手，我就将知道我不再拥有双手了。如Pritchard所同意的，枢纽承诺因人因俗因时而异。我们大部分与维特根斯坦共享我们没有去过月球这一枢纽承诺，但是当未来月球旅行成为寻常事时情况就会变了。（Pritchard，2016：95-96）

然而，Pritchard论证道，相关的枢纽承诺依旧是不可修正的。他处理枢纽承诺的多样性与不稳定性的方式是将**私人的**（*personal*）枢纽承诺与**超**（*über*）枢纽承诺区分开。私人的枢纽承诺是被个人偶而视为理所当然的。

这些承诺内容各不相同，也会随时间改变。然而，用Pritchard的话说，这些承诺只有在以下条件下才起枢纽承诺的作用，即仅当它们"编码"了一个普遍的超枢纽承诺，即某人并未系统地犯错这一承诺。（Pritchard，2016：95-103）例如，我有两只手和地球已经存在很长时间了之所以是枢纽承诺，只是因为如果不把它们视为理所当然的，那么就不会剩下任何确定性了。Pritchard并未进一步详细解释私人的与超枢纽承诺之间的编码关系。一个人可以说，一般地，相比于"我并未系统地犯错"这一超枢纽承诺，"我有两只手"和"地球已经存在很长时间了"这样的私人的枢纽承诺得到了更频繁也更可信的解释。更进一步，这些个别命题的真实性被认为是理所当然的，只是因为我们假定了某人并未系统地犯错这一事实。当倔强的证据积累到一定程度从而推翻了私人的枢纽承诺，私人的和超枢纽承诺之间的关系就变得岌岌可危了。在这种情况下，这些命题就不再是枢纽承诺了。尽管如此，继续"编码"超枢纽承诺的命题仍旧被认为理所当然。在这个意义上，超枢纽承诺是不可修正$_1$的。因为如我们之前假设的，超枢纽命题也是不可修正$_2$的，它就在不可修正性的两个意义上都与日常信念不同。

4.2 不可修正性与充足能力演绎

我将在第6部分论证即便是超枢纽承诺也不是在现实的反例面前不可修正$_1$的。不管这个论证，即便我们接受超枢纽命题的完美的不可修正性，Pritchard对怀疑论悖论的解决方案还是欠缺支持。

回忆一下之前提过的一种解决方案，它一方面用充足能力演绎解释闭合原则；另一方面否认枢纽承诺是适于成为知识的信念。这两部分能够结合在一起，仅当将枢纽承诺与信念区分开的理由能够解释为什么充足能力推理不适用于枢纽承诺。而正如我们讨论过的，它们获得方式上的差异能将枢纽承诺排除于闭合$_{RK}$原则，却不能将其排除于更为普遍的闭合$_{RKH}$原则。

认知不可修正性面临同样的问题。

当我们进行演绎推理的时候，结论的真实性常常是一个开放问题。基于温度计正常工作的预设，一个人可以通过读温度计来推论出温度是23℃；

如果这个人知道该温度计事实上已经坏了，这一结论当然就可以被修正。但是，结论的可修正性对于推理而言并不是必不可少的。充足能力推理建立了对前提与结论之间关系的理解。它并不因此要求结论是可修正的。

再一次考虑（数学）这一例子，其中数学家已经证明了T。作为一个数学定理，T必然为真。因此，与其他运用经验证据的推理不同，它是不可修正的。尽管如此，当数学家合理地进行了证明，他依旧是基于相关前提知道T的。他无疑进行了充足能力推理（在Pritchard看来这是闭合原则的本质）。因此，闭合$_{RKH}$原则适用于此。

某人可能反对说T依旧是可修正的。在它首次被证明之前，其真实性是不确定的。可修正性不是命题的形而上学属性。它描述我们的认知情况：一旦对一个命题的证明是不确定的，就可能修正对该命题的信念。对T的证明可能过于复杂，以至于不能被直观地把握。即使证明是有效的，数学家也可能怀疑T是否是真的。

我们可以通过关注易于理解的数学真理来避免这一反驳。某一命题是基本的这一事实并不能阻止我们构建对其真实性的证明。因此，尽管"2+2=4"这一等式简单到不能在认知上被修正，我们也能从更基础的公理演绎出它来。

在此，某人一定不能坚持说如"2+2=4"这样基本的命题在认知上可以被修正。一些认识论学者试图弄清类似情境的意义（Casullo，2003：94–96；Hempel，1964：378–379）。不管这些例子的可信度如何，"2+2=4"在我们的数学系统中无疑起着枢纽命题的作用。如果它在认知上可被修正，那么认为**作为枢纽命题的**枢纽命题是不可修正的论题将简单地是错的。

5 认知惰性、闭合原则与可传递性

最有希望将枢纽承诺排除出类似闭合$_{RKH}$原则一类的原则的特征是认知惰性，即抵抗正面的证据支持。根据Pritchard，除了表现出不可修正性以及缺乏认知过程，枢纽承诺是具有认知惰性的，因为"某人不能在**任何理**

性基础之上形成对枢纽命题的信念"（Pritchard，2016：94）。

尽管维特根斯坦最初似乎只关心不可修正性$_2$，认知惰性这一解读也有文本支持：

在正常情况下，我有两只手与我能为证实这件事而提供的任何证据同样确实。

这就是为什么我不能把看到我的手作为证实我有两只手的证据的理由。（《论确实性》，§250）

Pritchard这样阐释道：

维特根斯坦断言,理性评估这一观念,不管是**正面的**还是负面的,都预设了一个摩尔式的确定性的背景，这些背景是免于理性评估的。（Pritchard，2016：65；着重部分是本文作者所加）

然而，如何理解枢纽承诺的认知惰性并不是直截了当的。一个初步的困难在于Pritchard明确地承认通过充足能力推理赞同前提所蕴涵的枢纽命题的可能性。

……以下情况与非信念式解读是一致的，即一个主体进行了相关的基于闭合$_{RK}$原则的充足能力推理，并最终对前提所蕴涵的枢纽命题采取了某种命题态度。（Pritchard，2016：92）

至于这种赞同如何区别于相信，Pritchard又一次诉诸认知不可修正性与缺乏理性的获得过程：

……由于我们接受这样的承诺仅仅编码在先的超枢纽承诺，即那些不是理性过程的结果甚或在原则上不对理性过程做出回应的承诺，那么反怀疑论的枢纽承诺也在根本的方面与信念不同。(Pritchard，2016：101)

我们已经提到，考虑到闭合$_{RKH}$原则，缺乏获得过程不能将枢纽承诺与信念区分开。将不对证据做出回应的性质解释为认知不可修正性也面临同样的问题。因此,唯一的选择就是去澄清为什么枢纽承诺不能被正面地支持。要注意到,惰性不能单单被规定,因为它初看起来与通过演绎赞同枢纽承诺相冲突。牺牲这样的赞同途径来进一步坚持惰性将仅仅是简单地忽视了怀疑论悖论,而这一悖论恰是Pritchard所阐明并试图去解决的。

一种为惰性理论辩护的方法是,论证对日常信念的证明不能传递给枢纽承诺。Crispin Wright谈道,与Moore的主张相反,一个人不应该从他有双手这一事实推出一个外在世界的存在,因为担保前者真实性的理由已经预设了对后者真实性的保证。(Wright,1985,2002;Wright & Davies,2004)类似地,从某人坐在房间里推出某人不是缸中之脑看起来在认知上也是异常的。(参见Brown,2004;Chandler,2013;Coliva,2012;Moretti,2012,2014;Neta,2007;Silins,2005;Smith,2009;Tucker,2010)

不管如何解释这种不可传递性,该观点并不能都给Pritchard对怀疑论悖论的论断提供帮助。传递性是一个普遍且独立的认知现象。一旦对前提的证明预设了结论自身的真实性或对其的证明,那么该证明就不能通过演绎传递给结论。该结论可以是枢纽承诺,但是它不需要是。因此,如果Pritchard诉诸更宽的不可传递性的观点,那么作为对怀疑论悖论的解决方案,相对更窄的非信念式解读将失去被接纳的动机并且显得冗余。

一些其他的理由也不支持"不可传递性"理论。正如Pritchard所言,传递性是关于担保前提真实性的理由如何为结论做出贡献的现象。与之相对,闭合原则仅仅要求当前提的真实性被保证了,结论的也随之被保证了。(Pritchard,2016:193)因为怀疑论悖论所关涉的问题是我们是否拥有有理性基础的知识,这一知识能够否定怀疑论的可能性,而非我们如何获得这一知识,闭合原则显然是与之更为相关的。而且,在一个充足能力推理中,有许多因素能够对保证结论的真实性做出贡献。担保前提真实性的理由无疑对担保结论的真实性有贡献,其真实性成为了结论的基础。(Silins,2005)再加上一些内在论者指出,对前提与结论之间联系的理解本身就为结论提供了一种命题式证明(propositional justification)。(Fumerton,2016:

243)尽管这种种对命题真实性有贡献的理由能够完美地与闭合原则相契合,将它们无矛盾地纳入一个可传递性理论之下却是不容易的(见Silins,2005)。

如果Pritchard不能诉诸不可传递性,他就不能解释为什么对反怀疑论的枢纽命题的承诺是例外于闭合原则的,这些命题是能够从推理中得出的。既然他不能借助获得过程或者可修正性来支持其非信念式解读,他对怀疑论悖论的维特根斯坦式解决方案在本质上依旧是不完善的。我们要求理解,例如,为什么教条主义者认为保证命题真实性的理由对枢纽命题是可传递的这一点是不正确的。(Pryor,2004)

6 超枢纽承诺的可修正性

我们已经证明了为什么Pritchard对枢纽承诺特征的刻画不能使它们例外于闭合$_{RKH}$原则。因此我们就没有动机去接受对枢纽承诺的非信念式解读。加上枢纽承诺与日常信念之间在现象上的相似性,我们所得出的结论进一步使非信念式解读受到质疑。

Pritchard可能回应说,尽管枢纽承诺的关键特征并不能有效地使其例外于闭合$_{RKH}$原则,它们在现象层面是显著的,因此,相比于其他解释,非信念式解读有**解释上的**优势。由此,他的反怀疑论解决方案因非信念式解读的解释力而依旧是可被辩护的。

在这一部分,我将证明非信念式解读缺乏其所声称的解释力,即,就其归于枢纽承诺的一个本质特征而言它是错的。事实上,不仅个别的私人枢纽承诺是可修正$_1$的,某人并非系统地出错了这一超枢纽承诺也能对证据变化做出回应。

考虑一下情境:

(混乱)山姆在一个与我们的世界内在地相同的世界中长大。一天,当他醒来,他发现自己的双手不可思议地消失了。他的床变成了一条河,人们在河上走向他并用一个不同名字叫他。过了一会,世界回归正常。这同一类时间多次重现,细节各不相同。最后,任何一个山姆可以分辨的物理对象都不剩了。

（混乱）并没有详细说明山姆是从一开始就是缸中之脑还是最近才变成的。关于山姆只是经历了一种不可预测且不可逆的幻象还是他所居住的世界已经被奇迹般地改变了，我们的描述也保持开放。不管是哪种情况，对这一混乱情况的受害者山姆而言，相信他对世界的意见系统地错了都是理性地可接受的。假设他确实接受：山姆就对其证据情况做出了回应，承认他关于世界系统地错了。因此，该超枢纽承诺就被修正了。

山姆经验的确切内容是不关紧要的。（混乱）仅仅要求一个内在不融贯与混乱的世界是可被感知到的。维特根斯坦考虑过类似但是没有这么极端的情境。例如，如果某人被反驳并被告知另一个人的名字不是他一直以来所知的，这个人就失去了其所有判断的基础（《论确实性》，§614）。无可否认地，这样的经验"把一切都置于怀疑之下并使之陷入一片混乱"。然而，这一结果正暗示了超枢纽承诺对证据的可修正性[1]。如果基地被破坏整个建筑将悲剧地倒塌这一事实并不逻辑地蕴涵地基本身是免于攻击的。我们居住在一个内在融贯的世界中，但是我们认知系统的基础并不依此事实就是反对极端反例的证明。

一个人对（混乱）的第一印象可能是该情境是自相矛盾的。如果山姆理性地修正了他的超枢纽承诺，这个决定不是应该基于一个证据吗？正如维特根斯坦所指出的，如果结果奠基于一个证据，那么得有什么东西被预设为确定的。在这方面，某人可以反对说，如果一个人系统地出错了，那么诸如"证据"或"理由"这些词就将没有意义了。

但是，这一反驳误解了我们的（混乱）情境。山姆的修正并不需要蕴涵"我系统地犯错了"这一后此的（*post hoc*）命题性自我知识。这一修正不需要呈现出一个新信念的形式。相反，山姆可能不再是我们意义上的普通认知者。他的修正完全可以是一种**认知自杀**——拒绝相信任何"证据"并且悬置所有判断——鉴于他所看到的几乎是不可理解的混乱。显然，不需要拥有进一步的理性基础就能承认混乱。承认某人的基本证据不再彼此契合就足够了。

下面将提供详细说明来进一步辩护我对（混乱）的解读。

首先，（混乱）不是一个正统的怀疑论情境。一个正统的怀疑论情境，例如缸中之脑与笛卡尔的恶魔，展现的是一个假设性的情况，该情况与我们所处的典型情况在主观上是不可区分的。它想要主张，因为我们的内在经验，这样一个情况是可能的，并暗示我们因此不再拥有知识。相对地，（混乱）描述了一个明显与我们的世界不同的世界。另一个差异在于，（混乱）并不处理**我们**在大规模欺骗的可能性之下如何能有知识的问题。这一混乱世界的受害者不再需要怀疑，而仅仅生活在几乎不可能知道任何事情这一令人痛苦的事实之下。

尽管为了现在的目的，展示一个认知者修正超枢纽承诺的例子就足够了，某人可能反驳说这一修正是非法的。如果山姆可以实行认知自杀，我们在日常世界中为什么不能呢？问题在于日常世界中的这种自杀不是**认知的**。Pritchard引入可修正性来解释认知上可以对证据做出回应。然而，在我们日常世界中对某人的超枢纽承诺的极端修正并不是对任何证据变化的修正，因此威胁不到Pritchard的解释。相反，在（混乱）中，山姆并不是无缘无故地修正其超枢纽承诺的。他的修正在理性上是可接受的。理性上的可接受性是一种弱的关于理性的观念。只要一个主体关于其信念与行动不是完全非理性的，理性上的可接受性就被满足了。因此这一概念比绝对理性或者理性责任要弱。一般来说，当一个人被认为理性上有责任相信p，他不相信p就是非理性的。相对地，相信p是理性上可接受的与某人理性地相信非p是相容的。在（混乱）中，山姆修正他的超枢纽承诺在理性上是可接受的；尽管如此，如果他保持这一承诺并以其他方式阐释他的经验，例如通过假定他在经历严重幻觉或者见证了奇迹，他也能是理性的。当我们的证据不能决定一个命题的真实性或者我们缺乏实践理由去做决定时，就经常出现我们在其中不管哪样都理性的情况。例如，当证据不足以得出结论，一个侦探能怀疑某人有罪，但是他也可以认为这个人是无辜的。在这个侦探的证据情况下，两种态度都是理性的。

某人可能反驳道，理性上的可接受性将使对超枢纽承诺的真正的修正成为不可能。我们的理性上的可接受性概念的条件可能过于宽松，几乎没有认知重要性。既然其他阐释是可用的，那为什么不相信某人正在经历严重的幻觉、发疯或者见证了一系列奇迹呢？某人可能主张，这些态度更可能将我们导向真相。在认知自杀明显不是最佳选择这一程度上，它可能根本不能在理性上被接受。

这一反驳背后的直觉是，相比于接受其他阐释，山姆遂行认知自杀是比较不理性的，因此，自杀并没有达到"理想上可接受性"的标准。可以有很多方法来建构这一直觉来支持以上反驳。最不可信的一种是，规定在某人所处的证据情况下最可能导向真相的那个选择，而非其他选择，才是理性上可接受的。事实上，一个人可能不总是能够立即知道其所处的证据情况；如果那个侦探停下来反思一会儿，他可能就真的发现认为那个人是无辜的更加理性。但这并不意味着，如果侦探坚持认为那个人是嫌疑人，他的态度就是如此非理性的以至于甚至不能成为认知评估的备选项——由此成为在Pritchard的意义上理性上不对证据做出回应的。

当然，认为我们的理性上可接受性的条件过宽的反驳可以用不同的方式来建构。如果不再认为只有最好的那个认知选择才是理性的，某人可以主张，即便在（混乱）中，认知自杀在本质上比其他态度都要坏，因此它根据任何在认知上有意思的意义都不够理性。对这一反驳的直接回应是去详细分析理性的概念，但是这一任务对本文来说太复杂了。幸运的是，另一种争议远没有这么大的对（混乱）的解读同样适于我们的目的。

当Pritchard讨论可修正性时，通常的情况是其中的一个主体理性地修正了他的信念。这样一个修正的合理性预设了这样一种观念，即最终被修正的信念能够根据该主体的证据情况被正面地支持或者负面地怀疑。尤其是，当目标信念不那么被证据所支持，对其进行修正也就更为理性。当对信念的证据支持度的减弱积累到一个点，对信念进行修正就是**真正理性**的。现在，如果如Pritchard所言，超枢纽命题根本不对理性考虑作出回应，那么某人的超承诺就不可能在最小的程度上被证据支持或者贬损。

但是，即便我们承认山姆的认知自杀永远不会符合真正理性的标准，遂行该自杀在（混乱）中比在日常世界中是**更为**理性的。很明显，如果我们和山姆都要遂行认知自杀，山姆要比我们更理性。这一**理性程度**上的差异已经暗示了超枢纽承诺在原则上是能够对证据变化做出回应的。这与修正超枢纽承诺可能永不会是真正理性的这一可能性相融贯，也与认知自杀在任何情境下都是最坏的策略这一可能性相融贯。

　　以上反驳还能继续。如果我们承认这一可能性，即认知自杀永不能达到真正的理性的标准，那么我们为什么不能由此认为超枢纽承诺在严格意义上不可修正呢？答案是我们可以。但是，一旦我们把严格意义上的不可修正性与分级的不对证据进行回应的性质分开，Pritchard的非信念式解读的基础就在本质上被损坏了。理由在于，认知自杀是不充分理性的这一事实将不再为超枢纽承诺在认知上不回应证据的性质做出任何贡献。相反，自杀是不充分理性的仅当**事实上**没有这样的情形，在其中证据混乱足够极端从而能够导致自杀并且其他态度同样的（不）理性。换句话说，超枢纽承诺的严格不可修正性就仅仅来源于一种关于我们的证据情形的界限的任意的事实，而非枢纽承诺本身的某种原则性的属性。而且，尽管我们承认，为了论证，（混乱）中的其他态度比自杀要理性得多，但是声称自杀永远不能在**任何**极端的（混乱）变种之下与其他态度同样的理性这一点还是有争议的。例如，诸如某人疯了或者正在经历严重幻觉的解释仅在以下情况下才有意义，即还剩下足够数量的现象性规则可以让我们参考。但是，这不是我们展示（混乱）的方式。该情境确实奇怪且有欺骗性，但是如果Pritchard的建议最终要求我们放弃一组可设想但是极端的认知情况，该建议将受到严重限制。

　　除了认知自杀的理性，某人还可能用理性评估不能是普遍的这一维特根斯坦式的论题来攻击（混乱）。维特根斯坦强调正是怀疑这一游戏预设了确定性，Pritchard频繁地诉诸这一论题并视之为理性评估的"本地性论题"（locality thesis）（《论确实性》，§115；Pritchard，2016：66）。不管Pritchard是否将这一论题视为独立的论证还是他的非信念式解读的结论，如果某人支持维特根斯坦，某人就更可能拒绝（混乱）中的自杀，因为这与理性评估的本地性相矛盾。

不去对付本地性论题,我们也能给(混乱)一种弱化的解读来避免这一指控。事实上,尽管我们一开始将山姆的修正展现为**完全的**认知自杀,这一修正更精确地说是对山姆关于"外在世界"的意见的评估。这一评估依旧可以在极端本地的视角——即山姆的第一人称自我意识——之下有基础——在维特根斯坦的意义上。事实上,即使山姆认为自己关于世界系统地犯错了,他无论如何还可以知道柏拉图式的数学真理与笛卡尔式的自我知识。系统性是有程度差异的。某人可以在地理上系统地犯错,也可以在地理和生物两个领域系统地犯错。笛卡尔《沉思》中的怀疑方法恰好阐明了一个人如何在不断增加的领域中悬置判断直到他的认知基础缩减到我思。在这一过程中,怀疑总是预设确定性的。对外在世界的怀疑论没必要属于"怀疑一切的怀疑"(《论确实性》,§450)。

我们将认知自杀解释为拒绝信任任何进一步的证据,这一态度并不伴随"我系统地犯错了"这一明确的观念。现在,由于自杀之后无论如何还剩下一些确定性,山姆就可能持有"我关于世界系统地犯错了"的想法。在此,某人可能想要反驳说,如果不剩下任何关于外在世界的意见,山姆所说的"世界"就简单地是没有意义的。然而,事实并非如此。不想普特南式的缸中之脑情境,"世界"与"错误"是相当宽泛的概念,它们并不像"大脑"与"缸"这些词一样明显地需要明确的因果性的指称历史。因为山姆在一个与我们的世界内在相同的世界中长大,他就会以与我们充分相似的方式理解"世界"与"错误"。由此,当他声称"我关于世界系统地犯错了",我们的理解是他在修正超枢纽承诺而非无意义地发音。如果我们补足(混乱),假设山姆事实上自出生以来就是缸中之脑,他的混乱经验是由于向其大脑发送信号的机器坏掉了,以上论述就会变得显然。在这种版本的(混乱)中,尽管山姆的语言可能与我们的相当不同,他"我关于世界系统地错了"的声明将在本质上不受影响。

针对(混乱)的这些发展,Pritchard可以这样反驳,即如果我们使系统性这一概念相对化,山姆就将是在修正一个私人的枢纽承诺而非超枢纽承诺。仅当"我并非系统地犯错"构成**所有**我们的认知表现的基础时，它才被视为一个超枢纽承诺。如果山姆依旧能理性地赞同数学命题和我思，他就并没有在修正他的超枢纽承诺。不幸的是，这一反驳与Pritchard自己的反怀疑论策略相冲突。怀疑论悖论预设我们不能理性地支持我们对**外在世界**的存在与可谓述性的承诺。相应地，Pritchard的解决方案依赖于这个枢纽承诺不对证据做出回应的性质，不管它是超枢纽承诺还是私人的。因此。如果他同意这一枢纽承诺是私人的并且因此可被修正，枢纽认识论将丧失所有其所声称的反怀疑论效力。在这个方面，山姆在（混乱）中的认知自杀不需要是完全的才能威胁我们对外在世界的枢纽承诺。

我们已经论证了，超枢纽承诺是可修正$_1$的。一个主体可以在许多领域系统地犯错。如果他碰上了一个暗示他完全错了的情况，他就可以理性地遂行认知自杀。即使自杀永不会达到完全理性的水平，在（混乱）中自杀比在我们的日常世界中更理性。换句话说，超枢纽承诺与私人枢纽承诺和日常信念一样，都跟踪一个人的证据情况。因此，就其所声称的枢纽承诺的一个本质特征而言，非信念式解读是错误的。

即使有这些问题，非信念式解读的支持者可能坚持认为，枢纽承诺与日常信念在可修正性方面足够地不同。回忆一下，我们同意维特根斯坦和Pritchard，认为枢纽承诺是不可修正$_2$的；即他们不能通过单纯的对其他情境的设想而被修正。相反，日常信念能够被谨慎的主体以"如果"问题的形式理性地修正。因此，某人可能声称，在可修正性$_2$上的区别已经足以支撑以下论题，即枢纽承诺与日常信念在一般的可修正性概念上不同。不幸的是，如果仅仅奠基于可修正性$_2$，非信念式解读将相当的不可靠。日常信念首先是不可修正$_1$的。很少有人在日常生活中是多疑的，我们一般只有在获得新证据时才修正我们的信念。Pritchard应该也很难满足于以上辩护，因为当他写下"当一个主体有压倒性的理由认为p是错的，再相信p就是没意义的"（Pritchard，2016：66）这句话时，他所指的是不可修正性$_1$。

7　结论

在本文中，我拒绝认为Pritchard对枢纽承诺的非信念式解读能够结局关于闭合原则的怀疑论悖论。枢纽承诺与日常信念在现象上相似。因此，为了证明二者的差异足以使针对适于成为知识的信念的闭合原则不适用于前者，就得说明为什么枢纽承诺的特性使其例外于闭合原则。Pritchard对非信念式解读的所有论证没能完成这一任务。枢纽承诺不是通过任何理性过程获得的这一发现可以使其例外于闭合$_{RK}$原则，而非闭合$_{RKH}$原则。认知不可修正性也与闭合原则的这个普遍化了的版本相融贯。尽管认知惰性确定无疑地解释了为什么闭合原则不适用于枢纽承诺，这一特征并未被Pritchard独立地论证过，也很容易使非信念式解读变得冗余。

更进一步，Pritchard的非信念式解读在枢纽承诺的可修正性方面是错误的。与日常信念相似，枢纽承诺追踪我们的证据状态。由于我们经验**事实上的稳定性**，枢纽承诺显得不理性地对证据进行回应；依旧有例如（混乱）这样的极端情况显示我们的超枢纽承诺能够被证据所削弱。尽管对这样的削弱是否足以成为真正的理性修正存在争议，认为超枢纽承诺在原则上不对证据做出回应的观点是站不住脚的。因此，我对（混乱）的阐释提供了一个新的视角来批判地评估以下普遍观点：我们与枢纽承诺的关系是非认知的。（参见Moyal-Sharrock，2004，2016；Schönbaumsfeld，2016；Stroll，2005）

某人依旧可能构建另一种对枢纽承诺的非信念式解释。据我观察，相似是程度问题，任何两个观念之间都会有些出入。因此，为了确立两个概念之间有效的差异，就得说明就相关任务而言它们足够不同。不幸的是，根据我们的讨论，非信念式解读能够解决怀疑论悖论的前景十分渺茫。Pritchard承认枢纽承诺与日常信念在现象上相似，同时人们通常让自己相信外在世界的存在。这就从根本上否决了非信念式解读，因为后者认为我们的枢纽承诺不是命题态度。某人因此可能希望跟随Pritchard，进一步诉诸获得过程与认识上不对证据做出回应的性质。枢纽承诺与日常信念在这些方面的差异，如果有的话，也已被证明与基于闭合原则的怀疑论无关。因此，另一种在认知上有意思的对枢纽承诺的非信念式解读并不是唾手可得的。

我们的批评并不意味着维特根斯坦式的枢纽认识论注定不能抵御怀疑论。基于闭合原则的悖论只是对怀疑论挑战的一种重构，而非信念式解读也只是一种对枢纽命题的解读。不管超枢纽承诺的不可修正性$_1$，他的不可修正性$_2$依旧完好无损。不考虑对笛卡尔《沉思》的简短评论，我们的反对意见与以下论题相融贯，即那些追问在一个与我们一样主观融贯的世界中的人的超枢纽承诺是否是完全非理性的。不管怎样，我们已经给如何发展维特根斯坦式的反怀疑论的枢纽认识论立下了一些限制：因为可以设想在保持数学与反思知识的同时对外在世界持怀疑论立场，他并不是在"怀疑一切"。怀疑这一游戏正预设了确定性这个观念——理性评估的本地性论题——需要其他支持才能反驳对外在世界的怀疑论。①

参考文献

Bassols, A. T., 2010:"Wittgenstein and the Myth of Hinge Propositions," In J. Padilla Gálvez & E. Lemaire(Eds.), *Wittgenstein: Issues and Debates* (83–116). Paris: De Gruyter.
Brown, J., 2004:"Wright on Transmission Failure,"*Analysis*, 64(1), 57–67.
Casullo, A.,2003: *A Priori Justification*. Oxford: Oxford University Press.
Chandler, J., 2013: "Transmission Failure,"AGM-style. *Erkenntnis*, 78(2), 383–398.
Coliva, A., 2012: "Varieties of Failure (of Warrant Transmission: What Else?!),"*Synthese*, 189(2), 235–254.
_____,2015: *Extended Rationality: A Hinge Epistemology*. New York: Palgrave-Macmillan.
_____,2016: "Which Hinge Epistemology?"*International Journal for the Study of Skepticism*, 6(2–3),79–96.
Fumerton, R., 2016: "The Prospects for Traditional Internalism," In B. Coppenger & M. Bergmann (Eds.), *Intellectual Assurance* (239–257). Oxford: Oxford University Press.
Hempel, C. G., 1964: "On the Nature of Mathematical Truth," In P. Benacerraf & H. Putnam (Eds.), *Philosophyof Mathematics* (366–381). Upper Saddle River: Prentice-Hall.
Kore˘n, L., 2015: "Hinge Commitments Vis-À-vis the Transmission Problem,"*Synthese*, 192(8), 2513–2534.
Moretti, L., 2012: "Wright, Okasha and Chandler on Transmission Failure,"*Synthese*, 184(3), 217–234.
_____, 2014: "The Dogmatist, Moore's Proof and Transmission Failure,"*Analysis*,74(3), 382–389.

---

① 致谢：感谢 Jean-Baptiste Rauzy, Grégoire Lefftz, Guillaume Dechauffour and J.AdamCarter。我对《综合》的三位匿名评审人心怀感激，他们对本文的早期版本提出了评论。

Moretti, L. & Piazza, T., 2013: "Whenwarrant Transmits and When it Doesn't: Towards a General Framework," *Synthese*, 190(13), 2481–2503.

Moyal-Sharrock, D., 2004: *Understanding Wittgenstein's on Certainty*. New York: Palgrave-Macmillan.

——, 2016: "The Animal in Epistemology,"*International Journal for the Study of Skepticism*, 6(2–3), 97–119.

Neta, R., 2007: "Fixing the Transmission: The New Mooreans," In S. Nuccetelli & G. Seay (Eds.), *Themesfrom G. E. Moore: New Essays in Epistemology and Ethics*. Oxford: Oxford University Press.

Orr, D. J., 1989: "Did Wittgenstein Have a Theory of Hinge Propositions?"*Philosophical Investigations*, 12(2),134–153.

Pritchard, D., 2005: "Wittgenstein's on Certainty and Contemporary Anti-scepticism," In D. Moyal-Sharrock & W. H. Brenner (Eds.), *Readings of Wittgenstein's on Certainty*. New York: Palgrave MacMillan.

——, 2012: "Wittgenstein and the Groundlessness of Our Believing," *Synthese*, 189(2), 255–272.

——, 2016: *Epistemic Angst*. New Jersey: Princeton University Press.

Pryor, J., 2004: "What's Wrong with Moore's Argument?" *Philosophical Issues*, 14(1), 349–378.

Schönbaumsfeld, G., 2016: "Hinge Propositions' and the 'Logical' Exclusion of Doubt," *International Journal for the Study of Skepticism*, 6(2–3), 165–81.

Silins, N., 2005: "Transmission Failure Failure,"*Philosophical Studies*, *126*(1), 71–102.

Smith, M.J., 2009: "Transmission Failure Explained," *Philosophy and Phenomenological Research*, 79(1),164–189.

Stroll, A., 2005: "Why on Certainty Matters," In D. Moyal-Sharrock & W. H. Brenner (Eds.), *Investigatingon Certainty: Essays on Wittgenstain's Last Work* (33–46). London: Palgrave Macmillan.

Tucker, C., 2010: "When Transmission Fails," *Philosophical Review*, 119(4), 497–529.

Williams, M., 1991:*Unnatural Doubts: Epistemological Realism and the Basis of Scepticism*. Oxford: Blackwell.

Wittgenstein, L., 1969: *On certainty*. Oxford: Blackwell.

Wright, C., 1985: "Facts and Certainty,"*Proceedings of the British Academy*, 71, 429–472.

——, 2002:"(Anti-)sceptics Simple and Subtle: G. E. Moore and John Mcdowell," *Philosophy and Phenomenological Research*, 65(2), 330–348.

——, 2004: "Intuition, Entitlement and the Epistemology of Logical Laws,"*Dialectica*, 58(1), 155–175.

——, 2014:"On Epistemic Entitlement (II): Welfare State Epistemology," In D. Dodd & E. Zardini(Eds.), *Scepticism and Perceptual Justification* (pp. 213–247). Oxford: Oxford University Press.

Wright, C. & Davies, M., 2004: "On Epistemic Entitlement," *Aristotelian Society Supplementary*, 78, 167–245.